교육심리학

더나눔학술·문화재단 편

조창영 정수애 조남미
조혜영 서동기 김회엽
전상준 정두배 서경란

박영story

머리말

"가장 좋은 교육은 학습자가 스스로 배우도록 돕는 것이다."

이 교육 명언은 교사의 역할이 단순히 지식을 전달하는 것을 넘어 학습자가 스스로 자신의 학습 전략을 개발하고 어려운 문제를 해결하도록 돕는 데 있음을 보여준다. 마부가 말을 물이 있는 곳으로 이끌어 줄 수 있지만 그 물을 마시고 마시지 않는 것은 그 말의 자유 의지다. 교육자는 학습자가 자기 주도적으로 학습을 할 수 있도록 끊임없이 꿈을 심어 주고, 꿈을 이루기 위한 효율적인 학습 전략을 잘 안내해 주는 가이드 역할을 하는 사람이다.

따라서 교육심리학은 인간이라는 학습자가 자신의 꿈을 이루기 위해 공부할 이유를 찾고, 나태의 유혹에서 벗어나 참삶의 진정한 자기 목표를 향해 나아가도록 자기 통제력을 길러 주는 안내서라고 할 수 있다. 인간은 태어나서 죽을 때까지 자신의 꿈을 이루기 위하여 평생을 공부하며 살아가야 할 존재로 태어났다. 이 책을 읽고 나면 생애 단계별로 발달과업을 이해하고 단계별로 과업 달성을 위해 어떤 노력을 어떻게 할 것인가를 스스로 발견하도록 도와준다.

우리나라 속담에 "세 살 버릇 여든 간다.", "젊어서 고생은 사서도 한다."라는 교육적 의미를 담은 가르침이 있다. 이 두 가지 속담은 무엇보다 인간 교육에 있어서 생애 단계별 적기 교육의 중요성을 깨우쳐 준다. 부모의 유년기 과잉보호는 자녀를 파멸로 이끌 수 있다. 이 책 제4장 84쪽에서 아들러(Alfred Adler)는 부모의 유년기 '과잉 사랑'의 결과가 자녀를 타인과 타협할 줄 모르는 독재자로 만들 수 있다는 사실을 경고한다. 또한 젊어서 고생을 체험하지 않은 사람은 삶의 위기를 만나서 당황하고, 어른이 되어서도 어려움이나 자신의 책임을 회피할 확률이 높다는 사실을 말해준다.

이 책의 집필진 대부분은 교육 현장에서 30년 이상의 풍부한 경험과 관련 교육이론을 부단히 공부한 교육 분야 전문가들이다. 일생을 교육이라는 두 글자를 화두로 삼아 살아온 사람들이라고 할 수 있다. 어떻게 가르치는 것이 가장 잘 가르치는 것일까? 고민하면서 하루하루를 살아 온 참 교육자들이다. 이 책은 인간 교육을 위해 반드시 알아야 할 핵심 키는 무엇이고 가르치는 일에 종사할 미래의 교육자나 부모들이 꼭 알아 두어야 할 것이 무엇인지 가르쳐준다. 그래서 미래 교육자나 예비 부모님들에게 감히 이 책의 독서를 권해보고 싶다.

이 책은 교육심리학의 전 영역을 효율적으로 이해하기 위해 총 10장으로 이루어졌다. 각 장은 내용에 따라 가급적 그 분야에 전문성 깊은 전문가들이 집필을 담당하였다. 무엇보다 이 책은 어렵고 복잡한 교육이론보다는 현장 경험을 바탕으로 예비 교육자와 부모들에게 실질적으로 필요한 이론과 내용을 골라 정제하였다. 또한, 새로운 교육환경과 시대적 변화를 반영하고자 노력했다. 전통적인 교육심리학의 핵심 이론의 바탕 위에서 현재와 미래의 변화하는 교육환경에 꼭 필요한 내용으로는 제9장 '스트레스의 이해'와 제10장 '정신건강의 이해'를 포함했다. 각 장의 내용을 요약 정리하면 아래와 같다.

제1장 교육심리학의 기초(전상준, 정두배, 조창영), 교육심리학(pedagogical psychology)은 교육의 문제를 심리학적 측면에서 연구하여 그 원리를 정립하고 해결하는 방법을 찾아준다. 제1장은 이 책의 첫 장으로서 교육심리학의 개념, 성격, 발달 과정, 영역, 연구 방법 등을 살펴본다.

제2장 발달의 이해(김회엽, 서동기, 전상준, 정수애, 조남미, 조창영), 인간의 발달은 유아기로부터 노년기에 이르기까지 생애주기 동안 지속적이며 단계적으로 이루어진다. 단계별로 발달과업과 그 특징들이 존재한다. 이 장에서는 발달의 개념, 관점, 원리, 기저, 그리고 발달단계와 발달과업의 특징들을 살펴본다.

제3장 인지발달(전상준), 인지(cognition)란 지식을 획득하여 사물을 이해하는 과정과 이해한 지식을 활용하여 문제를 해결하는 일련의 정신적 활동을 말한다. 이 장에서는 피아제의 '인지발달이론'과 비고츠키의 '사회문화적 인지이론'을 중심으로 살펴본다.

제4장 성격발달(조창영), 인간의 성격발달(personality development)은 '상황적 요인'과 '삶을 변화시키려는 자기 경험 요인'에 따라 후천적으로 달라질 수 있다. 이

장에서는 프로이트의 5단계 심리성적, 에릭슨의 8단계 심리사회적, 아들러의 6가지 요인 중심, 융의 4단계 자아실현 중심의 성격발달 이론들을 살펴본다.

제5장 도덕성 발달(정수애, 정두배), 도덕성의 발달은 자신이 속한 사회의 문화 규범에 따라 행동하도록 배우고 받아들이는 과정을 통해 이루어진다. 이 장에서는 피아제(J. Piaget)와 콜버그(L. Kohlberg)의 도덕성 발달 이론을 중심으로 도덕적 행동에 영향을 미치는 요인들과 자기통제능력의 습득 과정을 살펴본다.

제6장 인지적 특성(조혜영, 서경란), 인지적 특성(Cognitive characteristics)은 학습자가 정보를 습득하고, 처리하며, 활용하는 방식과 관련된 심리적 속성을 의미한다. 이 장에서는 학습자의 학습효과를 극대화하는 데 도움을 줄 수 있는 지능(Intelligence), 창의성(Creativity), 인지양식(Cognitive style), 자아개념(Self-concept) 등을 살펴본다.

제7장 정의적 특성(조남미, 김회엽), 인간의 정의적 특성(Affective characteristics)은 성취동기, 흥미, 적응, 불안 등의 정서적 요인들로 그 영역이 넓고 다양하다. 이 장에서는 학습자의 흥미, 성취동기, 성취욕구, 욕구결핍, 적응, 불안 등 인간의 정서적 기제와 학습 사이의 관계들을 살펴본다.

제8장 학습이론(서동기), 학습이론(Learning theory)은 인간이 어떻게 배우고, 정보를 습득하며, 행동을 변화시키는지를 설명하는 이론이다. 이 장에서는 효과적인 교수·학습의 방법을 개발하기 위한 주요 학습이론으로 행동주의, 인지주의, 정보처리 이론 등에 대하여 살펴본다.

제9장 스트레스의 이해(김회엽, 서동기, 전상준, 정두배, 정수애, 조남미, 조혜영), 인간의 스트레스(Stress)는 단순히 감정적 긴장이나 불편함에 그치지 않고, 신체, 정서, 인지, 행동 등 다양한 차원에서 복합적인 반응을 유발한다. 이 장에서는 개인에 따라 다르게 나타나는 스트레스 반응을 신체적, 정서적, 인지적, 행동적 등 4가지 영역으로 나누어 살펴본다.

제10장 정신건강의 이해(서동기, 정두배, 정수애, 조남미, 조창영, 조혜영), 세계보건기구(WHO)는 '건강(health)은 단순히 질병이나 장애가 없는 상태뿐만 아니라 신체적으로, 정신적으로, 사회적으로 양호(well-being)한 상태'라고 정의하고 있다. 이 장에서는 인간의 정신건강에 영향을 미치는 다양한 요인들을 신체적, 심리 정서적, 가족 사회적 요인으로 나누어 살펴본다.

이 책의 저자들은 '더나눔학술·문화재단'의 회원들이다. 이 책은 우리 재단의 열아홉 번째 도전으로 힘들게 집필한 책이다. 다수의 저자들에 의해서 이 책이 저작된 관계로 다소 통일성이 부족할 수 있다. 독자 여러분들의 넓은 이해와 따뜻한 포용을 바란다. 아울러 이 책이 독자 여러분들의 관심과 조언으로 더욱 다듬어지기를 소망한다. 저를 포함한 이 책의 저자들은 언제든지 독자 여러분의 훌륭한 충고와 조언을 받아들일 충분한 마음의 준비가 되어 있다. 이 글을 쓰는 이 순간에도 우리 재단이 다음으로 내놓을 스무 번째 책을 집필하고 있다. 그래서 이 책을 접하는 모든 분의 지속적인 관심과 사랑이 필요하다.

이 책이 나오기까지 한 단어, 한 문장을 놓고 고심한 집필진들과 뒷바라지 해준 가족과 학회 회원님들에게 진심으로 고마움을 전한다. 또한 우리 재단의 책들을 구독해 주시고 조언을 아끼지 않은 선후배, 친지와 독자들에게 깊은 감사를 드린다. 무엇보다도 부족함이 많은 우리 재단 집필진들의 원고를 잘 교정해 주시고 깊은 배려로 출판을 허락해 주신 박영스토리 노현 대표님과 관계자 여러분들에게 더나눔학술·문화 재단 회원들의 진정 어린 감사와 따뜻한 사랑을 이 글에 담아 보낸다.

2025년 6월 20일

아름다운 정원을 품은 더나눔학술·문화재단 순천 사무실에서

저자 대표 조 창 영

목차

CHAPTER 01 교육심리학의 기초

CHAPTER 02 발달의 이해

CHAPTER 03 인지발달

CHAPTER 04 성격발달

CHAPTER 05 도덕성 발달

CHAPTER 06 인지적 특성

CHAPTER 07 정의적 특성

CHAPTER 08 학습이론

CHAPTER 09 스트레스의 이해

CHAPTER 10 정신건강의 이해

CHAPTER

01

교육심리학의 기초

1. 교육심리학의 개념
2. 교육심리학의 성격
3. 교육심리학의 발달 과정
4. 교육심리학의 영역
5. 교육심리학의 연구 방법

교 육 심 리 학

CHAPTER 01

교육심리학의 기초

학습목표

가. 교육심리학의 개념과 성격을 이해할 수 있다.

나. 교육심리학의 발달 과정을 설명할 수 있다.

다. 교육심리학의 영역을 두 가지 이상 열거할 수 있다.

라. 교육심리학의 연구 방법을 예를 들어 설명할 수 있다.

"인간을 이해하려면 행동을 관찰하라."

손다이크

"유기체가 환경에 적응한다는 말은 파란 신호일 때 길을 건너는 것, 구구단을 외우는 것 등을 말한다. 즉 인간의 지적 능력은 타고난 것이되, 그것이 주어진 환경에 적응하는 것이 인지의 발달이라는 것이다."

피아제

교육은 궁극적으로 자신의 존재를 발견하고, 삶의 가운데 진실한 가치와 올바른 관계를 일깨워 내는 인간의 행동을 탐구하는 것이라 할 수 있다. 인간의 행동을 누가 어떻게 항상 바람직한 방향으로 변화시킬 수 있는가를 고민해야 하며, 이러한 문제의 해답을 교육심리학에서 찾고자 한다. 교육심리학은 교육의 과정에서 일어나는 여러 문제를 심리학적 측면에서 연구하여 그 원리를 정립하고 해결 방법을 제시함으로써 교육의 효과를 극대화하려는 학문이다. 이를 위해서 여기에서는 교육심리학의 개념, 성격, 발달 과정, 영역, 연구 방법을 살펴보고자 한다.

1 교육심리학의 개념

교육심리학(educational psychology)의 개념에 대해서는 많은 논란이 있어 왔다. 어떤 사람은 일반심리학의 지식을 교실 상황에 적용하는 응용학문으로 간주하였고, 어떤 사람은 심리학의 연구 방법을 교육 현상에 응용하는 것이라고 생각했다. 교육심리학을 다음과 같이 몇 가지 각도에서 살펴보고자 한다.

먼저, 1910년에 출판된 교육심리학 학술지인 Journal of Educational Psychology에 의하면, 교육심리학이란 감각, 본능, 주의, 습관, 기억, 학습 기술 등의 개념적 문제뿐 아니라, 아동과 청소년의 정신발달, 유전, 개인차, 정신 능력의 측정과 관계성, 정신위생 등에 관해 실험적, 통계적, 문헌적 방법으로 다루어야 한다고 제시하고 있다(이신동 외, 2022). 이처럼 초기 교육심리학은 매우 다양한 영역에 관심을 보였다.

또, 교육심리학의 개념을 교육과정에 대한 이해의 측면으로 보는 견해도 있다. 교육심리학은 무엇보다도 교육과정에 대한 이해와 향상을 우선적인 목적으로 삼는다고 하였다. 즉, 교육적 장면에서의 학습과 교수활동, 기타 교육적 개입을 둘러싼 상호작용에서 나타나는 문제를 해결하기 위한 방법으로써 심리학적 지식과 원리를 사용하는 것이다(신희경 외, 2009).

임규혁 외(2009)은 교육심리학이란 교육의 목표를 효과적으로 달성하기 위해 교육 현상을 연구 대상으로 하여 이에 필요한 이론과 실천적 방법을 연구하는 학문이라고 하였으며, 구광현 외(2010)는 교육의 과정에서 일어나는 여러 가지 문제를 심리학적 측면에서 연구하여 원리를 정립하고 방법을 제시함으로써 교육의 효과를 극대화하려는 응용심리학 또는 교육학의 한 분야라고 정의하였다.

신명희 외(2014)는 교육심리학은 연구 대상, 연구 주제 및 연구 방법에서 독자적인 과학이며 심리학과 구별된 연구 영역을 지닌다고 주장하였다. 그리고 고유한 교육심리학의 연구 영역으로 인지 수준, 성격, 사고 유형 등의 개인차에 따른 교수 방법의 조정, 교실에서의 동기유발과 운영의 원리, 교사 및 학생의 상호작용의 역동성, 교실 수업과 학습의 모형과 이론, 교수와 평가에서 수업목표 설정과 사용을 위한 전략을 제시하였다.

지금까지 여러 학자들의 정의를 종합해 보면, 교육심리학이란 교육에 관련된 여러 가지 문제를 심리학적인 방법과 절차에 따라서 개선하고자 하는 교육과학이다. 학습이나 수업 그리고 생활지도의 방향이나 방법의 개선에 기여하고 나아가 교육목표의 설정이나 교육과정의 구성은 물론 학교나 학급의 경영, 교육의 평가 등 교육 목적에 맞도록 해결하는 원리와 기술을 찾으려는 학문이라고 할 수 있다.

2 교육심리학의 성격

교육심리학이라는 학문이 성립한 이래로 교육심리학의 학문적 성격과 정체성에 대한 논의는 끊임없이 이루어져 왔다. 교육심리학의 성격은 학자와 관점에 따라 다양하게 해석될 수 있다. 교육심리학은 교육학과 심리학 이론들을 접목시켜 형성된 학문 영역이다. 교육 현장에서 일어나는 교육에 관련된 여러 가지 문제를 심리학적으로 연구함에 있어서 교육적인 방향을 목표로 하는 경험과학이며, 개인 및 집단의 교육문제를 심리학적인 방법과 절차에 따라 교육 목적에 맞도록 해결하는 원리와 기술을 찾으려는 학문 분야이다.

교육은 근본적으로 학습자의 바람직한 변화를 목적으로 하는 활동으로 가치지향적인 입장을 취하고 있다. 심리학은 인간의 행동과 정신 과정을 연구하는 학문으로 개인이 환경에 대한 반응으로 나타나는 행동에 관한 사실, 즉 개개인의 행동 발생과 변화에 대해 과학적으로 관찰, 기술하고 필요에 따라서는 설명이나 해석하는 가치중립적인 학문이다. 그러므로 심리학의 연구 주제는 과학적인 방법으로 측정할 수 있는 주제가 중심이 된다. 교육과 심리학 모두가 인간의 행동과 행동변화 내지 변용에 대해 계획적, 조직적, 의도적인 접근을 하고자 하는 공통점을 가지고 있다(김청자, 2014).

교육심리학의 성격은 학자와 관점에 따라 다양하게 해석될 수 있다. 교육심리학이라는 학문이 성립한 이래로 교육심리학의 학문적 성격과 정체성에 대한 논의는 끊임없이 이루어져 왔다. 초기의 교육심리학은 심리학의 연구 결과를 교육활동의 실천에 응용하는 분야로 출발하였으므로 심리학의 원리와 방법을 응용하는 하나의 응용 분야에 지나지 않았다. 그러나 오늘날의 교육심리학은 심리학으로부터 출발하였지만 심리학의 이론과 방법의 단순한 응용뿐 아니라 독자적인 연구 대상과 방법을 특징으로 하는 과학적 학문으로서 그 영역을 구축하게 되었다(오만록, 2008).

심리학은 인간의 행동과 정신 과정을 과학적으로 연구하는 학문이다. 심리학에서는 인간의 심리 현상이 어떤지 기술하고 설명하며, 현재 심리상태와 행동을 볼 때 앞으로 어떤 일이 일어날 것인가를 예언하고 통제하려고 한다. 그리고 그 개인의 현재 정신활동이나 현상이 왜 일어나는지에 대한 원인을 이해하는 데 도움을 준다.

심리학과 교육학의 학문적 목적과 관심의 차이를 다음과 같이 네 가지로 지적하고 있다. 첫째, 심리학은 인간 행동에 대한 보편적 원리와 법칙을 확립하는 데 목적이 있는 반면에, 교육학은 개별학습자의 특성을 변화시키는 데 목적이 있다. 둘째, 보편적인 법칙을 확립하고자 하는 심리학은 방법론적으로 정밀성과 경제성이 중요하지만, 교육은 정밀성과 경제성이 떨어지더라도 학습자의 행동에 의미 있는 변화를 일으키는 변인에 관심을 가지고 생태학적 타당성을 중요시한다. 셋째, 심리학은 특수한 영역을 제외하고는 가치중립적이고 기술적인 반면, 교육학은 가치지향적이며 처방적이다. 넷째, 심리학이 주로 통제된 실험실에서 확립된 반면, 교육학의 이론이나 법칙은 예측불가능한 교실 상황에서 일어나는 과정에 기초한다.

이러한 측면에서 볼 때, 교육에 일반 심리학의 지식과 원리를 단순히 적용하는 것에는 한계가 있다. 따라서 최근에는 목적과 가치를 지닌 교육활동을 통해서 인간의 행동 변화를 이해하고 적용하기 위한 독자적인 학문으로서의 교육심리학이 대두되어 발전해 오고 있다. 넓은 의미에서 보면, 교육심리학은 교육 현상을 대상으로 하는 교육학과 인간 행동을 과학적으로 이해하려는 심리학의 이론을 접목시킴으로써 형성된 학문적 영역이다. 따라서 교육심리학은 교육학의 영역 중 인간 행동과 관련된 측면을 심리학적 이론과 방법을 적용하여 교사와 학생 간에 상호작용하면서 학교 실제에서 발생하는 여러 교육 현상을 이해하고 설명하려는 학문적 성격을 갖는다.

교육심리학의 학문적 성격은 학교 교육에 초점을 두고, 교사와 학생 간에 상호 작용하면서 학교 실제에서 발생하는 여러 문제들을 이해하는 데 관련된 학문이다. 교육과정을 학습자의 교육 환경과의 상호작용의 맥락 속에서 파악해야 하며, 또한 인간 행동의 이해에 도움을 주는 중요한 지식을 모두 활용하여 학문 간의 접근과 과학적 방법론을 채택해야 한다. 그러므로, 교육심리학의 이론과 연구는 단순히 인간 행동에 대한 이해에 머물지 않고, 그 이해를 바탕으로 교육의 효과성과 목적 달성을 위한 다양한 연구에 기여하고 있다. 따라서 교육심리학의 분야는 다양한 학문적 범위와 영역에서 학생들의 학습활동이나 바람직한 행동 발달에 도움을 주고자 노력한다(임규혁 외, 2009).

이상의 결과들을 종합해 볼 때, 결국 교육심리학이란 심리학의 원리를 단순히 교육에 적용하는 수준을 넘어 교육 현장에서의 인간(학습자)행동을 이해하고 설명하며, 적용·실천함으로써 교육의 효율성을 극대화시키려는 학문이라고 할 수 있다.

3 교육심리학의 발달 과정

교육심리학이 하나의 독립된 학문으로 발전하기까지는 심리학뿐만 아니라 다양한 철학적 배경과 여러 학문 이론들이 기초가 되었다. 교육심리학의 발달과정을 태동기인 20세기 이전과 성립기인 20세기 전반기, 성장기인 20세기후반기 그리고 최근으로 크게 네 단계로 나누어 살펴보고자 한다.

오늘날의 교육심리학은 심리학에서부터 출발하였으며, 헤르바르트(J·F Herbart)는 교육실천에 심리학적 원리의 적용을 제시한 첫 번째 교육학자이다. 교육방법을 심리학에서 얻으려고 한 것이 심리학을 교육에 응용하는 첫 출발이었으며, 그 뒤 Herbart 학파는 교육현상을 과학적 연구에 심리학적 방법을 적용시켰다. 20세기 이전은 교육심리학 발전의 태동기라고 할 수 있는데 철학적 사고가 중심이 되었다. 교육심리학의 태동에 직접적인 계기가 된 것은 19세기 후반 갈튼(F. Galton)이었으며, 카텔(J. M. Cattell)과 손다이크(E. L. Thorndike)의 교육심리학에 영향을 미쳤다. 분트(W. Wundt)는 내성법 연구를 통하여 심리학 발전에 공헌을 하였다. 이처럼 19세기 후반의 교육과 심리학에 대한 연구는 독립된 학문으로서 교육심리학의 성립배경이 되었으나, 오늘날의 과학적 심리학과는 달리 학문이 철학으로부터 완전하게 독립되지 못한 상태의 사변적 심리학이었다.

20세기에 들어서면서 미국 심리학자를 중심으로 독립된 학문으로서의 체제를 갖추기 시작하였다. 교육심리학을 독립된 학문 분야로 발전시킨 사람은 콜롬비아 대학의 손다이크이다(김희수, 2011). 20세기 전반은 교육심리학이 학문으로서의 기초를 형성하였는데, 손다이크가 'Educational psychology'(1903)를 저술하였고, 제임스(W. James)도 'Talks to teacher of psychology and to student on some of life's ideals'라는 제목으로 교사들에게 기능과 실제를 강조하는 심리학을 강의를 하였다. 또한 분트는 심리학 실험실을 창설하여 심리학을 과학적으로 접근하였으며, 홀(Hall)은 인간 발달과 아동 행동에 관한 연구, 'Adolescence'와 'Educational problems'를 저술하였으며, 최초로 질문법을 창안했다. 카텔은 인간 능력 측정에서'검사'라는 용어를 처음 사용하였으며, 'Psychology review'를 창간하였다. 칼튼은 유전 형질과 개인차에 대한 연구, 비네(A. Binet)와 시몽(T. Simon)은 지능에 대한 연구를 시작하였다. 20세기 전반의 가장 큰 특징의 하나는 행동주의를 바탕으로 한 학습이론의 형성이다. 왓슨(J. B. Watson), 스키너(B. F. Skinner), 손타이크 등의 연구는 초기 교육심리학의 체계를 정립하였다.

20세기 후반은 교육심리학이 독립적인 학문으로서의 성장하는 시기이다. 폭넓은 이론과 연구가 활발하게 진행되었으며, 이의 발전에 크게 공헌한 사람은 스키너이다. 그는 행동주의 강화원리에 근거하여 프로그램 학습 학습 자료와 교수기기를 발명하여 교육을 공학화 하는 데 기여한 바가 크다(김희수, 2011). 교육프로그램의 개발에 가네(R. M. Gagné)의 위계적 분석방법도 사용되기 시작하였으며, 메이저(Mager)의 교육목표 설정, 가네의 'Condition of learning'에서 수업설계 연구에서 그 개념적 기초를 제공하였다. 또한, 글래서(Glaser)의 개별 처방 교수법, 켈러(J. M. Keller)의 개별화 교수 체제, 블룸(J. S. Bloom)의 완전학습이론 등의 수업체제에 대한 연구 설계도 발전하였다. 20세기 후반은 교육심리학이 독립적인 학문으로 성장하며 폭넓은 이론과 연구가 진행되어, 수업설계의 발전, 교육과정에 대한 연구, 인지 이론의 발전 등 크게 세 가지 흐름으로 발전하였다.

마지막으로, 최근의 교육심리학은 인간의 지적·정의적 측면의 교육적 관점에서 심리학적 접근으로 그 초점이 맞춰지고 있다. 따라서 앞으로의 교육심리학은 학습자, 교수, 학습, 생활지도 및 상담, 그리고 평가 등 교육과 관련된 광범위한 영역에서 연구가 활발하게 이루어지게 될 것이며, 이를 바탕으로 관련된 이론체계 수립 및 효과적인 적용을 위해서도 다양한 노력들이 진행될 것이다(김희수, 2011).

4 교육심리학의 영역

교육심리학이 관심을 갖고 탐구하는 영역은 크게 학습자에 대한 이해, 교수자에 대한 이해, 수업 과정에 대한 이해, 교육 평가에 대한 이해로 나눌 수 있다.

먼저, 학습자에 대한 올바른 이해가 없이는 효과적인 교육을 할 수 없다. 교수자는 학습자가 무엇을 생각하고 어떻게 생각하는지 그 발달의 수준을 알아야 적합한 수업을 설계하고 교수방법을 선정할 수 있다. 학습자의 인지발달, 성격과 사회성, 도덕성의 발달, 지능과 창의성, 학습자의 다양성 등을 이해하는 것이다. 학습자의 인지적 특성은 어떤 영역보다 교육심리학에서 중요시하는 측면으로 지능, 창의성, 문제해결력 등이며, 정의적 특성에는 흥미, 태도, 가치, 동기, 자아개념, 성격 등이 있다. 학습자의 이해는 이러한 요인의 시기에 따른 발달적인 변화와 그 수준을 이해하는 측면과 더불어, 각각의 학습자가 지닌 개인차를 이해하는 측면으로 다루어진다(신명희 외 2011).

둘째, 교수자의 이해이다. 교육은 교육의 대상인 학습자와 교육의 주체인 교수자의 상호작용 과정이다. 교수자는 학생의 인지적·정의적 발달을 촉진하는 데 가장 중요한 변인이다. 교수자는 학습자 변인에 대한 이해를 기초로 하여 최선의 학습결과가 나올 수 있도록 최적의 교육환경을 마련하고 제공한다. 즉, 효과적이고 효율적인 교육목표 달성을 위해 여러 가지 다양한 수업방법을 선정하여 수업에 임해야 한다(문은식 외, 2011).

셋째, 수업의 과정을 이해하는 데 관심을 갖는다. 교수자의 수업은 학습자의 행동에 많은 영향을 미친다. 교수자는 학습자의 학습동기를 극대화하도록 도움을 주어야 한다. 학습자에게는 학습행동과 관련된 문제, 학습현상, 학습조건, 학습동기, 학습의 전이, 기억과 망각 등에 관한 지식을 제공해 주어야 한다(유승구, 2012).

마지막으로 교육활동을 평가하는 데 있다. 교육목표를 어느 정도 달성했느냐를 측정하고 평가하는 문제는 평가활동에 해당한다. 학습자의 성취수준에 대한 정보는 교수내용과 방법의 효과를 점검할 수 있을 뿐 만 아니라, 학습자의 다음 학습에도 영향을 미친다는 점에서 중요한 영역으로 이해되고 있다(조화섭, 2004). 평가활동은 교수－학습과정의 마지막 활동으로서 교사가 수업과 생활지도를 수행하고 나서 그 성과를 평가하는 것이다. 학생의 학습과정과 결과에 대한 평가는 결국 교사의 수업에 대한 평가이며, 동시에 교사가 모든 교육적 노력을 평가하는 것이어야 한다(김희수, 2011).

5 교육심리학의 연구 방법

교육 관련 연구는 접근방법에 따라 양적 연구와 질적 연구로, 연구목적에 따라 기초연구, 응용연구, 실행연구(현장연구)로, 연구방법에 따라 실험연구와 조사연구로 구분된다.

교육에서 우리는 왜 연구를 해야 하며, 연구결과가 어떻게 기여하게 되는가? 여기서 우리는 왜 교육에 관한 연구를 수행하느냐에 의문을 가지게 된다. 이러한 의문은 많은 교육 연구 결과 얻어진 지식이나 이론들이 학생들을 가르치는 데 직접적인 영향을 주지 못한다고 믿기 때문이다. 그러나 한편으로 교사들은 어떻게 하면 학생들을 잘 가르칠 수 있을까? 더 좋은 수업방법, 학생을 이해할 수 있는 방법이나 평가방법을 찾게 된다. 학생들을 잘 가르치기 위하여 교사는 새로운 지식과 이론을 탐구하게 되고 이러한 연구결과가 교육을 개선시키고 발달시키게 된다(김제한 외, 2007).

교육심리학과 관련된 연구들도 일반적인 교육연구와 크게 다르지 않은 경험과학이다. 이처럼 교육과 관련된 많은 문제와 질문에 대한 답을 위해 여러 형태의 연구가 진행되고 있으며, 여기에서는 가장 보편적인 연구방법인 조사연구, 실험연구, 상관연구, 기술연구를 중심으로 살펴보고자 한다.

가. 조사 연구(survey research)

조사연구는 고대 이집트에서 인구조사, 농산물의 수확량 파악, 그리고 세금부여 등을 목적으로 처음 사용 되었다. 무엇이 존재하고 있는가를 파악하여 사실대로 기술하고 해석하는 연구이다. 현상을 알기 위하여 자주 사용되는 연구방법 중의 하나로 현재의 실체를 알아보기 위한 목적을 지니고 있다. 사회현상을 알기 위한 조사일 경우 사회조사연구란 용어를 사용하고 있으나, 교육현상 등 많은 현상을 파악하기 때문에 일반적으로 조사연구라 한다(성태제, 2002).

조사연구는 목적에 따라 사실발견, 가설검증, 규준설정을 위한 목적으로 실시되고 있다. 조사연구방법은 질문지법, 면접법이 대표적이다.

질문지법(Questionnaire)은 응답자가 구체적인 질문에 직접 기술하도록 하는 자기보고식 방법(self-report method)으로, 개인의 지각, 신념, 감정, 동기와 같은 정의적 특성을 측정한다. 그 종류에는 구조화된 질문지와 비구조화된 질문지로 나눌 수 있다. 질문지의 형식으로는 자유반응형(무제한, 제한형), 선택형, 체크리스트형, 평정척도법(3, 5, 7단계), 등위형, 분류형, 조합비교법 등이 있다. 질문지법의 장점은 짧은 시간에도 비교적 많은 사람을 대상으로 특성을 알아볼 수 있고 비용이 적게 들고 간편하다. 또, 연구자가 응답자에게 미치는 영향을 줄일 수 있지만, 언어 능력, 표현 능력이 부족한 대상에게는 적용에 유의해야 한다. 아울러, 응답 내용에 대한 진위 여부의 판별이 불가능하며, 질문지의 회수율이 낮을 수 있다. 질문지를 작성할 때 질문은 간단·명료해야 하고, 목적, 내용, 범위, 대상도 분명해야 한다. 또, 문항의 수는 가능한 최소로 하며, 어떤 암시를 주거나 결과에 영향을 미칠 수 있는 단어나 표현을 삼가야 한다.

면접법(interview method)은 개인에 대한 많은 자세한 정보를 알고 싶을 때 사용하며, 비언어적 행동까지 관찰하며 응답의 타당성을 높일 수 있다. 대상은 누구에게나, 문자해독력이 없는 대상에게도 가능하며, 피면접자와 친밀 관계가 형성될 때 신뢰성 있는 응답이 가능하다. 질문 내용은 정해져 있으나 응답은 고정되어 있지 않으며, 구조화된 면접과 비구조화된 면접, 전화면접 등으로 구분한다. 참고로, 정리된 자료가 별로 없고 통계모형을 통한 분석을 하기 어려울 때 관련 전문가들을 모아 의견을 구하고 종합적인 방향을 전망해 보는 델파이법이 있다. 설문 조사에 의한 기술 예측 방법으로 예를 들어, 과학 기술의 발전이나 신제품 개발 따위가 미래의 산업 구조나 국민 생활에 미칠 영향을 예측하는 것 등이 있다.

조사연구의 장점은 많은 사람들로부터 다량의 정보를 획득할 수 있으며, 그 정보가 대체로 정확하다. 또, 비교적 현실성 있는 자료를 획득할 수 있다. 자연

상태에서 연구에 필요한 자료를 획득할 수 있기 때문에 실험연구결과보다 자료의 현실성이 높다. 다음으로 정보의 양과 질적 측면을 고려할 때 경제적이다. 조사연구는 실험연구나 현장연구에 비하여 비교적 노력을 덜 들이고 다량의 자료를 수집할 수 있으며, 많은 사람들을 대상으로 하기 때문에 연구결과의 일반화 범위와 가능성이 높다(한민석, 2016).

조사연구의 단점으로는 응답자에게 알려지지 않은 정보는 조사연구방법에 의해 획득할 수 없다. 응답자가 모르는 내용조사는 응답자의 순간적인 선택이나 감정에 의해 결정되기 때문에 응답의 신뢰도가 떨어진다. 또, 응답자의 개인적인 비밀에 속하는 정보는 질문으로 적합하지 않으며, 조사연구는 문제탐색, 기술연구일 뿐 예언연구로는 맞지 않다. 아울러, 극소수만 겪는 경험이나 활동 등에 대한 정보는 조사방법을 통해 신뢰도 높은 자료를 수집할 수 없다(한민석, 2016).

조사연구는 통제되지 않은 자연적 상황에서 질문을 통하여 현상을 파악하는 연구로서 변수들의 인과관계보다는 상호관계 분석을 연구의 목적으로 하고 있다.

나. 실험 연구(experimental study)

교육심리학의 연구방법의 하나인 실험연구는 처치, 자극, 환경 조건을 의도적으로 조작 혹은 통제하여 변인 간의 인과 관계를 규명하는 가장 효과적인 연구방법으로서, 그와 관련된 변인 간의 관계를 살펴보는 연구이다(김희수, 2011).

실험연구에는 두 개 이상의 변인이 있는데, 종속변인에 영향을 미치는 변인을 독립변인(independent variable)이라 하고, 이런 독립변인의 영향을 받는 변인을 종속변인(dependent variable)이라고 한다. 그리고 실험에서 처치를 받는 집단을 실험집단(experimental group)이라고 하고, 처치를 받지 않는 집단을 통제집단(control group)이라고 한다.

예들 들어, 어떤 학교에서 새로운 교육 프로그램을 도입하고자 할 때, 이 프로그램이 학생들의 학업성취에 효과적일지 아닐지를 알기란 어렵다. 만약 많은 시간과 돈을 들여 도입한 새로운 교육 프로그램이 오히려 학생들에게 부정적인 영향을 미친다면, 굳이 경제적 부담을 안으면서 이 교육 프로그램을 도입할 필요가 없을 것이다. 이러한 상황일 때, 새로운 교육 프로그램의 효과를 검증하기 위해서 우리는 실험연구를 사용하게 된다. 여기에서 새로운 교육 프로그램은 독립변인에 해당되고, 학생들의 학업성취도는 종속변인이 된다. 실험자는 학업성취 수준이 동일한 두 집단을 선정하여 한 집단에게는 일정기간 동안 새로운 교육 프로그램(실험 집단)으로 실시하고, 또 다른 집단에게는 기존의 교육 프로그램(통제 집단)을 그대로 적용하여 가르친 다음 그 결과를 비교한다(김병희 외, 2008).

실험연구의 가장 큰 장점은 변인들 간의 인과관계의 방향을 명백히 알아볼 수 있다는 점이다. 그 이유는 통제된 상황에서 독립변인을 변화시켜서 그것이 종속변인에 미치는 영향을 실제적으로 관찰할 수 있기 때문이다. 또 하나의 장점으로는 반복성을 들 수 있다. 같은 실험을 여러 조건하에서 반복 실시하여 그 결과를 평균해봄으로써 보다 정확한 결과를 얻을 수 있다. 그리고, 실험연구에서는 여러 변인들 사이의 복잡한 인과관계를 규명할 수 있다. 예를 들어, 어떤 요인들을 제거하거나 고정화시키고 두 개의 변인씩을 짝지어서 그 관계를 따로따로 살펴봄으로써 여러 변인 간의 복잡한 관계도 해결할 수 있다(한민석, 2016).

실험연구의 단점은 실험실의 상황과 실제 세계의 상황이 다르므로, 실험연구 결과를 실제의 세계에 일반화하기에는 무리가 있다. 또, 피험자의 표본이 대표성을 결여하기 쉬우므로 그 실험결과를 전집에 일반화하는 데 위험가능성이 높다. 아울러 실험연구는 인위적 조작, 즉 실험처치가 가능한 변인의 경우에만 사용될 수 있다(한민석, 2016).

다. 상관 연구(correlational research)

상관 연구는 어떤 현상에 내재되어 있는 변인들이 서로 관계가 있는지를 알아보기 위하여 있는 그대로를 연구하는 방법이다. 수집한 자료들을 통계적으로 분석하고 해석하는 데 초점을 두는 연구이다. 상관연구는 통제나 조작이 어려운 문제를 다루며, 인과관계적인 해석을 하지 않는다.

상관연구에서 변인들은 정적상관을 이루기도 하고 부적상관을 이루기도 하며, 때로는 전혀 상관이 없을 수도 있다. 정적상관(positive correlation)이란 한 변인의 값이 높아질 때 다른 변인의 값도 높아지는 것이며, 부적상관(negative correlation)이란 한 변인의 값이 높아질 때 다른 변인의 값이 낮아지는 것을 의미한다. 상관연구에서는 변인 간의 관계의 정도를 상관계수(correlation coefficient, r)로 나타내며, 기호로는 보통 r로 표시되고, 이 계수의 값은 －1.00에서 ＋1.00까지의 숫자들로 나타낸다. 양수는 정적상관을 의미하고, 음수는 부적상관을 의미한다. 부호에 관계없이 상관계수가 높을수록 두 변인 간의 관계가 강하다고 할 수 있다. 예를 들어, 자아개념과 지능, 지능과 학업성적, 사회경제적 배경과 학업성적, 주의집중과 지능지수, 학업성적과의 관계성의 관계성에 관한 상관연구 결과들이 있다(김병희 외, 2008).

상관연구의 장점은 연구자가 인위적인 상황을 만들지 않고도 연구자가 원하는 변인을 있는 그대로 연구할 수 있으며, 여러 변인들의 상호관계를 동시에 연구할 수 있다는 점이다. 그러나 단점은 두 변인이 서로 상관이 있다는 것은 알 수 있지만 실험연구에서처럼 어떤 변인이 원인이 되고 결과가 되는지 그 인과관계를 밝혀주지 못한다는 것이다. 기존의 상관연구결과에서 학생의 주의집중도가 좋은 성적의 원인인지 혹은 성적이 좋은 학생이 단지 주의집중을 잘 하는 것인지 그 인과관계를 알 수 없다는 것이다. 다시 말하면, 피험자에 대한 연구자의 통제가 불가능하여 상관이 있는 것으로 밝혀지더라도 인과관계를 설명하지 못한다. 즉, 두 변인 간의 서로 상관이 있다는 것은 알 수 있지만, 실험 연구처럼 어떤 변인이 다른 변수의 원인이 되는지 그 인과관계를 밝힐 수 없다는 단점을 지니고 있다.

라. 기술 연구(descriptive research)

기술연구는 학생과 교사와의 상호작용 관계 또는 학교의 환경에서 발생하는 제반 사건이나 사실들을 있는 그대로 밝히는 것으로, 실제 생활 속의 특정 상황 안에서 일어나는 사건들을 단순히 기술하는 것이다. 어떤 조작이나 통제도 가하지 않고 자연적인 상황에서 있는 그대로를 파악하여 정확하게 기술하는 것을 연구 목적으로 하며, 어떠한 상황이나 현상의 특징을 기술하기 위하여 관찰이나 검사, 면담, 설문 등의 방법을 사용한다(신명희 외, 2011). 예를 들어, 교사가 일정한 인원의 학생들을 대상으로 인지능력이 어떻게 발달하는지를 기간을 정해 두고 직접 관찰하고 기술하는 현상을 들 수 있다.

기술연구는 현상에 대한 정확한 이해에서 모든 연구가 출발하기 때문에, 새로운 영역의 연구를 시작할 때 선행되어야 하는 기초적인 형태이다. 기술연구의 장점은 발달과정을 세밀하게 파악할 수 있고 평균적인 수준과 상대적인 차이를 알 수 있다는 데 있다(이현림 외, 2008). 그러나, 자칫하면 피상적인 정보를 얻게 되거나 표본조사의 경우 표집에 따른 오차를 수반하게 된다는 단점이 있다.

기술연구에는 관찰법이 대표적이다. 관찰법(observation)은 연구자가 관심을 갖고 있는 대상이나 사건, 현상을 관찰하고 그것을 객관적인 방법으로 기록하여 분석하는 것으로 가장 오래된 연구방법이라 할 수 있다. 관찰이 효율적으로 이루어지기 위해서는 무엇을 관찰하려는 것인지, 누구를·언제·어디서 관찰할 것인지 그리고 어떤 형태로 기록할 것인지를 결정해야 한다(정옥분, 2002).

관찰법은 관찰하려는 행동 장면을 인위적으로 조작하느냐 않느냐에 따라 통제적 관찰과 비통제적 관찰로, 관찰의 조직 정도에 따라 자연적 관찰과 조직적 관찰로 나눈다(황정규, 1998). 통제적 관찰은 관찰의 시간, 장면 행동 등을 의도적으로 설정해 놓고 그러한 조건하에서 나타나는 행동을 관찰하는 방법이며, 비통제적 관찰은 자연히 발생하는 사상이나 행동을 있는 그대로 관찰하는 것이다.

관찰 상황의 통제 여하에 따라 참여관찰과 비참여관찰로 구분한다. 참여관찰은 관찰자가 피관찰자와 함께 생활하면서 피관찰자의 자연스런 행동을 관찰하는 방법이며, 비참여관찰은 관찰자가 관찰 장면에는 참여하나 그들과의 공동생활에는 참여하지 않고 외부인으로서 객관적으로 관찰하는 방법을 말한다, 관찰 시 주의해야 할 사항은 계획적으로 관찰해야 하며, 관찰자의 주관이나 선입견을 배제한 객관적인 관찰이 되도록 하여야 한다. 또, 적절한 방법으로 기록해야 하며, 여러 상황 하에 관찰하여 관찰결과에 대한 신뢰도를 높여야 한다.

질적 연구에서 기술연구는 교육현상, 교육의 진행과정, 교육의 구조 등에 대하여 총체적이고 과학적으로 접근하여 교육과 관계된 현상이나 사실을 묘사하거나 설명하는 문화기술적 연구(ethnography)가 있다. 이 연구는 어떤 특정 집단 구성원들의 삶의 방식, 행동, 그들이 만들어 사용하는 사물들을 현지인 관점에서 이해하고 과학적으로 기술하기 위한 방법론이다. 이 연구의 특징은 현상을 연구하는 학문으로 자연적으로 일어나는 현상을 서술하며, 학급, 학교 혹은 교육에 관계된 어떤 집단을 대상으로 현장 연구를 한다. 연구자는 일정 기간 동안 그 문화 속에 들어가 관찰대상과 함께 생활하며 참여 관찰을 통해 자기보고, 현장관찰 노트, 면접 등의 방법을 함께 사용하면서 그 문화의 생활과 특징을 기술하고 해석한다는 측면에서 현장 관찰 연구(field observation)라고 할 수 있다. 문화인류학, 민속학, 고고학에서 주로 사용하는 연구 방법이다. 하지만 연구자가 자신의 문화에 대한 가치관이나 관심을 갖고 있는 이론적 배경 등으로 인해 상황을 선택적으로 관찰, 잘못 해석하는 실수를 범할 수 있다는 문제점을 지닌다. 실험연구나 조사연구처럼 구체화된 가설이 아니라 연구의 목적을 달성할 수 있는 일반적이고 총체적인 가설을 설정한다. 또한, 산출된 결과를 다른 문화에 일반화하여 적용하는데 무리가 있다.

마. 사례 연구(case study)

사례는 개인, 집단 또는 조직이 당면한 어떤 문제 장면에서 일어나는 인간경험의 사실적 설명이다. 사례연구는 질적 연구방법 가운데 하나로서 어떤 문제가 생겼을 때, 여러 사례들을 수집, 비교, 분석하여 해결방안을 모색하기 위한 논의를 하며 이를 통해 일반적인 원리를 찾아내는 연구방법이다. 개인이나 집단, 또는 기관 등을 하나의 단위로 택하여 그 특수성을 정밀하게 연구·조사하는 연구방법으로, 학습자의 모든 사례 즉 사람의 작품, 자서전, 일기, 생활기록이나 case method, 개인의 사회적 부적응 문제 등이 연구대상이다.

사례연구는 특정 개인이나 집단, 또는 기관을 대상으로 하여 어떤 문제나 특성을 집중적으로 깊이 있게 심층적으로 조사·분석하는 연구하는 것이다. 개별적인 것에 대한 구체적인 사실을 밝히고, 그 사례의 모든 면을 분석하는 데 목적이 있다. 하나의 대상을 심층적으로 연구하는 데 사례연구가 널리 활용되고 있다. 특히, 부적응 학생이나 문제 학생에 대한 생활지도에 사용한다. 피아제(Piaget)가 자신의 자녀를 수년간 관찰함으로써 인지발달이론을 전개한 것은 대표적인 사례연구라 할 수 있다. 대부분의 경우 사례연구는 독특한 상황을 경험하였거나, 어려운 상황에 처해 있는 부적응적인 사람을 주의 깊게 연구하는 데 주로 사용된다(김병희 외, 2008).

사례연구는 매우 제한된 수의 피험자 경험에 의존하기 때문에 연구결과를 일반화하기 어렵고, 시간과 노력이 많이 소요된다. 또한 연구대상의 내면적·심리적 문제를 간과할 우려가 있다는 단점이 있지만, 친밀한 인간관계의 형성을 통해 상담 활동에 유용한 자료 제공이 가능하며, 한 피험자의 경험과 상황에 대한 본질적인 이해를 돕는 데 장점이 된다. 학교 현장에서는 학생들의 잠재 능력과 인지적·정의적 특성을 객관적으로 파악하여 수업의 기초로 이용할 수 있다.

이 연구의 특징은 일정하게 표준화된 형식이 없으며 연구자의 편리에 따라 양식을 만들어 사용하며, 한 대상의 여러 변인을 동시에 심층적으로 연구할 수 있다.

연습문제

1. 다음은 교육심리학의 성격과 영역 및 발달과정에 대한 설명이다. 이 중 거리가 먼 것은?

① 초기의 교육심리학은 심리학의 연구결과를 교육활동의 실천에 응용하는 분야로 출발하였다.

② 초기의 교육심리학은 심리학의 원리와 방법을 응용하는 하나의 응용분야에 지나지 않았다.

③ 교육심리학의 학문적 성격은 학교 교육에 초점을 두고, 교사와 학생 간에 상호작용 하면서 학교 실제에서 발생하는 여러 문제들을 이해하는 데 관련된 학문이다.

④ 교육심리학이 관심을 갖고 탐구하는 영역은 크게 학습자에 대한 이해, 학습에 대한 이해, 교수에 대한 이해, 수업 과정에 대한 이해, 교육 평가에 대한 이해로 나눌 수 있다.

⑤ 교육심리학을 독립된 학문 분야로 발전시킨 사람은 콜롬비아 대학의 J·F Herbart이다.

2. 다음 중 실험연구의 특징에 해당하지 않는 것은?

① 현상을 알기 위하여 자주 사용되는 연구방법 중의 하나로 현재의 실체를 알아보기 위한 목적을 지니고 있다.

② 변인 간의 인과 관계를 규명하는 가장 효과적인 연구방법이다.

③ 실험 상황에서 관심의 대상이 되는 변인을 조작하여 그와 관련된 다른 변인의 변화를 살펴보는 연구이다.

④ 처치를 받는 집단과 아무런 조작이나 처치도 받지 않는 집단으로 나누어 연구를 진행한다.

⑤ 처치, 자극, 환경 조건을 의도적으로 조작 혹은 통제하여 연구대상이나 물체에 어떤 변화가 있는지를 분석함으로써 인과관계를 밝히는 연구이다.

3. 다음 글이 설명하고 있는 교육심리학의 연구방법은?

어떤 조작이나 통제도 가하지 않고 자연적인 상황에서 있는 그대로를 파악하여 정확하게 기술하는 것을 연구 목적으로 하며, 어떠한 상황이나 현상의 특징을 기술하기 위하여 관찰이나 검사, 면담, 설문 등의 방법을 사용한다.

① 조사연구 ② 실험연구 ③ 기술연구 ④ 사례연구 ⑤ 상관연구

4. 다음 글이 설명하고 있는 교육심리학의 연구방법은?

무엇이 존재하고 있는가를 파악하여 사실대로 기술하고 해석하는 연구이다. 현상을 알기 위하여 자주 사용되는 연구방법 중의 하나로 현재의 실체를 알아보기 위한 목적을 지니고 있다. 교육현상 등 많은 현상을 파악하기 때문에 일반적으로 이 연구를 무엇이라고 하는가?

① 조사연구 ② 실험연구 ③ 기술연구 ④ 사례연구 ⑤ 상관연구

5. 다음 글이 설명하고 있는 교육심리학의 연구방법은?

변인 간의 인과 관계를 규명하는 가장 효과적인 연구방법으로서, 실험 상황에서 관심의 대상이 되는 변인을 조작하여 그와 관련된 다른 변인의 변화를 살펴보는 연구이다.

① 조사연구 ② 실험연구 ③ 기술연구 ④ 사례연구 ⑤ 상관연구

6. 다음 글이 설명하고 있는 교육심리학의 연구방법은?

어떤 현상에 내재되어 있는 변인들이 서로 관계가 있는지를 알아보기 위하여 있는 그대로를 연구하는 방법이다. 수집한 자료들을 통계적으로 분석하고 해석하는 데 초점을 두는 연구이다.

① 조사연구 ② 실험연구 ③ 기술연구 ④ 사례연구 ⑤ 상관연구

7. 교육심리학을 독립된 학문 분야로 발전시킨 사람은 누구인가 쓰시오.

---

8. 어떤 특정 집단 구성원들의 삶의 방식, 행동, 그들이 만들어 사용하는 사물들을 현지인 관점에서 이해하고 과학적으로 기술하기 위한 교육심리학의 연구방법을 쓰시오.

---

9. 조사연구방법의 대표적인 두 가지 방법을 쓰시오.

---

1. ⑤, 2. ①, 3. ③, 4. ①, 5. ②, 6. ⑤
7. Thorndike
8. 문화기술적 연구
9. 질문지법, 면접법

CHAPTER

02

발달의 이해

1. 발달의 개념
2. 발달의 관점
3. 발달의 원리
4. 발달의 기제
5. 발달단계와 발달과업

교 육 심 리 학

CHAPTER 02

발달의 이해

학습목표

가. 발달의 개념을 성장, 성숙, 학습과 비교하여 설명할 수 있다.

나. 발달을 성숙론, 환경론, 상호작용론의 관점에서 예를 들어 설명할 수 있다.

다. 발달의 원리를 세 가지 이상 예를 들어 설명할 수 있다.

라. 발달의 기제를 두 가지 이상 예를 들어 설명할 수 있다.

마. 인간의 발달단계를 구분하여 그 특징을 설명할 수 있다.

바. 발달과업의 교육적 의의를 이해할 수 있다.

"발달은 유기체의 양적 증대, 기능의 유능화, 구조의 정밀화이다."

코프카(K. Koffka)

"발달은 순서가 있고 전후 맥락을 가진 한 패턴을 이루어 진행되는 점진적인 계열의 과정이다."

허록(E.B Hurlock)

"발달은 유기체의 분화와 중심화이다."

워저(H. Werner)

인간 발달은 유아기부터 노년기까지 전 생애에 걸쳐 일어나는 신체적, 인지적, 정서적, 사회적 변화와 적응 과정을 의미한다. 발달은 삶의 전 과정에서 꾸준하게 일어나고 변화의 속성을 갖는다. 생애 주기 동안 지속적이고 단계적으로 이루어지며 단계별 발달과업과 그 특징이 존재한다. 교육활동이 효과적으로 이루어지기 위해서는 학습자의 발달단계에 따른 여러 가지 특성을 고려해야 한다. 이 장에서는 발달의 개념, 관점, 원리, 기제, 그리고 발달단계와 발달과업에 대하여 살펴보고자 한다.

1 발달의 개념

인간은 태어나서 죽을 때까지 환경의 영향을 받으며 신체적·심리적으로 끊임없이 변화하고 발달한다. 발달(Development)을 심리학적 관점에서 정의해 보면 발달은 인간의 생명이 시작되는 수정의 순간부터 죽음에 이르기까지 전 생애를 통해 이루어지는 체계적이고 연속적인 변화 과정이다(박선영 외, 2010). 즉 수정되는 순간부터 성장하고 노력하는 과정뿐만 아니라 죽음에 이르기까지 끊임없는 변화 과정을 발달이라 한다. 변화를 뜻하는 용어에는 발달 이외에도 성장과 성숙, 학습이 있다.

먼저 성장(growth)은 주로 양적 증대로 일어나는 신체적 크기, 체중, 근육의 세기와 같은 신체적 변화에 초점을 맞춘 개념이다. 성장은 특히 어린 시절과 청소년기에 뚜렷하게 관찰되며 성인이 된 후에는 둔화되거나 정체된다. 또 유전적인 요인과 환경적 요인에 의해 크게 영향을 받으며, 영양상태나 건강한 생활 습관에 중요한 역할을 한다.

성숙(maturation)은 개인의 생물학적 과정에 의해 신체적, 정신적으로 완전한 상태에 이르는 과정이다. 성숙은 유전적인 요인에 의해 자연스럽게 이루어지며 비교적 외부 환경의 영향을 받지 않는다. 예를 들어 어린이가 걷거나 말하기 시작하는 것, 태아의 발달, 영구치의 돌출, 제2차 성징의 출현 등의 질적인 변화가 이에 속한다.

학습(learning)은 경험과 훈련을 통해 지식, 기술, 태도 등을 습득하고 변화시키는 과정을 말한다. 이는 환경적인 자극이나 상호작용을 통해 발생하며 종종 의도적이고 목적이 있는 활동을 통해 이루어진다. 또 단순한 정보의 습득을 넘어서서 새로운 기술을 익히거나 사회적 규범을 이해하고 적용하는 것을 포함한다. 학습은 발달의 다른 측면들과 상호작용하며 개인의 전반적인 능력 향상에 기여한다.

이러한 성장, 성숙, 학습을 개념상으로는 이렇게 구분하고 있지만, 이 셋은 서로 엄밀하게 구별하기 어렵다. 발달은 이 세 개념을 포괄하는 개념으로 성장, 성숙과 학습의 상호작용으로 이루어지는 모든 변화를 일컫는다.

인간의 발달 과정에서 나타나는 상승적, 변화 과정은 양적 또는 질적 변화 과정의 속성을 갖는다. 코프카(K. Koffka)는 인간의 발달이 성장과 학습을 두 가지 유형이 있고, 유기체와 각 기관이 양적으로 증대하고 구조적으로 정밀화되며 기능적으로는 유능화 되는 것이라 정의한 바 있다(오만록, 2004. 재인용). 즉 발달은 인간의 전 생애를 걸쳐 나타나는 양적 또는 질적으로 변화하는 과정으로 상승적, 하강적 변화 모두를 포함하는 것이라 정의할 수 있다.

2 발달의 관점

지구에 60억 이상의 사람들이 살고 있지만 나와 똑같은 사람은 단 한명도 없다. 그만큼 인간은 개인의 고유성을 가지고 있다는 것을 알 수 있다.

발달은 생애 전반에 걸쳐 낮은 수준에서 높은 수준으로 상향적 변화를 하다가 다시 쇠퇴하는 하강적 변화를 모두 포함한다(Calvin A. Colarusso, 반건호 외 2011).

또한 발달은 성숙과 학습에 의존한다. 유전과 환경의 복잡한 상호작용이 인간 발달의 과정을 조절한다. 발달의 각 측면은 서로 밀접한 상호 관련되어 있다. 이와 함께 한 인간이 어떻게 발달하는지에 대해 발달의 관점은 성숙론, 환경론, 상호작용론의 3가지로 요약된다.

가. 성숙론

성숙이란 모든 성장이 사전에 결정된 유전적 요소에 의해 기본 방향이 결정된다는 이론이다.

환경적 요인은 단지 이를 지지하거나 수정할 뿐 인간의 발달은 '성숙'이라는 내적인 힘에 의해 이루어진다고 본다. 또한 성숙이론은 스스로 성장할 기회를 주면서 지켜보는 것이 바람직하다는 관점이다. 영유아의 단계적 성장에 따른 흥미와 요구에 대한 관찰과 통창력을 통해 적절한 환경을 제공하고 지원을 해줄 수 있는 부모나 교사의 역할을 요구한다.

영유아의 성장 및 발달과정은 일반적으로 동일한 순서에 따라 진행되며 영유아의 성장 및 발달은 개인적인 차이가 존재한다고 본다.

성숙론은 게젤, 다윈, 스텐리 홈 등의 학자가 주장하였다.

게젤은 아동양육이 성숙법칙의 내현적인 지혜를 인식하는 데서 시작되어야 한다고 믿었다. 예를 들어 수유문제에 있어서 게젤은 어떤 미리 결정된 계획에 따라 수유하는 것에 반대하여 요구수유-아기가 준비가 되었음을 나타낼 때 수유하기-를 강력히 옹호하였다. 게젤은 생후 1년간이 부모들에게는 아동의 개성을 존중하는 것을 배우는 최상의 시기라고 강조하였다, 또한 게젤은 부모에게는 아동에 대한 직관적인 민감성 이외에도 발달의 경향과 순서에 관한 이론적 지식이 필요하다고 말한다. 지금까지 게젤은 철학은 극단적인 방임과 허용을 주장하는 것처럼 보인다. 물론 아동은 자신의 충동을 통제하고 그가 속한 문화의 요구에 따르는 것을 학습해야만 한다는 것이다. 그러나 아동 스스로가 외부로부터 통제를 견딜 수 있는 능력이 성숙될 때까지 우리가 관심을 기울이면 아동은 자신을 통제하는 것을 가장 잘 학습한다고 주장했다. 그리고 게젤은 주의깊게 돌보는 사람들은 성숙의 힘과 문화화 사이에서 합리적인 균형을 달성해 낼 수 있을 것으로 믿었다. 그러나 게젤은 확실히 문화가 내부분의 조절을 수행하기를 원했다. 이와 동시에 어떤 기술을 같은 연령이나 같은 학년에게 똑같이 가르치는 것도 충분하지 않다.

다윈은 인류가 보이는 행동들은 유전에 의한 것이며 발달적 변화는 유전적 변이에 의한 다양성의 확보와 자연도태 과정에서 나타난다고 했다. 스탠리 홈은 발달은 성숙에 의한다고 말하였다.

나. 환경론

환경론은 모든 사람은 경험, 학습에 의해 배우고 학습한다는 견해이다.

지리적 환경에 중점을 두고 인간 내지는 역사의 영향을 강조하는 이른바 지리적 환경론의 사고방식은 예전부터 존재하였다. 히포크라테스, 헤로도투스, 스트라본 등의 학설이 그것으로, 인간의 행동이나 역사를 생리적·직접적인 환경의 영향에 의한 것이라고 하여 합리적으로 설명하려고 하였다. 이와 같은 환경론은 중세에는 신학적 목적론적인 세계관에 지배되어 일단 자취를 감추었다가 르네상스 이후 합리적 사고의 부흥과 함께 부활하였다. 우선 보댕, 몽테스키외는 국가 또는 사회의 발전이 지리적 환경에 의하여 규정된다고 설명한다. 이것은 환경이 인간의 정신생활에 영향을 미친다는 생각을 강조하여 환경론을 하나의 문명사관으로까지 발전시켰다. 또 근세 이후의 지리적 지식의 확대는 지표에 전개하는 여러 현상 사이의 인과관계의 구명을 촉진하고 19세기에 들어와서 지리적 환경론은 그의 체계를 세우게 되었다. 리터 및 라첼에 의한 환경론의 전개가 그것이다.

환경론은 환경가능론과 환경결정론 2가지로 나누어진다.

환경가능론은 일반적으로 선택에 대한 인간의 자유를 강조하는 철학적 개념이 되고 있지만 지리학에서는 각 지역에서 볼 수 있는 독특한 인간활동의 성격은 그 지역의 자연환경에 인간이 자유롭게 선택한 결과라고 보는 것이다. 환경결정론에 대립하는 말로 사용되고 있다. 환경가능론을 처음 주창한 사람은 프랑스의 지리학자 폴 비달 드 라 블라슈이며 여기서 특히 주의를 환기시켜야 하는 것은 환경이라는 용어의 정의(定意)이다. 현재 우리가 살고 있는 환경은 자연환경과 사회(인문)환경으로 나뉠 수 있는데 환경가능론이나 환경결정론에서의 환경이란 자연환경만을 의미한다. 또한 환경가능론은 자연을 보는 지리적 관점 중 생태학적 입장과 혼란이 있을 수 있다는 점이다. 환경가능론이 인간의 자연극복 측면을 강조하는 데 비해 생태학적 입장은 인간이 지나치게 자연을 훼손했을 때 생기는 생태계 파괴를 우려하는 측면이다.

환경결정론이라는 것은 일반적으로 세상에 발생하는 모든 것은 인과의 필연적인 고리에 의하여 결정된다고 하는 철학적 개념에 기반을 두고 있지만 지리학에서의 결정론은 인간의 지역적인 생활양식이 인간의 자유선택에 의한 것이 아니라 외적인 기후, 지형, 수계, 식생 등의 자연환경에 의해 필연적으로 결정된다고 보는 것이다. 환경가능론과 대립되는 개념으로 독일의 지리학자 라첼이 처음 도입했다. 단순한 환경가능론에는 이와 같은 극단적인 결정론에서 환경작용의 중요성을 적당한 범위로 인정하는 논의까지 포함하고 있다. 생물에 대한 자연환경의 영향력이 크기 때문에 인간도 똑같다고 생각한 것이다.

다. 상호작용론

상호작용론이란 개인이 다른 개인을 이해하는 과정을 설명하는 것으로 육체적 움직임과 상호작용이 이뤄진 환경에서 어떻게 특정 의미를 도출해내는지 분석한다. 목격한 행위와 주변의 물질적·비물질적 요소들로 자신만의 의미를 만들어내는 과정에 주목한다. 개인이 의미를 생성해내는 정신 과정에도 관심을 갖는다는 점에서 외적 요소에만 주목하는 역할 이론과는 다르다. 이후 상징적 상호작용론, 교환이론, 연극적 이론 등으로 다양하게 발전하였다.

상호작용 이론은 인지발달학과 관계가 있다. 러시아의 심리학자 레프 비고츠키는 인지발달에 있어 사회적 상호작용의 중요성을 강조하였다. 유아의 발달이 학습보다 선행되어야 한다고 본 피아제와 달리 비고츠키는 학습이 문화적으로 형성되는 인간 특유의 심리적 기능 발달 과정의 필수적이고 공통되는 부분으로 사회적 학습이 유아의 발달보다 선행된다고 보았다. 또한 개인의 의미 생성 과정에 있어 개인이 속한 집단이 가장 큰 영향을 미친다고 보았다.

언어 발달의 경우, 상호작용 이론은 유전적 요소와 환경적 요소를 모두 중요하다고 본다. 유아의 선천적인 언어 습득 능력과 유아가 처한 사회문화적 환경 혹은 보호자 간의 상호작용을 통해 언어가 습득된다고 설명하여 생득론과 행동주의론이 융합된 형태를 보인다. 이러한 상호작용을 통해 유아의 사고가 발달하게 된다고 본다(문혁준·김경은, 2016).

영향력 있는 미국의 사회심리학이 시카고학파 사회학의 전성기에 발생하여 1960년대에 일탈에 대한 낙인이론의 등장을 통해 활성화되었다. 1970년대 동안 상징적 상호작용론은 강력한 비판을 받게 되었지만 교재로써 공식적으로 편찬되었고 '상징적 상호작용연구회'와 저널을 통해 제도화 되었다.

상징적 상호작용론은 연구하는 현상들과 밀접한 관련을 맺지 않고 이론화하는 모든 사회과학의 전통에 반대한다. 또한 이론화를 위해 다양한 연구도구들(특히 참여관찰, 생활사, 심층관찰)을 활용한다. 그러한 연구는 다음과 같은 세 가지의 관심사에 의해 진행된다.

첫째, 인간은 복잡한 상징조작의 동물이라는 점에서 특징적이다. 비록 인간은 객관적인 물질세계에서 살지만 사회과학자는 인간이 자신들의 사회적 대면자와의 사이에서 구상하는 독특한 의미를 파악해야 한다.

둘째, 그러한 의미는 보편적·고정적 또는 절대적인 것이 아니다. 시간(역사), 공간(문화)과 생애의 경험을 통해 변하는 의미의 복합성이 있다. 의미는 불명확한 것이고 결코 당연하게 받아들여지는 것이 아니다. 의미는 그것이 나타나는 대로 또는 집단 사이에서 타협되는 대로 탐구되어야 한다. 그러므로 이 이론은 정적인 구조보다는 과정에 대한 연구에 더 중점을 둔다. 상징적 상호작용론의 주요 개념인 자아, 경력, 타협된 질서는 이러한 사실을 강조한다.

셋째, 이 이론은 상호작용하는 단위를 강조한다. 그것은 엄격히 생물학적·심리학적인 것과 사회적인 것 사이에 걸쳐있다. 인간은 지속적으로 타자의 역할을 해 보게 하고 타인의 눈을 통해 자신을 바라볼 수 있게 하는 자아를 가지고 있다. 인간의 의사소통 능력이 없으면 사회질서는 붕괴할 것이다. 고립된 인간존재라는 것은 허구이다. 동시에 인간은 다른 사람들의 정의에 의해 결정되는 것이 아니다. 왜냐 하면, 인간은 필연적으로 자신들의 독특한 생물학적 재능을 가지고 있으며 타인의 정의에 대해 다른 방법으로 반응할 수 있게 하는 상호작용의 역사를 가지고 있기 때문이다. 그러므로 이론은 의지주의와 결정론적 사상의 종합이자 사회적·개인적인 것의 종합·상징적·물질적인 것의 종합이다.

상징적 상호작용론의 기원에 대한 논쟁이 있다. 일부는 미드의 실용주의 철학, 특히 그의 자아이론에서 기인한다고 주장한다. 다른 논자들은 짐멜의 형식주의의 영향을 통해 파크(Park)의 연구로부터 나왔다고 주장한다. 파크와 미드는 1920년대에 시카고 대학에 같이 있었던 인물로 상징적 상호작용론을 위한 발판이 되었다. 이 용어는 1937년에 블루머에 의해 만들어졌는데 이 이론을 추진한 집단이 있었지만(보다 실증적이며 조작적, 검증가능한 이론을 주장한 아이오아 학파) 그는 분명히 이 이론의 주요한 주창자였다. 최근에는 변종으로서 연극론, 현상학적 사회학, 민속방법론이 나타나고 있다.

상징적 상호작용론은 비판받고 있지만 많은 타당성이 인정되고 있다. 가장 일반적으로 나타나는 비판은 권력, 구조, 역사를 무시하고 지나치게 사회심리적인 것에 초점을 맞춘다는 데 있다. 상호작용론자들은 그 분야를 결코 무시하지 않는다고 주장하지만 이들은 상징주의에 중심을 둔 권력, 타협에 기초한 구조, 전망에 기초한 역사 등에 대한 독특한 해석을 이끌어 낸다. 상징적 상호론자들은 상황과 관점을 초월해서 전체적인 것과 절대적인 것을 파악할 수 있는 분석을 하지 못한다. 그러나 이 이론은 그러한 목표들이 획득될 수 없는 것이라고 주장한다.

3 발달의 원리

인간의 발달은 단순히 성장하는 것이 아닌, 신체적·인지적·사회정서적 측면에서의 복합적 변화 과정을 의미한다. 이러한 발달은 무작위적으로 일어나는 것이 아니라 일정한 법칙과 원리에 따라 이루어진다(신봉호 외, 2016). 발달의 원리를 이해하는 것은 아동과 청소년의 변화 과정을 예측하고, 적절한 교육과 지도를 제공하는 데 중요한 기초가 된다.

첫째, 순서성의 원리이다. 발달은 일정한 순서와 단계를 따라 일어나며, 유전에 의해 정해진 순서대로 진행되므로 앞으로의 발달을 예측할 수 있고, 그 이전에 획득한 행동 변화에 새로운 행동과 능력이 포함되어 다음 단계로 나아간다. 예를 들어, 영유아는 먼저 머리를 가누고 → 앉고 → 기고 → 서고 → 걷는 순서로 운동 능력을 발달시킨다. 또한 초등 수학 수업에서 분수 개념은 자연수와 나눗셈 개념이 선행되어야 이해할 수 있다.

둘째, 계속성의 원리이다. 발달은 수정의 순간부터 사망에 이르기까지 전 생애를 통해 계속적으로 이루어지는 과정이다. 발달은 단절되지 않고 연속적으로 진행되며, 점진적인 변화 속에 때때로 급격한 변화가 나타나기도 한다. 예를 들어, 신장 및 체중 증가는 유아기부터 청소년기까지 키와 몸무게는 꾸준히 증가한다. 급성장기가 있지만, 전반적으로 지속적인 변화를 보인다. 어휘력 발달도 어린 시절부터 성인기까지 새로운 단어를 꾸준히 습득하며 어휘력이 확장된다.

셋째, 상관성의 원리이다. 발달의 여러 측면들은 서로 밀접하게 관련되어 영향을 주고 받는다. 신체, 인지, 정서, 사회성 발달 등은 독립적으로 이루어지는 것이 아니라 상호작용하며 전체적인 발달에 영향을 미친다. 건강한 신체 발달은 활발한 탐색 활동을 가능하게 하여 인지발달을 촉진한다. 예를 들어, 운동 능력이 뛰어난 아이는 주변 환경을 더 적극적으로 탐색하며, 새로운 것을 배우는 기회가 많아질 수 있다.

넷째, 개별성의 원리이다. 모든 개인은 고유한 유전적 요인과 환경적 경험을 가지고 태어나기 때문에 발달의 속도, 양상, 정도에 개인차가 존재한다. 인간은 연령이나 성별에 따라 보편적인 발달 경향을 따르기는 하나, 개인차가 존재한다. 예를 들어, 같은 연령의 3세 유아라 할지라도 언어발달이 빨라서 말을 잘하고 이해력도 높은 친구가 있는 반면, 말이 늦거나 가족 구성원 간의 의사소통에 머무는 유아도 있다.

다섯째, 분화와 통합의 원리이다. 발달은 처음에는 미분화되고 전체적인 상태에서 시작하여 점차 특수하고 세분화된 기능으로 분화되는 과정과 분화된 기능들이 다시 조직화되고 통합되어 보다 복잡하고 효율적인 기능을 수행하게 되는 과정을 포함한다. 아동의 운동과정을 살펴보면, 처음엔 각 부분들이 분화되지 못하여 미숙하고 정교하지 못한 모습을 보이다가 점차 각 기관이 분화되면서 필요한 부분만 사용하는 모습을 보인다. 보다 정확한 신속한 행동은 각 기관이 분화된 이후, 분화된 다른 여러 기관들이 상호 협응할 수 있는 통합능력이 생긴 후에 가능하게 되며 이 시기가 완전한 발달이 이루어졌다고 볼 수 있다(조성연 외, 2010).

여섯째, 유전과 환경과의 상호작용 원리이다. 발달은 단순히 유전적 요인에 의해 이루어지는 것이 아니며 환경적 영향만으로 이루어지는 것도 아니다. 발달은 모든 측면에서 봤을 때 유전과 환경의 영향이 상호작용하여 이루어지는 것이다. 유전은 발달의 가능성과 범위를 제공하며, 환경은 이러한 가능성을 실현하는데 영향을 미친다. 즉, 타고난 기질이나 능력이 있어도 적절한 환경 자극이 주어지지 않으면 발달이 지체될 수 있다. 반대로 환경이 탁월해도 유전적 한계는 존재할 수 있다(전상준 외, 2025).

4 발달의 기제

발달 기제에는 적기성, 기초성, 누적성, 불가역성의 네 가지가 있다.

첫째, 발달의 적기성은 각 과제를 성취해야 하는 적절한 시기가 있음을 의미한다. 모든 발달은 각 단계에 맞는 과업이 있다. 피아제의 감각운동기는 풍부한 동작적 경험이 필요한 적기적 단계이다. 양심이나 도덕성은 3세 전후에 걸쳐서 형성되는데, 이때 잘못되어 왜곡된 도덕성을 훗날 교정하려면 매우 힘들게 된다.

둘째, 발달의 기초성은 초기 경험이 시간의 경과에 따라 발달의 기초가 된다는 의미이다. 특히, 유아기 경험의 기초성이 중요하다. 인지적, 정의적, 사회적, 도덕적 발달을 위한 문화적 자극의 부족은 어릴 때의 발달과 관계되는 것일수록 발달에 주는 기초적 장애와 후유증이 크다. 불룸(B.S.Bloom)은 임신 상태에서 4세 이전에 지능의 50% 정도 발달이 이루어지고, 4~8세에 80%의 발달이 이루어진다고 주장한다.

셋째, 발달의 누적성은 앞 단계의 특정 요인들이 다음 단계에 영향을 미치는 것을 의미한다. 앞 단계에서 잘못되면 다음 단계에서는 더욱 잘못되고, 앞 단계에서 잘되면 다음 단계에서도 잘 된다는 이른바 발달의 '빈익빈 부익부'의 기제이다. 발달단계가 계열적으로 연결되어 있기 때문에 이런 현상이 나타난다. 학습부진아는 학습 결손의 누적된 결과이다.

넷째, 발달의 불가역성은 한 단계에서 어떠한 결과가 다음 단계에서 영향을 미치며, 다음 단계에서 잘하는 것을 통해 이전 단계를 교정·보충하는 데는 한계가 있음을 의미한다. 전 단계에서 잘한 것이나 잘못한 것이 다음 단계에서 영향을 끼치기는 하나, 역으로 후 단계의 잘잘못이 전 단계의 잘잘못에 영향을 주거나 교정·보충하는 데는 한계가 있다. 빈곤한 영양환경과 문화 환경에서 기초와 적기를 놓쳤을 때, 장차 풍부한 영양과 문화 자극을 준다 해도 빈약해진 체격과 지능은 크게 회복되지 못한다. 즉 신체와 지능 발달은 불가역성이 크다. 그러나 정의적·사회적·도덕적 발달은 불가역성이 그리 심하지 않다. 예를 들어, 0~6세에 영양 불충분으로 체격이 빈약해졌을 경우, 13~17세에 잘 먹으면 체중은 보충되나 신장은 충되기 어렵다. 그러므로, 신장은 체중보다 불가역성이 심하다.

5 발달단계와 발달과업

발달과업이란 특정 문화권에서 태어난 인간이 당면하는 성취 과업을 말한다. 이러한 과업은 신체적, 인지적, 성격적, 도덕적, 정서적, 사회문화적 등 다양한 측면에서 점진적 또는 급진적 발달을 요구받는다. 해비거스트(R.J. Havighurst)는 발달의 개념을 인간은 태어나 나이가 들어감에 따라 발달한다는 측면에서 인간 발달을 기술하고 있다. 인간은 태아기로부터 특정 문화권의 영향 속에서 발달과업을 이루게 되며 하나의 과업이 완수된 후에는 또 다른 높은 단계의 과업 성취를 기대받는다. 이처럼 발달과업은 태어난 문화권에 따라 차이가 있지만 대개는 연령의 증가에 따라 어느 정도 계열화(系列化)되어 있음을 발견할 수 있다.

가. 발달과업의 개념

인간 발달의 과정에는 일반적으로 일정한 단계가 있다고 가정하고 각각의 단계를 거쳐서 발달이 이루어진다고 본다. 해비거스트는 발달과업(developmental task)의 내용을 포괄적으로 목록화한 최초의 교육심리학자이다. 그는 인간의 삶을 기술하는 데 있어 특정한 발달과업을 중심으로 발달의 시기를 나누었다. 그의 발달과업이론에 따르면 발달과업은 발달단계에 따라 수행해야 할 과제이면서도, 인간이 주어진 특정한 사회문화권 안에서 발달해 나가는 과정 중에 반드시 배우고 성취해야 할 일을 말한다.

이러한 발달과업은 연령의 증가에 따라 저절로 성취되는 것이 아니다. 신체적·정신적 성장과 함께 사회적 요구와 그에 따른 개인의 의도적인 노력과의 상호작용의 결과로 달성된다. 발달과업은 특정한 발달시기에 기대되는 행동과업으로서, 다음 발달단계의 행동발달에 영향을 미치므로, 학습자는 이 시기에 필수적으로 학습하고 달성해야 할 과제를 성공적으로 수행하여야 한다. 해당 시기의 당면한 발달과제를 성공적으로 성취하여 만일 과업의 수행에 성공하면 행복하게 된다. 반대로 실패하면, 자신의 불행과 사회의 차별을 받게 되며, 그 이후의 과업 수행에도 곤란을 겪는다고 보았다.

해비거스트는 인간은 전 생애에 걸쳐서 발달하고 각각의 시기마다 성취해야 할 과업이 있다고 보았다. 그래서 그는 특정한 발달과업을 중심으로 발달시기를 나누었다. 그가 제시한 연령별 발달과제는 영아기 및 유아기(0－6세), 아동기(6－12세), 청소년기(12－18세), 청년기(18－30세), 중년기(30－60세), 노년기(60세 이후)로 다음과 같이 나누었다(전상준외 2024. p.73).

나. 발달단계와 발달과업

첫째, 영아기 및 유아기(0－6세)의 발달과업은 직립 보행, 고형질 음식 섭취, 언어능력 연마, 배설 작용 통제, 성별 구분과 성적 성숙, 생리적 안정, 사회적 물리적 환경에 대한 간단한 개념 형성, 자신을 부모, 동기 및 타인과 정서적으로 관련 맺기, 선악의 구별과 양심 등이 있다.

둘째, 아동기(6－12세)의 발달과업은 일반적 놀이에 필요한 신체적 기능 학습, 성장하는 유기체로서 자신에 대한 건전한 태도 형성, 동년배와의 친교 능력, 성 역할, 읽기, 쓰기, 셈하기의 기초 기능, 일상생활에 필요한 개념 습득, 양심, 도덕성 가치척도, 인격적 독립의 성숙, 그리고 사회 집단, 제도에 대한 책임감 감지 등이 있다.

셋째, 청소년기(12－18세)는 남녀 간의 새롭고 성숙한 관계 형성, 남성과 여성으로서의 역할, 자신의 체격을 인정하고 신체를 효과적으로 구사, 부모와 다른 성인으로부터 정서적 독립, 결혼과 가정생활 준비, 직업 선택 준비, 경제 독립의 확신, 시민으로서의 지적 기능과 개념 함양, 행동지표로서 가치관과 윤리체계 습득, 그리고 사회적으로 책임 있는 행동을 원하고 수행하는 일 등이 있다.

넷째, 청년기(18－30세)는 배우자 선정, 배우자와의 동거생활 능력, 가정생활, 육아 능력, 가정 관리 능력, 취업, 시민 책임 감당 등이 있다.

다섯째, 중년기(30－60세)는 성인으로서의 시민, 사회적 책임 수행, 생활의 경제적 표준 설정 및 유지, 10대 자녀가 행복한 성인이 되도록 뒷바라지, 성인에 필요한 여가 활동, 배우자와의 인격적 관계 유지, 중년기의 생리적 변화 수용과 적응, 노부모 부양 등이 있다.

여섯째, 노년기(60세 이후)는 체력 감소 용납 및 건강 관리 적응, 은퇴 준비와 수입 감소에 적응, 배우자 사망에 적응 및 죽음 준비, 동년배와 친밀한 관계 형성, 사회적 및 공인적 책임의 이행, 그리고 만족할 생활 조건의 구비 등이 있다.

다. 발달과업의 교육적 시사점

그렇다면 우리는 왜 발달과업을 이해해야 하는가? 이에 대한 교육적 시사점은 요약하면 다음과 같다.

첫째, 발달과업은 인간의 성장 단계별로 무엇(what)을 학습해야 할지 학습과제의 합리적 선정을 돕는다. 즉, '이 시기 학생에게 무엇을 먼저 가르쳐야 하는가?'에 대한 답을 선정하는 데 도움을 준다.

둘째, 발달과업은 언제(when) 집중적으로 교육적 에너지를 쏟아 가르쳐야 할지 최적의 시기를 암시해 준다. 즉, '어떠한 과제를 언제 가르쳐야 가장 효과적인가?'에 대한 물음에 현명한 답을 준다.

셋째, 발달과업은 어떻게(how) 적합한 교육적 환경의 제공과 더불어 적합한 교육 도구와 교육 방법을 선별하는 데 도움을 준다. 즉, "어느 특정 단계의 학습자에게 어떤 교수법을 적용하여 가르치는 것이 더 효과적인가?"의 물음에 좋은 답을 제공해 줄 수 있다.

결국 교육이란, 너무 일찍 행하면 낭비가 되지만, 적기에 노력하면 만족할 만큼의 큰 성과를 얻을 수 있다(이기숙 2015). 특히, 결정적 시기 이론(critical period hypothesis, CPH)에 의하면 유아기의 학습자들은 자신의 모국어를 1년~2년 안에 의사소통이 가능할 수준으로 쉽고, 빠르게 모국어 또는 제2 언어로 대화하는 것을 배운다. 하지만 특정 시기를 지나 사춘기 이후에는 그보다 훨씬 많은 시간을 투입해도 만족할 만한 언어습득에 실패한다(이임숙 2015). 따라서 교육정책가, 교사, 혹은 부모, 혹은 발달과업에서 말하는 중년기의 어른들이 이 나라의 미래가 될 우리 아이들에게 무엇(what)을 언제(when), 어떻게(how) 가르쳐야 이들이 행복한 성인으로 성장하는 데 도움이 될까에 대한 현명한 답을 구하기 위해서는 발달과업을 충분히 이해하는 것이 무엇보다 중요하다.

연습문제

1. 인간발달의 원리에 관한 설명 중 가장 적합한 것은?

① 인간은 특수한 것에서 일반적인 것으로 발달한다.
② 인간의 성장과 발달은 유전과 환경의 영향을 받는다.
③ 발달지연과 결함이 있었더라고 충분한 영양공급이 제공되면 정상적인 발육이 가능하다.
④ 인간의 발달은 말초부분부터 중심부로 진행된다.
⑤ 발달은 유전의 영향을 받는다.

2. 인간발달의 일반적 원리에 대해 설명으로 옳은 것은?

① 발달은 일정한 순서와 방향에 따라 이루어진다.
② 발달에는 개인차가 있다.
③ 발달은 결정적 시기가 있다.
④ 발달은 유전과 환경의 상호작용 결과이다.

3. 인간 발달의 관점 3가지가 무엇인지 쓰시오.

---

4. 한 인간이 어떻게 발달하는지에 대해 발달의 관점 설명으로 알맞은 것은?

① 성숙론: 인간의 발달이 유전에 의해 결정된다는 견해
② 환경론: 인간의 발달이 유전과 환경이 상호작용하는 것이라는 견해
③ 상호작용론: 대표적 이론가는 루소
④ 환경론: 인간은 수동적으로 발달하고 존재하는 견해

5. 인지발달학과 관계가 있는 이론은 무엇인지 쓰시오.

____

6. 다음 중 인간 발달의 일반적인 원리에 해당하는 설명으로 옳지 않은 것은?

① 발달은 일정한 순서와 방향을 따라 진행된다.

② 발달은 모든 사람에게 동일한 속도로 나타난다.

③ 발달은 유전과 환경의 상호작용에 의해 이루어진다.

④ 발달은 연속적이지만, 속도에는 개인차가 있다.

⑤ 발달의 각 영역은 서로 밀접하게 관련되어 있다.

7. "두 아동이 같은 나이지만 언어 발달 수준이 다르다." 이 현상을 설명할 수 있는 발달의 원리를 쓰시오.

____

8. 해비거스트(R.J. Havighurst)의 발달단계와 발달과업이 바르게 연결된 것은?

① 영아기 및 유아기(0－6세)의 발달과업은 일반적 놀이에 필요한 신체적 기능 학습, 성장하는 유기체로서 자신에 대한 건전한 태도를 형성한다.

② 아동기(6－12세)의 발달과업은 성별 구분과 성적 성숙, 생리적 안정, 사회적 물리적 환경에 대한 간단한 개념을 형성한다.

③ 청소년기(12－18세)의 발달과업은, 양심, 도덕성 가치척도, 인격적 독립의 성숙, 그리고 사회 집단, 제도에 대한 책임감 감지 등이 있다.

④ 청년기(18－30세)는 발달과업은 자신의 체격을 인정하고 신체를 효과적으로 구사, 부모와 다른 성인으로부터 정서적 독립, 결혼과 가정생활 준비한다.

⑤ 중년기(30－60세)의 발달과업으로는 성인으로서의 시민, 사회적 책임 수행, 생활의 경제적 표준 설정 및 유지, 배우자와의 인격적 관계 유지 등이 있다.

1. ②, 2. ①
3. 성숙론, 환경론, 상호작용론
4. ①
5. 상호작용론
6. ②
7. 개별성(개인차)의 원리
8. ⑤

CHAPTER

03

인지발달

1. 피아제의 인지발달 이론
2. 비고츠키의 사회·문화적 인지발달 이론
3. 피아제와 비고츠키의 이론의 비교
4. 인지발달 이론의 교육에의 적용

교 육 심 리 학

CHAPTER

03 인지발달

학습목표

가. 피아제의 인지발달 이론에서 기본 개념(도식, 동화, 조절, 평형화)을 예를 들어 설명할 수 있다.
나. 피아제의 인지발달 4단계의 단계별 특징을 두 가지 이상 열거할 수 있다.
다. 비고츠키의 사회·문화적 인지발달 이론에서 기본 개념(근접발달영역, 비계 설정)을 예를 들어 설명할 수 있다.
라. 비고츠키의 사회·문화적 인지발달 이론에서 언어와 사고의 관계를 설명할 수 있다.

"대상들을 알기 위해서는 주체로서의 개체는 대상에 영향을 미치고, 그럼으로써 그 대상을 변형시켜야 한다. 그는 대상들을 옮겨놓기도 하고 연결하기도하고 결합하기도 하고 분리시키기도 하고 다시 모으기도 해야 한다. 가장 기본적인 감각·동작적인 활동(밀기·당기기 등)에서부터 가장 복잡한 지적 조작에 이르게 되는데, 이렇게 되면 행동을 내면화하게 되어 정신적인 수행(같은 것끼리 묶기, 차례대로 놓기 등)도 가능해진다."

피아제

"특히 근접 발달 영역(ZPD, Zone of Proximal Development)과 비계(scaffolding) 개념을 강조하며, 부모와 교사의 역할이 아동의 발달 과정에서 필수적이라고 설명했다. 이에 따라, 아동이 새로운 개념을 익히고 문제를 해결하는 과정에서 적절한 도움과 지도를 받는 것이 중요하며, 이를 통해 점진적으로 독립적인 사고와 학습 능력을 키울 수 있다."

비고츠키

인지는 라틴어의 'congos cere', 즉 '아는 것'(to know)이라는 단어에서 유래하였다. 인지(cognition)란 인간이 지식을 획득하여 사물을 알게 되는 과정과 이 지식을 활용하여 문제를 해결하는 정신적 활동을 의미한다. 인지란 감각, 지각, 기억, 이미지 형성, 상상, 추리, 판단 등 생활체가 사물, 사상에 대한 지식을 획득할 때 작용하는 모든 지각 활동을 포괄하는 개념이다. 인지 이론은 아동의 인지 활동과 기능의 발달을 설명하는 데 초점을 두고 있다. 즉, 인간은 자신의 성숙과 이전의 경험을 보완하고자 능동적으로 환경과 상호작용하며 그 결과로 발달이 이루어진다는 입장이다. 여기에서는 피아제의 인지발달이론과 비고츠키의 사회문화적 인지 이론을 중심으로 살펴보고자 한다.

1 피아제의 인지발달 이론

피아제(Jean Piaget)는 1896년 스위스에서 출생했다. 피아제의 이론은 초기에 심리학자들의 관심을 끌지 못하다가 1960년대에 인정을 받기 시작했다. 유기체는 외부환경과의 적극적인 상호작용을 통해 인지구조를 변화시키는데, 인지구조가 변화되는 과정을 인지발달이라 한다. 인지 인간은 인지와 관련한 정신활동을 통하여 환경과 상호작용하며 인지구조를 변화시키고, 인지발달을 이루어 나간다.

가. 기본 개념

인지발달의 기본 개념으로 도식(schema), 동화(assimilation), 조절(accommodation), 평형화(equilibration)를 중심으로 살펴보고자 한다.

첫째, 도식은 사물이나 사건에 대한 전체적인 윤곽으로, 주어진 자극에 대해 적합한 반응을 하는 반응 체계이다. 도식은 경험에 의해 외부 세계로부터 들어온 정보, 사건, 사물 등에 대해 정신적으로 표상하거나 사고하는 틀을 말하는 것으로, 사고의 기본 단위이다. 도식은 유기체와 환경 간 상호작용을 통해 이루어지는 적응과 여러 개별적인 인지구조들을 전체로 통합하려는 조직을 통해 형성된다. 예를 들어, 빨기 반사를 갖고 태어난 아기는 젖을 빨음으로써 빤다는 것에 대한 도식을 지니게 되고 이것이 계속 기억 속에 남아서 반복하게 된다. 5세의 유아가 날아다니는 물체는 새라고 배웠다고 생각해 보자. 이를 통해 이 아이는 "날아다니는 물체는 새와 같다."는 도식을 갖게 된다. 따라서 도식이란 한마디로 아동 자신의 경험적 활동에 의해 조직화한 행동양식이라고 할 수 있다.

둘째, 동화는 새로운 정보를 기존의 인지구조(스키마, Schema)에 맞게 받아들이는 과정이다. 유기체가 이미 가지고 있는 도식을 활용해서 주변 세계를 이해하려고 할 때 나타나는 인지과정을 말한다. 외부로부터 들어오는 새로운 자극이 자신의 기존 도식과 동일하지는 않아도 비슷한 경우, 그 자극을 기존의 도식에 맞춰 통합시키는 과정이다. 예를 들어, 유아는 '개'에 대한 도식으로 다리가 네 개이고 털이 있는 동물을 보고 개라고 할 수 있다. 개에 대한 기존의 도식을 가지고 있던 유아가 고양이를 보고 개라고 했다면 개에 대한 기존의 도식에 고양이로 변형시켜 이해하려는 동화가 일어난 것이다.

셋째, 조절은 기존의 인지 구조를 새로운 정보에 맞게 수정하는 과정이다. 외부 세계로부터 들어오는 새로운 자극이나 경험이 기존의 도식과 맞지 않을 때, 기존의 도식을 수정하여 새로운 자극이나 경험을 재구성하려는 인지과정을 말한다. 즉, 현실 세계에 보다 잘 적응하기 위하여 기존의 인지구조를 수정하는 것으로, 새로운 정보에 반응하기 위해 기존의 도식을 바꾸거나 새로운 도식으로 바꾸어 가는 인지과정이다. 예를 들어, 개와 고양이의 차이를 인식하면서 고양이는 개보다 작고 얼굴 생김새도 다름을 인식하면서 기존 도식을 변형해 나가는 것이다.

마지막으로, 평형화이다. 인간은 자신의 심리적 구조를 일관성 있고 안정된 행동양식으로 조직하려는 경향이 있다고 피아제는 말하고 있다. 다시 말하면, 인간 유기체의 심리구조는 평형의 상태를 유지하려는 경향이 있다. 여기에서 평형이란 개인의 정신적 활동과 환경 간의 균형의 상태를 의미한다.

새로운 경험과 자극이 환경으로부터 유입되면 인지 갈등이 야기되고, 인지구조는 불평형(disequilibrium)상태에 놓이게 된다. 그러나 유기체는 인지의 평형상태를 유지하려는 경향성이 있기 때문에 동화와 조절을 통한 적응을 시도하게 된다. 이처럼, 유기체는 새로운 환경을 접할 때 동화와 조절의 과정을 통하여 적응해 나가게 되는데 이러한 인지적인 균형상태를 평형화라 한다(오만록, 2008).

그림 3-1 도식, 동화, 조절, 환경과의 관계

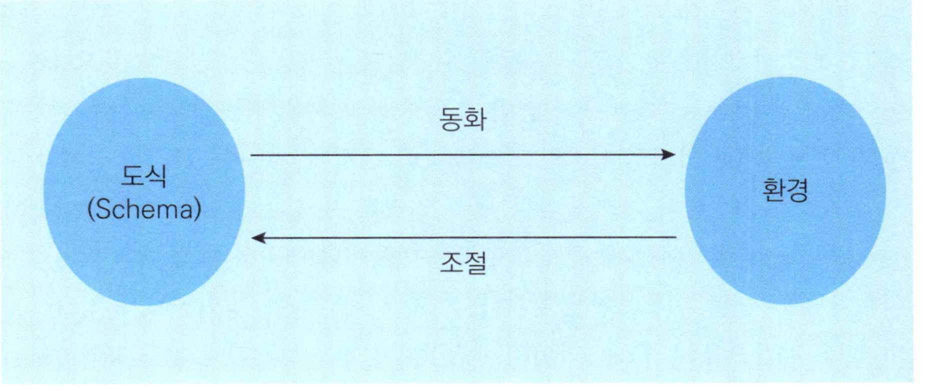

출처: 김희수 외(2017). 교육심리학.

나. 인지발달 단계

피아제의 인지발달은 4단계로 구분되는데, 각 단계는 질적으로 서로 다른 특성을 갖는다. 피아제의 인지발달 단계는 감각운동기, 전조작기, 구체적 조작기, 형식적 조작기로 구분된다.

1) 감각운동기(출생부터 만 2세까지)

감각운동기는 출생 직후 신생아의 반사적인 행동에서부터 출발한다. 만 2세경에 이르면 목표지향적인 사고 활동을 통하여 스스로 자기조절 능력을 갖게 된다. 이 시기 영아는 주로 감각을 통한 탐색과 운동기능을 통해 도식을 확장시켜 나간다. 영아는 자신의 감각기관을 통하여 세상을 경험하게 되는데, 입으로 빨고, 눈으로 보고, 손으로 만지며 주변을 탐색하고 인지구조를 발달시켜 나간다. 이 시기 특징은 대상영속성(object permanence)을 획득해야 한다는 것이다. 대상영속성이란 대상이 시야에서 사라지더라도 계속 존재한다는 것을 인식하는 능력을 말한다. 또한 목표지향적 행동(goal directed actions)으로 발달이 이루어져야 한다. 영아는 자신의 목표를 달성하기 위하여 의도적인 행동을 하는데, 장난감 상자 안에 뭐가 있는지 알아야겠다는 목표가 생기면 의도적으로 상자를 열기 위한 행동을 하게 된다는 것이다.

2) 전조작기(만 2세에서 만 7세까지)

피아제는 전조작기를 전개념 사고기(2~4세)와 직관적 사고기(4~7세)로 구분한다. 전개념 사고기는 유아의 급속한 언어 발달과 인지능력이 발달하는 시기이다. 여기에서 조작이란 아동이 정신적인 조작을 통하여 문제를 해결하려는 것을 뜻한다. 전조작기란 아직 정신적인 조작을 통한 문제해결이 미숙하다는 것이다. 이 시기 특징은 가상놀이, 자기중심적 사고, 직관적 사고 등이 있다. 가상놀이는 정신적 표상을 형성하여 실제 존재하지 않는 인물이나 대상을 마치 있는 것처럼 대치하여 놀이 활동을 하는 것을 말한다. 그 예로 소꿉놀이, 병원놀이, 병정놀이 등이 있다. 자기중심적 사고는 타인의 생각이나 감정, 지각, 관점 등을 고려하지 못하고 마치 자신과 동일할 것이라는 사고방식을 말한다. 예를 들면 엄마의 생일날 유아가 가장 아끼는 인형을 선물로 주는 것과 같다.

직관적 사고기는 유아가 사물이나 대상의 크기, 모양, 색깔, 무게 등 다양한 속성을 이해하지 못하고, 한 가지 두드러진 특성에 근거하여 사물이나 대상을 이해하려는 것을 말한다. 전조작기 유아는 눈에 보이는 한 측면에만 초점을 두고 사고하는 경향성이 있기 때문에 보존개념이 결여되어 있음을 알 수 있다. 보존개념이란 사물의 양이나 수가 더하거나 빼지 않는 한 그 속성은 변하지 않는 것에 대한 인식능력이다. 보존개념은 다음과 같은 보존 실험 과정의 예시를 통해 설명할 수 있다.

그림 3-2 보존개념에 대한 실험

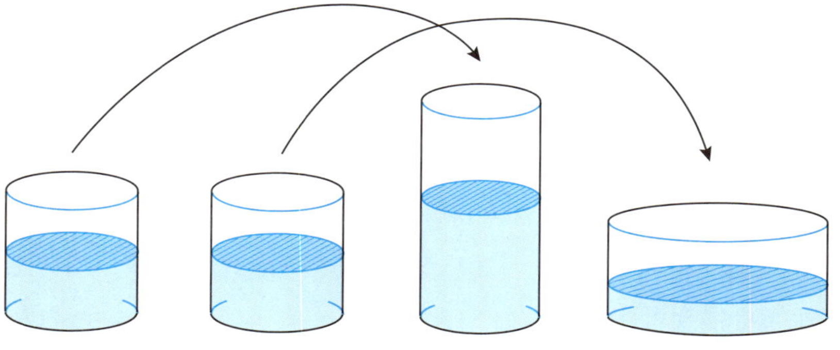

출처: 조혜영 외(2023). 교육학개론. p.76.

실험자는 5세인 유아에게 모양이 같은 두 개의 컵에 똑같은 양의 우유를 붓도록 한다. 유아는 두 개의 컵 안에 똑같은 양의 우유가 담겨 있다고 말할 것이다. 그 다음으로 모양이 긴 컵에 한 컵의 우유를 붓고, 또 다른 컵에 담겨 있던 우유를 모양이 넓은 컵에 붓고 유아에게 우유의 양이 어떤지 질문한다. 이때 유아는 모양이 긴 컵의 우유가 더 많다고 한다.

이와 같은 실험을 통하여 유아는 우유의 높이라는 차원에만 주의의 초점을 맞추고, 컵의 넓이 차원을 간과하고 있다는 것을 알 수 있다.

3) 구체적 조작기(만 7세에서 11세까지)

학령기에 해당하는 구체적 조작기는 전조작기에 비해 인지발달이 급격하게 이루어지는 시기이다. 이 시기 아동은 구체적인 사물과 실제적인 상황에 대해 정신적으로 조작할 수 있고 논리적으로 문제를 해결할 수 있다. 아동은 자기중심성에서 벗어나 사물이나 사건의 여러 측면을 고려하여 판단하는 것이 가능하고, 타인의 관점과 생각이 자신과 다를 수 있음을 이해하게 된다. 이 시기 아동은 가역성에 대한 개념, 상보성, 동일성의 원리를 이해하게 되어 보존문제를 해결해 나갈 수 있는 능력을 획득하게 된다. 가역성은 물체가 원상태로 되돌아올 수 있다는 것을 이해하는 것을 말하고, 상보성은 하나의 변화가 다른 변화로 인해 서로 상쇄되는 것을 뜻한다. 동일성은 다른 어떤 것을 더하거나 제거하지 않는 한 그 양은 동일하다는 것을 말한다.

이 외에도 구체적 조작기 아동은 유목화와 서열화의 개념을 이해하게 된다. 유목화는 물체를 공통된 특성에 따라 분류해 낼 수 있는 것을 말하며, 서열화는 물체의 크기나 무게와 같이 하나의 기준에 따라 순서대로 배열할 수 있는 것을 의미한다. 이와 같이 7세 이후의 아동은 보존개념을 획득하고, 자기중심성에서 벗어나 타인조망수용 능력을 획득하게 된다.

4) 형식적 조작기(만 11세부터 성인에 이르기까지)

형식적 조작기는 청소년기에 해당하는 시기로, 인지적으로 성숙에 이르는 단계이다. 이 시기는 구체적이고 실제적인 상황을 넘어서는 문제해결이 가능하고, 추상적인 개념에 대한 논리적 사고와 가설연역적 추론이 가능하다. 즉 눈에 보이지 않는 대상이나 실제 존재하지 않는 것에 대한 개념을 이해하고 의미를 찾으려는 추상적 사고를 할 수 있다. 더불어 다양한 현상에 대해 가설적 상황을 설정하고, 이를 도출하기 위해 자료를 수집하여 체계적으로 실험하고, 타당성을 검증할 수 있는 가설연역적 추론이 가능해진다.

지금까지 살펴 본 피아제의 인지발달 4단계를 정리하면 <표 3-1>과 같다.

표 3-1 Piaget의 인지발달 단계

발달 단계		연령	특 징
감각·동작기 (sensory-motor period)		0~2세	• 감각-동작에 의한 학습, 의도적인 반복활동 • 사물의 실재성(어떤 물체를 다른 각도에서 보아도 동일하다는 것)을 인식하지 못함 (⇒ 8개월 이후부터 인식이 시작) • 모방, 기억, 사고의 시작 • 단순 반사행동에서 목적을 가진 행동으로 발전 • 대상영속성(대상물이 시야에서 사라져도 계속 존재한다는 것)개념 발달
전조작기 (preoperational period)	전개념기	2~4세	• 사고와 언어가 자기중심적인 특징을 보임 • 자기중심성: 주관과 객관이 미분화되어 자신의 시각에서만 대상을 인지한다. • 언어의 발달(→ 지적 발달의 촉진) • 자기만족의 행동형태가 사회적 행동으로 전환 • 지각과 표상 행동이 가능: 나무 막대기로 기관총 흉내를 낸다거나 세 발 자전거로 자동차 놀이를 할 수 있다. • 전도 추리: 상호 관련이 없는 두 가지 사실을 연결시켜서 필연성이 없는 일반화 쪽으로 추리한다. (예) 나는 낮잠을 자지 않았다. 그러므로 오후가 아니다. • 중심화: 두 가지 요소를 동시에 생각하지 못하며, 양자의 관계의 일면만이 사고의 대상이 된다. • 물활론적 사고(animism): 사물이 모두 살아있고 각자의 의지에 따라 움직인다.
	직관적 사고기	4~7세	• 언어사용이 급속히 증가 • 자기중심성의 감소 → 사회적 관심과 사회적 참여 • 개념화 능력이 확대되고 복잡한 사고가 가능 • 직관적 사고(知覺이 사고의 우위에 있다)는 존재하나, 보존개념(사물의 양은 그 모양이 변하거나 여러 부분으로 나누어지더라도 변하지 않는다)은 희박하다. • 비가역성 → 논리적 사고 불가능

구체적 조작기 (concrete operations period)	7~11세	• 보존개념의 형성: 同質·同量·同價에 대한 개념 • 가역적 사고 가능: 역으로 해석이 가능, 논리를 거꾸로 전개시킬 수 있는 사고 • 구체적 사물에 한해서 논리적 조작이 가능하다. ⇒ 논리적 조작이란 정보의 변환을 이해하는 능력을 의미한다. • 탈중심화: 어떤 상황을 한가지 관점이 아닌 여러 관점에서 고려할 수 있다. • 분류개념, 유목화, 서열화(사물의 크기나 무게 등을 순서에 따라 배치하는) 능력의 형성 • 동작으로 생각했던 것을 머리로 생각할 수 있음. • 언어의 복잡화 • 상대적 비교 가능
형식적 조작기 (formal operations period)	12세~	• 추상적 대상을 포함한 논리적 사고 가능-추상적, 가설적 사고: 사고가 점차 과학적이 됨 • 가설검증 능력(→ 연역적 사고 가능) • 문제해결에 필요한 조합적 사고 가능 - 모든 가능한 경우를 고려하여 하나하나에 대해서 검토하는 사고, - 하나의 문제에 직면했을 때 모든 가능한 해결책을 논리적으로 궁리해서 문제를 해결하려고 함 • 추리력과 적용력의 발달 → 사물의 인과관계 터득 • 복합한 언어과제나 가설적인 문제를 해결할 수 있음

2 비고츠키의 사회·문화적 인지발달 이론

비고츠키(L.S. Vygotsky)는 1896년 러시아에서 출생하였다. 모스크바 대학에서 법학을 전공하였으며, 그 후 문학과 언어학을 공부하였다. 교육학과 심리학 분야를 재구성하면서 인간 발달에서 사회문화적 요인의 중요성을 강조하는 발달심리학을 구상하여 사고, 기억, 추론 등의 정신활동을 강조하였다.

비고츠키는 인간이 살아가는 사회·문화·역사적 맥락을 중요시하였다. 특히, 성인이나 유능한 또래들과의 상호작용이 인지발달에 영향을 미치는 바가 크다고 보았다. 아동의 인지발달은 부모와 같은 성인이나 유능한 또래들과의 상호작용을 통하여 인지구조의 변화로 나타나는데, 이와 같은 인지발달은 근접발달영역 내에서 이루어진다고 하였다.

가. 기본 개념

첫째, 근접발달영역(Zone of Proximal Development: ZPD)이다. 근접발달영역은 아동이 혼자서는 해결할 수 없지만 성인이나 뛰어난 동료와 함께 학습하면 성공할 수 있는 영역이다. 실제적 발달영역과 잠재적 발달영역 사이에 존재하는 영역을 의미한다. 아동이 혼자 독립적으로 문제를 해결할 수 있는 실제적 발달 수준과 성인이나 자신보다 유능한 또래로부터 도움을 받아 문제를 해결할 수 있는 잠재적 발달 수준 간의 차이를 말한다. 아동이 혼자서는 문제를 해결할 수 없지만 교사나 부모 또는 유능한 또래의 도움을 받으면 성공적으로 문제를 해결할 수 있는 영역을 말한다.

비고츠키는 근접발달영역을 실제적 발달 수준과 잠재적 발달 수준으로 구분하였다. 실제적 발달 수준이란 아동이 혼자서도 문제를 해결할 수 있는 수준을 말한다. 잠재적 발달 수준은 성인이나 유능한 또래의 도움을 받아 문제를 해결할 수 있는 수준을 뜻한다. 이와 같이 근접발달영역 내에서 아동의 지적 발달을 위한 발판, 비계설정(scaffolding) 등이 지원되어야 한다.

그림 3-3 근접발달영역(ZPD)

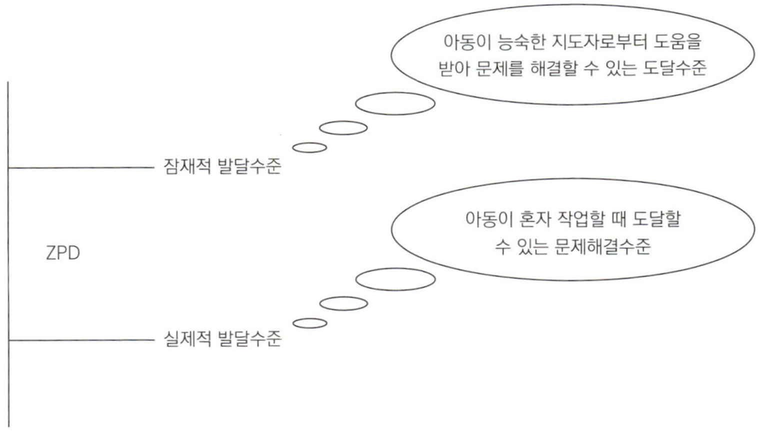

출처: 전상준 외(2025). 교육학개론.

둘째, 비계(scaffolding) 설정이다. 교사는 아동이 스스로의 힘으로 문제를 해결할 수 있도록 도움을 제공해 주어야 한다. 근접발달영역과 밀접한 관련이 있는 비계는 아동이 궁극적으로 그들 자신의 힘으로 문제를 해결할 수 있도록 하는 도움 혹은 조력을 의미한다. 비고츠키는 인지발달이 아동과 성인 혹은 유능한 또래 간의 상호작용을 통해 발생한다고 제안하였다. 학생들이 근접발달영역을 통과해 나가도록 단서제공, 시범 보이기, 질문하기, 격려하기 등을 제공해야 한다. 발판을 제공하는 것은 학생들이 스스로 학습하지 못할 수도 있는 지식과 기능의 습득을 도와주기 위한 것이다. 아동은 점차 자신이 주도적으로 더 많은 활동을 수행해나가게 되고, 아동이 혼자서 문제를 해결할 수 있게 되면 더 이상 비계는 필요 없게 된다.

그림 3-4 **비계**

근접발달영역에서 중요한 것은 교사와 같은 성인 또는 유능한 또래의 가르침이 일방적으로 이루어지는 것이 아니라는 점이다. 교사는 아동의 현재 발달 수준을 이해하고 학습과정에 아동이 자발적으로 참여할 수 있도록 새로운 교재를 소개 하는 등 아동의 발달수준에 적합한 교수법을 채택하여 제공해 주어야 한다(조성연 외, 2010).

나. 언어와 사고

비고츠키는 아동의 인지발달에 가장 중요하게 영향을 미치는 것을 언어와 대화로 보았다.언어와 대화는 타인과의 상호작용과정에서 필수적이기 때문이다.

아동이 초기 능력을 바탕으로 사고와 언어가 각각 분리되어 발달하고, 2세경이 되면 서로 연합하여 언어와 사고가 일치된 개념을 형성하게 된다고 보았다. 자기중심적 언어를 아동이 스스로 문제를 해결할 수 있도록 돕는 사고의 도구로 보았으며, 이때 나타나는 혼잣말을 사적 언어(private speech)라 한다. 사적 언어는 아동이 복잡한 문제를 해결하기 위해 마음속으로 사용하는 언어이다. 사적 언어는 타인들과의 상호작용을 통해서 발달하지만 처음에는 문제해결을 위해서 혼자 중얼거리고, 혼잣말은 속삭이는 언어로 발달해가며, 나아가 내적 언어(inner speech)로 전환되어 문제해결에 중요한 기능을 하게 된다.

비고츠키는 언어 발달 4단계를 다음과 같이 제시하고 있다. 1단계는 자연적 단계(0~2세)이다. 언어와 사고가 결합하기 이전의 언어이고 자연적이고 원시적인 본능적 언어이다. 사회적인 관계 속에서 생존을 위한 정서적인 해방을 의미한다. 아직까지는 언어와 사고가 결합하기 이전이므로 비지적 언어와 비사고적 언어이다. 2단계는 순수 심리적 단계(2~4세)이다. 사고와 언어가 결합하기 시작하면서 지적 언어가 사용되기 시작한다. 언어에 사고가 결합하면서 사물에 대한 탐구하기 위해 많은 질문이 시작된다. 언어가 가장 빠른 성장을 보이는 결정적 시기에 해당되며 언어가 상징 기능을 지닌다는 사실을 알게 된다.

3단계는 자기중심적 언어단계(사적 언어, 4~7세)이다. 혼잣말(selftak), 독백(내적 발화), 중얼거림, 자신과의 대화가 많아진다. 타인과의 대화가 아니라 자신과의 대화이다. 근접발달단계에 있는 문제가 주어지면 이를 해결하기 위해 이렇게 저렇게 중얼거리는 독백이다. 비고츠키는 사적 언어가 많이 사용될수록 사고발달에 촉진제가 된다고 보았다. 특히 근접발달단계에 있는 과제가 주어지면 빈도수가 증가한다. 4단계는 내적 언어 단계(7세 이후)이다. 사적 언어가 없어지는 것이 아니라 점차 서서히 안으로 스며들어 간다. 외현적인 자기중심적 언어가 내면화되어 논리적 기억이라는 수단으로 사고화된다(한민석, 2016).

3 피아제와 비고츠키의 이론의 비교

피아제와 비고츠키의 이론을 비교하여 정리하면 <표 3-2>와 같다.

표 3-2 피아제와 비고츠키의 이론의 비교

내용	피아제	비고츠키
사회·문화적 맥락	강조하지 않음	매우 강조함
구성주의	인지적 구성주의	사회적 구성주의
발달에 대한 정의	• 유기체와 환경의 상호작용에서 이루어지는 적응 과정	• 유기체와 환경의 상호작용 결과를 내면화시키는 과정 • 상호작용의 중요성 강조함
학습과 발달	발달이 학습을 주도	학습이 발달을 주도
주요 개념	도식, 동화, 조절, 평형화 등	근접발달영역, 언어, 비계
언어의 역할	**언어의 역할은 매우 적음**: 인지가 언어를 주도함	**언어가 미치는 영향을 지나치게 강조함**: 언어는 사고를 형성하는 데 강력한 힘을 발휘함

그림 3-5 피아제와 비고츠키의 언어와 사고의 발달 과정

□ 피아제: 언어와 사고의 발달 과정 → 사고가 언어 발달에 반영됨

□ 비고츠키: 언어와 사고의 발달과정 → 사고와 언어의 연합

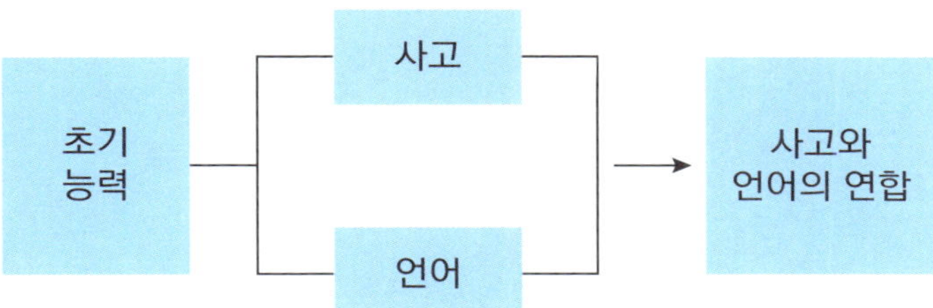

4 인지발달 이론의 교육에의 적용

피아제와 비고츠키의 인지발달 이론은 주어진 정보를 암기하도록 하는 전통적 교수 방법에서 탈피하여, 아동의 인지 수준에 따라 교사는 정보의 구체성과 추상성를 고려한 교수 방법을 채택해야 하며, 교육과정 역시 아동의 인지 수준에 기초하여 구성되어야 한다는 것을 시사한다. 브루너(J. S. Bruner)의 지식의 구조 및 나선형 교육과정도 피아제(J. Piaget)의 이론에 영향을 받았다. 아동은 세상을 이해하는 나름대로의 틀을 가지고 있는 적극적인 사고를 한다는 점을 강조하여 구안학습, 열린 교육, 구성주의의 이론적 바탕을 제공하였다.

교육목표는 지식의 양을 증가시키는 것이 아니라 아동들이 실험하고 발명할 수 있는 가능성을 조성해 주는 것이다. 인지구조가 없다면 학생들은 추상적으로 사고할 수 없다. 학생들이 인지구조를 고려하지 않는다면 단순히 암기에 그친다. 효과적인 대안 중의 하나는 학생의 직접적인 경험과 더불어 동료 친구와 교사의 토론을 동시에 제시하는 것이 좋다. 또, 교육과정 계획에서 구체적 조작에서 형식적 조작으로 이끄는 계열의 중요성을 인식하게 되었다.

피아제 이론이 암시하는 수업전략은 아동들의 지식체계에 대립되는 정보를 줌으로써 불평형을 만들어 주는 전략이다. 또, 아동은 동화와 조절을 통한 적응 과정으로써 이전의 학습된 개념을 새로운 개념으로 연결시킨다는 것이다.

연습문제

1. Piaget의 인지발달 이론과 관련된 내용이다. 다음의 설명에 해당되는 용어를 쓰시오.

> 새로운 자극이 기존의 도식과 맞지 않을 때, 기존 도식을 변형해 나가는 것이다. 즉, 현실 세계에 보다 잘 적응하기 위하여 기존의 인지구조를 수정하는 것으로, 새로운 정보에 반응하기 위해 기존의 도식을 바꾸거나 새로운 도식으로 바꾸어 가는 인지과정이다.

____

2. 아래가 설명하고 있는 Piaget의 인지발달 단계는 어디에 해당하는지 쓰시오.

> - 동질(同質)·동량(同量)·동가(同價)에 대한 개념이 형성된다.
> - 가역적 사고, 언어의 복잡화, 상대적 비교 가능하다.
> - 탈중심화: 어떤 상황을 한 가지 관점이 아닌 여러 관점에서 고려할 수 있다.
> - 분류개념·서열화 (사물의 크기나 무게 등을 순서에 따라 배치하는) 능력의 형성
> - 동작으로 생각했던 것을 머리로 생각할 수 있다.

____

3. Vygotsky의 인지발달이론에서 근접발달영역과 밀접한 관련이 있는 것으로 아동이 궁극적으로 그들 자신의 힘으로 문제를 해결할 수 있도록 하는 도움이나 조력을 해 주는 것을 (______________)이/라고 한다.

4. 아동이 혼자서는 해결할 수 없지만 성인이나 뛰어난 동료와 함께 학습하면 성공할 수 있는 영역이다. 아동이 혼자서는 문제를 해결할 수 없지만 교사나 부모 또는 유능한 또래의 도움을 받으면 성공적으로 문제를 해결할 수 있는 영역을 무엇이라고 하는지 쓰시오.

___

5. 다음에 해당하는 Piaget의 인지발달의 개념은?

- 외부의 대상이나 자극들을 기존 인지구조 속에 통합한다.
- 어떤 구조의 계속성을 유지하게 하며, 기존구조에 새로운 자극 요소들을 통합시키는데 있어서 필수적 요소이다.
- 환경적 자극을 이해할 수 있고, 이용할 수 있는 형태로 조정하는 경향을 뜻한다.

① 동화 ② 조절 ③ 평형화 ④ 대상영속성 ⑤ 도식

6. 다음에 해당되는 Piaget의 인지발달 개념은?

- 노란색 나무토막과 빨간색 나무토막을 합쳐 나무토막이라는 상위유목을 설정한다.
- 구체적 조작기에 나타난다.

① 보존성 ② 분류 ③ 가역성 ④ 서열화 ⑤ 자기중심성

7. 다음에 해당되는 Piaget의 인지발달 개념은?

- 생후 10개월 이후에 나타난다.
- 어떤 대상물이 본래 있었던 장소에서 옮겨졌거나 없어져서 자신의 시야에서 보이지 않아도 그 대상물이 계속 존재해 있다는 것을 이해한다.
- 정신적 표상을 할 수 있게 되면서 발달한다.

① 보존성 ② 분류 ③ 대상영속성 ④ 서열화 ⑤ 가역성

8. 정사각형의 개념을 알고 있는 학생이 마름모를 보고 정사각형이라고 말했다면, 이것을 설명하는 인지작용은? [1999. 대구, 경북초등 보수]

① 조절 ② 동화 ③ 투사 ④ 승화 ⑤ 통찰

9. 태어난 지 6개월 된 준이는 공을 가지고 놀다가도 그 공이 안 보이는 곳으로 굴러가버리면 공이 자기 손에 쉽게 닿는 가까운 곳에 있어도 그 공을 찾으려 하지 않는다. 이러한 현상을 설명할 수 있는 개념은? [1999. 중등]

① 자기중심성　② 보존개념　③ 대상영속성　④ 서열화　⑤ 가역성

10. Piaget의 인지발달 이론에서 구체적 조작기에 나타나는 발달 현상의 하나는? [1999. 강원, 전남 초등 보수]

① 물질의 보존개념을 습득한다.
② 가설연역적인 추론능력을 발휘한다.
③ 자기중심적 사고가 발달하기 시작한다.
④ 대상영속성의 개념을 습득한다.
⑤ 물활론적 사고가 발달하기 시작한다.

11. Piaget의 인지발달 단계에서 형식적 조작기에 나타나는 특징은? [2000. 서울 중등]

① 명제 중심의 사고가 가능하다.
② 논리적 추리에 일관성이 없다.
③ 다양한 관점에서 사고하지 못한다.
④ 다른 관점도 자신과 똑같이 생각한다고 믿는다.
⑤ 대상영속성의 개념을 습득한다.

12. 다음은 어느 부모의 육아일기에서 일부 발췌한 것이다. 이것을 Piaget의 인지발달 단계에 맞게 순서대로 나열한 것은? [2000. 서울초등]

가. 동일한 양의 물을 모양이 다른 그릇에 담아도 물의 양이 같다는 것을 알았다.
나. 공을 가지고 놀다가 공이 안 보이는 곳으로 굴러가버리자 찾지 않았다.
다. 어떤 문제에 대해 여러 가지 해결의 가능성을 상상하였다.
라. 과자를 한 개 가지고 있는 데도 더 달라고 졸라서, 엄마가 그 과자를 둘로 쪼개어 주었더니 아이는 더 달라고 하지 않고 만족스러워 했다.

① 나 – 가 – 다 – 라　② 나 – 라 – 가 – 다　③ 라 – 나 – 가 – 다
④ 라 – 다 – 가 – 나　⑤ 가 – 나 – 라 – 다

13. 다음에서 Piaget의 인지발달 이론과 일치하는 설명을 모두 고른 것은? [1994. 중등]

가. 인지발달은 질적으로 차이가 있는 단계를 거쳐 이루어진다.
나. 어떤 인지적 행동과제는 특정한 단계에 도달해야만 수행할 수 있다.
다. 발달단계의 순서에는 개인차가 있다.
라. 정의적 발달이 이루어지지 않으면 인지적 발달은 이루어질 수 없다.

① 가 ② 가, 나 ③ 가, 나, 다 ④ 가, 나, 라 ⑤ 가, 나, 다, 라

14. 아동의 지적 발달에 있어서 현재의 상태뿐만 아니라 미래의 잠재가능성도 설명하는 개념은?

① 도식(schema) ② 직관적 사고(intuition) ③ 근접발달영역(ZPD)
④ 발달과업(developmental task) ⑤ 조절(accommodation)

15. "고차적 사고능력은 사회적 상호작용을 통해서 개발된다."라는 주장과 가장 관련이 큰 것은? [2002, 초등]

① 교수 기계 ② 프로그램 학습 ③ 비계 설정(scaffolding)
④ 컴퓨터보조수업(CAL) ⑤ 보존 개념

16. Vygotsky의 언어와 사고 발달에 대한 설명으로 옳지 않은 것은? [2003. 중등]

① 어려운 문제를 해결할 때, 내적 언어의 사용 빈도가 증가한다.
② 아동의 지적 발달은 내적 언어와 사회적 언어 모두에 영향을 받는다.
③ 2세경이 되면 사고와 언어가 결합되어, 언어는 점차 합리적으로 표현된다.
④ 사고는 언어에 선행하므로, 인지발달이 적절한 수준에 이르지 못하면 언어학습의 효과가 없다.
⑤ 사적 언어가 내적 언어보다 먼저 발달한다.

17. 다음은 Vygotsky가 말하는 사적 언어(private speech)에 대한 설명이다. 맞는 것으로만 묶은 것은? [2001. 서울초등]

가. 인지적 미성숙의 표시이다.
나. 자신의 행동과 사고를 안내한다.
다. 나이가 들어감에 따라 점차 증가된다.
라. 과제가 어렵고 혼동될 때 많이 사용된다.

① 가, 나　② 가, 다　③ 나, 다　④ 나, 라　⑤ 다, 라

18. Vyotsky는 다음과 같은 언어의 형태를 가리켜 무엇이라고 하였는가?

- 인지적 미성숙의 표시라기 보다는 인지발달에 중요한 역할을 한다.
- 의사소통을 할 때 자신의 행동과 사고를 안내하기 위해 자신과 의사 소통을 한다.
- 혼동되거나 어렵고 또는 실수할 때 더 많이 사용한다.
- 성숙해감에 따라 점차 사라진다.

① 원시적 언어　② 순수심리적 언어　③ 사적 언어
④ 내적 언어　⑤ 탈중심적 언어

1. 조절
2. 구체적 조작기
3. 비계설정 혹은 스캐폴딩(scaffolding)
4. 근접 발달 영역: ZPD
5. ②, 6. ②, 7. ③, 8. ②, 9. ③
10. ①, 11. ①, 12. ②, 13. ②
14. ③, 15. ③, 16. ④, 17. ④, 18. ③

CHAPTER

04

성격발달

1. 프로이트의 성격발달 이론
2. 에릭슨의 심리사회발달 이론
3. 프로이트와 에릭슨의 성격발달이론 비교
4. 아들러의 요인중심 성격발달 이론
5. 융의 자아실현중심 성격발달 이론

교 육 심 리 학

CHAPTER 04

성격발달

학습목표

가. 프로이트의 '5단계 심리성적 성격발달 이론'의 핵심내용을 설명할 수 있다.

나. 에릭슨의 '8단계 심리사회적 성격발달 이론'의 핵심내용을 설명할 수 있다.

다. 프로이트의 '심리성적 성격발달 이론'과 에릭슨의 '심리사회적 성격발달 이론'의 유사점과 차이점에 나타난 함의를 설명할 수 있다.

라. 아들러의 '6가지 요인중심 성격발달 이론'의 핵심내용을 설명할 수 있다.

마. 융의 '4단계 자아실현중심 성격발달 이론'을 핵심내용을 설명할 수 있다.

정신이란 빙산과 같습니다. 정작 보이는 건 1/7도 안 됩니다.
무의식이 인간행동의 진정한 장소입니다.
'욕망(慾望)'과 '성(性)'의 충동은 인간행동의 두 가지 동기입니다.

지그문트 프로이트(Sigmund. Freud)

인간의 투쟁이야말로 그가 누구인지를 보여줍니다.
각 단계의 모든 어린이에게는 활력적인 발전의 새로운 기적이 있으며,
그것은 모든 새로운 희망과 새로운 책임을 구성합니다.
희망은 계속 성장할 수 있도록 어린이에게 동기를 부여합니다.
삶은 상호 의존성이 없으면 의미가 없습니다. 우리에게는 서로가 필요합니다.
우리가 알아내면 그리고 빠를수록 우리 모두에게 더 낫습니다.

에릭 에릭슨(Erik Erikson)

인간의 발전에 영향을 주는 것은 사실 그 자체가 아니고
그 '사실'에 대해 가지는 그들의 '의견'이다.
건전한 열등감이란 타인과 비교해서 생기는 것이 아니라
이상적인 나와 비교해서 생기는 것이다.

세상에 정상적인 사람이 있다면 그건 당신이 잘 모르는 사람일 뿐이다.

알프레드 아들러(Alfred Adler)

밖을 보는 자, 꿈을 꾸고, 안을 보는 자, 깨어난다.
인간에게는 고통과 난관이 필요하다. 그것들은 건강한 정신에 필수적이다.
내면이 건강한 사람은 다른 사람을 괴롭게 하지 않는다. 보통은 고통받은 자들이 다른 사람들을 괴롭히게 된다.

칼 융(Carl Jung)

인간의 성격발달(Personality development)은 유아기로부터 끊임없이 변화하며 '상황적 요인'과 '삶을 변화시키는 자기 경험 요인'에 따라 후천적으로 달라질 수 있다. 따라서 인간의 성격발달은 프로이트가 지적한 인간 내적 잠재의식인 성(性)적요인에 의한 '5단계 심리성적(心理性的) 성격발달 이론'과 에릭슨이 주장한 인간 외적 상황적 환경적 요인에 의한 '8단계 심리사회(心理社會)적 성격발달 이론'이 있다. 먼저 이 대표적인 2가지 단계적 성격발달 이론 사이의 유사점과 차이점에 나타난 함의를 살펴본다.

아울러 아들러의 '6가지의 요인중심 성격발달 이론'과 융의 '4단계 자아실현 중심 성격발달 이론'의 핵심 내용을 알아본다.

1 프로이트의 성격발달 이론

프로이트는 인간의 정신세계를 분석적으로 접근을 시도한 최초 학자로 그의 정신분석학은 다양한 학문영역에서 지대한 영향을 주었다. 그의 이론은 생물학적 기재의 본능적인 충동을 기반으로 하고 있다. 인간의 정신세계가 의식(consciousness), 무의식(unconsciousness), 전의식(preconsciousness)으로 구성되어 있다고 분석했다. 특히 그는 무의식의 본질과 기능에 주목하였다. 인간 정신세계의 90%를 외부로 드러나지 않은 무의식으로 보았다(임홍빈 외. 1997).

프로이트은 인간의 정신세계를 마치 빙산에 비유하여 떠 있는 작은 부분을 의식으로, 물속에 잠겨 보이지 않는 거대한 부분을 무의식으로 보았다. 파도에 의해 수면으로 드러났다 잠겼다 하는 부분을 전의식이라고 비유하였다. 의식은 개인이 현재 각성하고 있는 경험과 기억 등을 포함하는 것으로 의식하는 것은 빙산의 일각에 불과하고 인간의 정신영역에서도 극히 일부분에 해당된다(Freud, S. 1905).

다음으로 전의식은 의식과 무의식의 중간에 위치한 상태로, 현재는 의식되지 않지만 조금만 주의를 기울이면 곧 의식으로 떠오를 수 있는 생각이나 감정 등을 말한다. 그리고 무의식은 바다 수면 아래에 거대한 빙산의 몸체가 있는 것처럼 인간의 심층에 잠재되어 있어 혼자 힘으로는 의식 밖으로 끌어내기 어려운 거대한 저장고라 할 수 있다. 무의식적 저장고에는 과거 억압된 생각이나 감정, 충격적인 기억들이 담겨 있는데 인간의 행동이나 정서, 행동을 지배하고 결정하는 데 영향을 미친다(전상준 외. 2018. p.98.).

'인간의 성격이 어떻게 구성되어 있는가?'에 대한 물음에 대하여 프로이트는 원초아(id), 자아(ego), 초자아(superego)로 구성되어 있다고 주장하였다.

원초아(id)는 심리적 에너지의 원천이자 본능이 자리하고 있는 곳으로 인간이 태어날 때부터 갖게 되는 부분이다. 이때 원초아는 외부 세계와 상관없이 즉각적, 성적, 공격적인 본능의 욕구를 충족하려는 것으로 '쾌락의 원리(pleasure principle)'를 추구하는 것으로 본다.

다음으로 자아(ego)는 원초아의 욕구를 이성에 의해 중재하려는 것으로 약 1세 이후 발달한다. 자아는 원초아의 본능적 욕구를 현실 상황을 고려하여 논리적으로 해결하고자 하는 것으로 '현실의 원리(reality principle)'를 추구한다. 마지막으로 초자아(superego)는 자아로부터 분화되어 약 3세경에 발달하기 시작한다. 초자아는 부모로부터 영향을 받은 가치, 도덕, 이상을 내면화하여 쾌락보다는 완전한 것을 추구하고, 현실적인 것보다는 이상적인 것을 목표로 한다.

더불어 초자아는 도덕적으로 위배되는 원초아의 욕구와 충동을 억제하고, 자아의 현실적 목표를 도덕적인 것으로 유도하여 정신적 완전성 추구하려는 것으로서 자아 이상과 양심으로 구분된다. 여기에서 자아 이상은 아동의 바람직한 행동에 대해 칭찬하고 격려해 줄 때 발달한다. 반대로 양심은 아동의 잘못된 행동에 대해 벌을 주거나 수치감을 느끼게 할 때 형성된다고 보았다(전상준 외. 2018. p. 99).

이와 같은 기본 가정을 전제로, 프로이트는 인간의 성격발달을 다섯 단계로 구분하고 있으며, 성적 에너지를 의미하는 리비도(libido)가 정해진 순서에 따라 구강, 항문, 성기와 같은 집중하는 신체 부위에 따라 발달단계를 기술하고 있다. 이러한 이유에서 그의 이론을 심리성적이론(psychosexual theory)이라고 한다. 생의 초기 생물학적, 성적인 욕구를 해결하는 과정을 통해 성격이 형성되는 것으로 가정하지만, 만약 특정 단계에서 욕구 결핍이 야기되면 그 단계에 바로 고착(Fixation)이 이루어진다. 각 단계의 특징들을 살펴보면 다음과 같다(전상준 외. 2024. p.81).

가. 구강기(oral stage)

구강기는 리비도가 입과 입술, 혀 등에 집중되는 시기로, 생후 18개월까지 해당된다. 이 시기를 구강기(oral stage) 또는 구순기라고도 하는데, 유아는 구강을 통해 젖을 빨고, 고형물을 씹고, 깨무는 등의 활동을 통해 원초아적 욕구를 충족하게 된다. 프로이트는 원초아의 욕구를 충족하는 것이 곧 성적 쾌락을 갖는 것이라고 보았다. 이 시기 원초아적 욕구가 좌절되거나 과잉 충족되면 다음 단계로 이행되지 못하고 구강기에 고착되게 된다. 이는 구강을 통한 욕구 결핍으로 좌절 경험이 많을 경우 타인을 헐뜯거나 지배하려는 성격으로 형성될 수 있다. 한편, 지나칠 정도로 욕구 충족하게 되면 구강을 통한 행위에 탐닉하려는 손가락 빨기, 과음, 과식 등과 같은 행동이 나타나고, 수동적이고 소극적인 성격이 형성될 수 있다.

나. 항문기(anal stage)

항문기는 리비도가 항문에 집중되는 시기로서, 주로 대소변을 가리는 훈련이 시작되는 2~3세까지 해당된다. 이 시기 유아는 괄약근이 발달함으로써 배설물을 보유하였다가 배설하는 데에서 쾌감과 만족감을 갖게 된다. 이때 유아는 부모로부터 배변훈련을 받으며 원초아적 충동에 대한 외부의 통제를 최초 경험하게 되는데, 부모에 의한 외부통제 방식에 따라 유아의 성격 형성이 이루어진다. 즉, 부모의 배변훈련에 따른 태도, 행동, 갈등 대처방식 등이 유아의 성격형성에 영향을 미치게 된다. 만일 부모가 거칠고 억압적으로 배변훈련을 하게 되면 항문기에 고착된 '항문기 폭발적 성격' 특징을 형성하게 되고, 반대로 지나치게 청결하거나 규율을 강조할 경우 고착된 '항문기 강박적 성격' 특징을 갖는다. 항문기 고착된 성격은 질서정연, 인색함, 강박성격, 낭비벽, 파괴적 특징으로 나타난다.

다. 남근기(phallic stage)

남근기는 리비도가 성기에 집중되는 시기로서, 아동은 자신의 성기에 관심을 보이기 시작하고, 만지고 자극하는 데에서 쾌감을 느끼게 되는 단계이다. 이 시기 아동은 부모에게 강한 성적 애착을 느끼게 된다. 남아는 어머니에 대해 이성적인 감정을 느끼며 아버지를 경쟁상대로 생각하고 적대감을 갖지만, 자기에 비해 강력한 아버지의 존재로 인해 갈등을 경험하게 된다. 프로이트는 이러한 현상을 오이티푸스 콤플렉스(Oedipus complex)라고 한다. 이 시기 남아는 어머니를 향한 욕망이 드러날 경우 강력한 아버지가 자신의 성기를 거세하게 될지도 모른다는 거세불안(castration anxiety)을 경험하며, 아버지를 동일시하여 오이디푸스 콤플렉스를 극복하게 된다. 한편, 여아는 아버지의 남근을 선망하여 자신에게 남근이 없다는 것에 대해 어머니를 적대시하고 아버지에 대해 이성적인 감정을 느끼게 된다. 이를 엘렉트라 콤플렉스(Electra complex)라 한다. 이와 같이 아동은 이성 부모에 대해 강한 성적 애착을 느끼게 되는데 여기에서 비롯되는 불안을 해결하기 위해 동성 부모를 동일시하여 '남성다움'과 '여성다움'을 갖게 된다. 이 시기 고착된 성격은 거만하거나 자기과시, 야심적인 특징을 나타낸다.

라. 잠복기(latency stage)

잠복기는 아동기에 해당되며 리비도의 욕구가 줄어들어 비교적 평온한 시기이다. 이 시기는 초등학교에 입학하여 학업, 사회적 관계 등에 집중함으로써 두드러진 성적 갈등이 나타나지 않는 시기로 잠재기 또는 잠복기라고 한다.

마. 생식기(genital stage)

생식기는 2차 성징이 나타나기 시작하는 사춘기에 접어들면서 잠복해 있던 성적 욕구가 활발해진다. 프로이트에 의하면, 이전 단계까지는 자기 신체를 통한 성적 쾌감을 추구하는 자기애적 성향으로 나타났으나, 이 시기 접어들면 이성으로부터 성적 만족을 추구하려 한다. 이때부터 이성과 친밀한 관계를 형성하고,

진정한 대상을 만나 성숙한 사랑을 하며, 생산적인 활동을 통해 만족감을 갖게 된다.

표 4-1 프로이트의 성격 발달단계 및 과제

연령	단계	덕목	대상	발달과제
0~1	구강기	희망	주양육자 (어머니)	이 세상은 신뢰할 수 있는가?
				세상은 안전하고 살만한 곳이라는 느낌 갖기
1~3	항문기	의지	부모	나 자신의 행동을 스스로 통제할 수 있는가?
				결정할 수 있는 독립된 인간으로 인식하기
3~6	남근기	목적	가족	부모로부터 독립하고 자신의 한계를 아는가?
				새로운 것을 시도하고 실패를 처리할 수 있는 능력 개발하기
6~12	잠복기	유능감	학교, 교사, 또래	생존과 적응에 필요한 기술을 숙달할 수 있는가?
				기본적 기술을 배우고 다른 사람과 함께 일하는 것 배우기
12~19	생식기	충실	또래, 집단	나는 누구인가? 나의 신념, 감정, 태도는 어떤 것인가?
				지속되고 통합된 자아감 개발하기

출처: 전상준 외(2018), 교육학의 이해. p. 107. 재구성

2 에릭슨의 심리사회발달 이론

에릭슨은 프로이트 이론을 보다 확장하여 인간의 성격이 전 생애에 걸쳐서 변화하고 발달한다고 주장하였다(Erikson Erik, 1950). 그는 전 생애의 인간발달을 8단계로 구분하였다. 성격의 형성은 개인의 심리적 요인과 사회문화적 환경의 상호작용을 통하여 결정된다고 주장하였다. 특히 에릭슨은 각 단계에서 나타난 '자아'의 특징을 강조한다. 자아가 심리사회적으로 요구되는 과업과 수반되는 위기와 갈등을 해결해 나가는 방식에 따라 성격발달에 지대한 영향을 미친 것으로 보

았다(신봉호 외. 2016).

개인은 발달과업을 수행하는 각 단계에서 갈등과 위기를 겪게 되는데 이를 적절히 해결해 나가야만 한다. 어느 한 단계를 성공적으로 해결하지 못하더라도 다음 단계를 경험할 수 있지만, 특정 단계에서의 미성취는 부정적 영향을 미치게 되어 발달지연 또는 성격형성에 부정적인 영향을 미친다(안길훈 외. 2019).

가. 기본적 신뢰감 vs 불신감(출생~1세)

이 단계는 출생에서 18개월까지로 프로이트의 '구강기'에 해당하는 시기이다. 에릭슨에 의하면, 유아는 인생 최초 양육자와의 사회적 관계 경험을 통해 신뢰를 형성하게 되는데 양육자의 일관된 양육 태도와 행동은 유아의 성격발달에 지대한 영향을 미친다. 예를 들어 유아가 혼자 놀기 싫어서 짜증을 낼 때 양육자가 이를 알아차리고 유아에게 적절하게 반응을 해주면 유아는 이러한 경험을 통해 안정된 애착을 형성하게 된다. 반면 양육자가 적절하게 반응을 해주지 않고 비일관적인 양육방식으로 응대하면 유아는 불신감을 갖게 됨으로써 시간 경과에 따라 다음 단계에 부정적 영향을 미치게 된다. 신뢰감은 이후 삶의 과정에서 맺게 되는 사회적 관계에서의 성공 여부와 밀접한 관련이 있으므로 기본적 신뢰감을 균형 있게 발달시키는 것이 매우 중요하다.

나. 자율성 vs 수치 및 의심(1~3세)

이 단계는 18개월에서 3세경으로 프로이트의 '항문기'에 해당하는 시기이다. 이 시기는 유아의 신체운동 기능 및 인지발달이 빠르게 나타나므로 자신의 의지대로 행동하고 주변 환경을 탐색하려 한다. 예를 들어 혼자 신발을 신거나 옷을 입는 등 스스로 행동을 해보려고 한다. 이때 유아의 자율적인 행동에 대해 칭찬과 격려와 같은 긍정적 반응을 해주면 자율성을 발달시킬 수 있다. 그러나 부모가 너무 엄격하게 유아의 고집을 꺾으려 하거나 유아 스스로 무능함을 갖게 되면 수치감이 형성된다.

다. 주도성 vs 죄의식(3~5세)

이 단계는 3세에서 6세경으로, 프로이트의 '남근기'에 해당하는 시기이다. 이 시기 유아는 무엇인가를 주도적으로 해보려고 나름의 목표를 세우고 시도해 본다. 이때 유아의 주도적인 행동에 대해 격려와 용기를 북돋아 주면 주도성을 발달시키게 되지만, 지나치게 간섭하거나 통제하게 되면 자신의 행동이 잘못된 것이라고 느끼게 됨으로써 죄의식을 갖게 된다.

라. 근면성 vs 열등감(6~11세)

이 단계는 6세에서 11세경까지로, 프로이트의 '잠복기'에 해당된다. 학령기 아동은 가정과 학교 등 활동반경이 넓어지고 인지적 활동이 활발해져 다양한 능력을 습득하게 된다(문은식, 2015). 자신의 능력을 발휘하여 새롭게 시도해보는 활동에 대해 부모나 교수자, 또래로부터 인정받아 성취감을 느끼게 되면 근면성을 발달시키게 된다. 그러나 새로운 도전에 대한 실패경험의 누적 또는 능력을 발휘했음에도 또래들보다 못하다고 느끼게 되거나 부정적 평가를 받게 되면 그때부터 열등감을 갖게 된다. 따라서 아동이 심리사회적 위기를 긍정적으로 해결할 수 있도록 아동의 인지 수준에 맞는 적절한 과제를 줌으로써 성취 경험을 갖게 하는 것이 이 단계에서 무엇보다 중요하다.

마. 정체감 vs 역할혼미(12~18세)

이 단계는 12세에서 18세경까지로, 프로이트의 '생식기'에 해당한다. 에릭슨에 의하면 이 시기 청소년들은 급격한 신체적, 인지적, 감정적 변화를 경험하는 시기로서 자신의 삶의 가치와 방향을 찾기 위해 노력한다. "나는 누구인가?", "무엇을 하며 살아가야 하는지?" 등 끊임없이 자신의 존재에 대한 답을 찾기 위해 탐험하는 단계로 보았다. 이 과정에서 심리사회적 위기를 잘 극복하고 당면문제에 대한 확신을 갖게 되면 자아정체감을 확립하게 되지만, 그렇지 않고 방황이 길어지고 자기 혼돈에 빠지게 되면 역할혼미를 겪게 된다.

바. 친밀성 vs 고립감(19~30세/성인 초기)

이 단계는 성인초기에 해당하는 것으로서, 폭넓은 관심분야와 관계범위가 확대되어가는 시기이다. 이 시기 자신의 삶을 영위하기 위하여 직업을 선택하고 배우자를 선택하는 등 다양한 과업을 수행해야 한다. 일과 사랑을 획득하는 과정에서 다양한 위기를 경험하지만 진정한 자기를 찾기 위해 타인과의 연대 속에서 자기존재를 실현하려는 시기이다. 이 과정에서 자신의 미래에 대한 확신과 사랑하는 사람이나 사회적 관계 속에서 맺는 동료들과 공유적 정체감을 형성하게 된다. 이때 발달과업을 긍정적으로 해결하게 되면 친밀감을 형성하게 되겠지만 만일 친밀한 관계 형성에 실패하면 고립감을 갖게 된다.

사. 생산성 vs 침체성(40~65세/성인 중기)

이 단계는 성인중기에 해당하는 것으로서, 가정과 직업생활에서 활발한 활동을 하는 시기이다. 가정에서 자녀를 출산하고 교육시킨다. 직장에서는 직업적 역량을 발휘하여 승진, 업적달성 등 생산성을 창출한다. 사회적으로는 후세대를 양성하는 데 관심과 노력을 기울이는 단계이다. 이 과정에서 심리사회적 위기를 긍정적으로 해결하게 되면 생산성이 발휘하지만, 자기탐닉에 빠져들면 침체성을 형성하게 된다.

아. 통합성 vs 절망감(65세 이후/노년기)

성인 후기에 해당하는 이 단계는 노년기에 접어드는 시기이다. 사회활동 및 신체적으로 약화되며, 가까운 사람들의 죽음 등을 마주하게 되면서 허무감을 느끼는 경험을 하게 된다. 이 단계에서 지금까지 살아온 생애를 되돌아보며 자신의 존재가치를 어떻게 평가하느냐에 따라 통합성을 발달시키기도 하지만, 삶에 대해 비관하거나 후회하게 되면 절망감에 빠져들기도 한다. 에릭슨은 유고집에서 심리사회적 성격발달의 9단계를 새로 설정하면서 '노인과 노인공동체의 삶의 단계'에 큰 관심을 보였다. 그와 그의 아내 조앤 에릭슨은 인간 모두가 성숙한 삶의 완성으로 죽음을 극복하여 노년기 후기의 삶에서도 희망을 놓지 않기를 희망했다(송제훈 역. 2019).

표 4-2 에릭슨의 심리사회적 성격발달 단계

단계	심리사회적 위기	주요 관계	덕목
1단계 영아기	신뢰감 vs 불신감	초기 양육자	희망
2단계(초기 아동기)	자율성 vs 수치심	가족	의지

3단계(유희기)	주도성 vs 죄의식	가족	목표
4단계(학령기)	근면성 vs 열등감	이웃, 학교	능력
5단계(청소년기)	정체감 vs 역할혼미	동료	충실성
6단계(성년초기)	친밀감 vs 고립감	친구, 연인, 직장동료	사랑
7단계(중년기)	생산성 vs 침체성	일, 가사	배려
8단계(노년기)	통합성 vs 절망감	인류	지혜

출처: 서미옥(2017). p.91~92 재구성

3 프로이트와 에릭슨의 성격발달이론 비교

프로이드와 에릭슨 모두는 발달심리학에서 인간의 정신세계를 연구하였던 대표적인 학자들이다. 기본적으로 발달심리학은 인간의 전 생애어 걸친 모든 발달적 변화를 객관적이고 과학적인 방법으로 접근한다는 특징이 있다. 따라서 물리학 및 생물학 등의 과학 분야처럼 문제 상황을 발견하고 정해진 절차에 따라 진위를 가려내는 가설 검증 방법을 활용한다.

아울러 인간의 전 생애에서 시기별로 발현되는 발달의 특징은 매우 상이하기 때문에 연령대별로 시기를 구분해 발달 특징을 구체적으로 설명한다. 프로이트와 에릭슨은 이와 같은 발달심리학의 기본 인식을 토대로 인간의 자아를 연구했다.

그들은 정신분석학적 관점에서 인간의 정신세계를 연구했다. 프로이트와 에릭슨은 각각 심리성적 발달이론과 심리사회적 발달이론을 정립했다. 토대가 서로 같아서 두 이론 사이에는 유사점도 많지만 분명한 차이점도 존재한다. 따라서 이 장에서는 두 이론의 공통점과 차이점 그리고 함의와 한계점에 대해 살펴보고자 한다.

출처: https://m.blog.naver.com/soo980421/223582491741. 전은수.

가. 프로이트와 에릭슨의 성격발달이론 유사점

프로이트의 '성격발달 이론', 에릭슨의 '심리사회발달 이론'은 인간의 인성적 발달이 일정한 순서를 따르면서 단계별로 진행된다는 점을 암시해 준다. 다만 프로이트는 인간의 성적 에너지가 집중되는 신체 부위에 따른 '성격발달 이론'을 제창하였고 에릭슨은 인간이 사회생활 안에서 대인관계를 가지면서 해결해야할 위기(과제)를 단계별로 밝히는 '사회심리발달 이론'를 주창했다.

다음으로 프로이트와 에릭슨은 인간의 건전한 성격발달과 형성을 위하여 생애 각 단계 단계마다 '욕구충족'과 위기(과제)의 해결이 필요하다고 보았다. 예를 들면 프로이트는 인간의 성적 에너지가 집중되는 신체 부위에 따른 '성격발달 이론'에서 청소년기를 '생식기'의 '자아정체성'을 찾는 시기로 보았다. 반면에 에릭슨은 인간이 사회생활 안에서 대인관계를 가지면서 해결해야 할 위기(과제)를 발달의 단계별로 밝히는'사회심리발달 이론'에서는 '정체감 vs 역할혼미'를 청소년기의 위기(과제)로 제시하고 있다는 점에서 유사점을 발견할 수 있다.

이 밖에도 프로이트와 에릭슨의 성격발달 이론에는 몇 가지 중요한 유사점이 존재한다. 이들은 모두 인간발달을 생애 단계별로 설명하고 있다. 인간 성장의 각 단계가 그 사람의 성격과 심리적 성장에 중요한 역할을 한다고 본다.

1) 단계 이론의 주장

인간의 성격발달 단계 관한 두 이론에서는 인간 발달과정을 시기별 단계로 나누고, 각 단계에서 중요한 과업이 해결되어야 한다고 주장한다는 점에서 유사하다. 이러한 발달단계는 일정한 순서로 진행되며, 각 단계에서의 성공 여부가 이후 단계에 영향을 미친다는 점도 일치한다. 단지 프로이트는 성적 쾌락의 발달에 중점을 둔 심리성적 단계에 보다 초점을 두고 있다. 반면에 에릭슨은 사회적 관계와 자아정체성 형성을 강조하는 심리사회적 단계의 중요성을 강조하고 있다.

2) 초기경험의 중요성 제기

성격발달에 있어서 두 이론 모두 초기 아동기 경험이 인간의 성격발달에 지대한 영향을 미친다고 주장한다. 프로이트는 인간의 초기 발달단계에서의 경험 중에서도 특히 성적 에너지의 처리가 아동의 성격 형성에 매우 중요하다고 주장하고 있다. 에릭슨도 어린 시절의 신뢰 형성과 자율성 발달 등이 성인기에 이르기까지 중대한 영향을 미친다는 점을 주장하고 있다.

3) 심리적 위기와 갈등을 변수로 제시

인간의 성격발달 단계에 있어서 두 이론은 각 발달단계에서 심리적 위기나 갈등이 발생하며, 이를 어떻게 해결하느냐에 따라 성격이 달라진다고 주장한다. 이점에 있어서 프로이트는 무의식적인 성적 갈등을 강조했으며, 각 단계에서 성적 에너지와 사회적 기대 사이의 갈등을 해결하는 것이 중요하다고 보았다. 반면에 에릭슨은 각 발달단계에서 심리사회적 위기 즉 '신뢰 대 불신', '자아정체성 대 역할혼미'등을 해결하는 것이 심리적 위기와 갈등의 변수를 해결하는 것이 위기 극복에 중요하다고 보았다.

4) 성격발달에 대한 결정론적 시각

두 이론의 공통점은 인간의 성격은 단계별 발달과정에 의해 형성된다고 본다는 점이다. 즉, 특정 단계에서 발생하는 문제가 성격 형성에 큰 영향을 미치며, 이 문제를 해결하지 못하면 그 영향이 그 이후 삶의 단계에까지 이어진다는 점에서 공통점을 발견할 수 있다.

5) 무의식의 중요성 제기

프로이트는 무의식을 인간행동의 주요 동력으로 보았으며, 에릭슨도 무의식적 동기가 성격 형성에 영향을 미친다는 점을 인정하고 있다. 에릭슨은 프로이트의 영향을 받아 무의식을 인정은 하지만 사회적 요인을 더 강조하고 있다. 결론적으로 프로이트와 에릭슨은 모두 단계별 발달이론을 제시했고, 초기경험과 심리적 갈등이 성격 형성에 중요한 역할을 한다고 보았다. 또한, 인간의 성적 또는 사회적 무의식이 인간 성격발달에 있어 중요한 역할을 한다는 점을 주장한다는 점에서 공통점을 발견할 수 있다. 아래 <표 4-3>은 프로이트와 에릭슨의 성격발달단계 및 과제를 비교한 것이다.

표 4-3 프로이트와 에릭슨의 성격발달단계 및 과제 비교

단계	연령	프로이트	에릭슨	덕목	대상	발달과제
1	0~1세	구강기	신뢰감 대 불신감	희망	주양육자(모)	이 세상을 신뢰할 수 있는가?
						세상은 안전하고 살 만한 곳이라는 느낌 갖기
2	1~3세	항문기	자율성 대 수치/의심	의지	부모	내 자신의 행동을 통제할 수 있는가?
						결정할 수 있는 독립된 인간이라고 인식하기
3	3~6세	남근기	주도성 대 죄의식	목적	가족	부모로부터 독립하고, 나의 한계를 아는가?
						새로운 것을 시도하고 실패를 처리할 수 있는 능력 개발하기
4	6~12세	잠복기	근면성 대 열등감	유능감	학교, 교사, 또래	생존과 적응에 필요한 기술을 숙달할 수 있는가?
						기본적인 기술을 배우고 다른 사람과 함께 일하는 것 배우기
5	12~19세	생식기	정체감 대 역할혼미	충실	또래, 집단	나는 누구인가? 나의 신념, 감정, 태도는 어떤 것인가?
						지속되고 통합된 자아감 개발하기

<table>
<tr><td rowspan="2">6</td><td rowspan="2">성인 초기</td><td rowspan="2"></td><td rowspan="2">친밀성 대 고립감</td><td rowspan="2">사랑</td><td rowspan="2">애인, 친구, 직장동료</td><td>다른 사람에게 내 자신을 아낌없이 줄 수 있는가?</td></tr>
<tr><td>사랑을 나누는 관계를 다른 사람과 공유하기</td></tr>
<tr><td rowspan="2">7</td><td rowspan="2">중년기</td><td rowspan="2"></td><td rowspan="2">생산성 대 침체성</td><td rowspan="2">배려</td><td rowspan="2">지역사회</td><td>다음 세대에게 무엇을 해줄 수 있는가?</td></tr>
<tr><td>자녀양육, 보호 및 다른 생산적인 일을 통해 후세대에게 기여하기</td></tr>
<tr><td rowspan="2">8</td><td rowspan="2">노년기</td><td rowspan="2"></td><td rowspan="2">자아통합감 대 절망감</td><td rowspan="2">지혜</td><td rowspan="2">사회, 세상</td><td>내 평생 한 일과 역할에 대해 만족할 수 있는가?</td></tr>
<tr><td>자신의 인생을 만족스럽고 가치있는 삶으로 관조하기</td></tr>
</table>

출처: Robert V. Kail & John C. Cavangh(2000). 전상준 외. 2018. 재구성.

나. 프로이트와 에릭슨의 성격발달이론 차이점

성격발달에 관한 이론은 심리학에서 중요한 주제이다. 이 분야의 두 선구적인 이론가인 프로이트와 에릭슨은 각기 다른 관점에서 성격발달을 설명하고 있다. 프로이트는 성격발달을 주로 정신적 갈등과 무의식적인 욕망을 통해 이해하려 하였다. 그의 이론은 5단계의 성격발달 발달단계를 오이디푸스 콤플렉스와 같은 성적인 측면과 관련지어 설명한다.

반면에 에릭슨은 인간의 삶을 전 생애에 걸쳐 8단계로 나누어 각 단계에서의 사회적, 정서적 갈등을 강조하고 있다. 이러한 삶의 단계별 위기이자 갈등이 해결되면서 성격이 발달하고 개인의 정체성이 확립된다고 주장하였다.

프로이트의 이론은 성격의 기초가 어린 시절의 경험에 뿌리를 두고 있다. 주로 자아의 성장을 무의식적인 갈등의 해결 과정을 통해서 이루어진다고 보았다. 이러한 관점은 정신분석적 접근으로, 주로 개인의 내적인 충동과 그 충동과의 무의식적 갈등이 개인의 성격에 미치는 영향을 강조한다.

반면 에릭슨은 생애 전반에 걸친 심리사회적 발전을 강조한다. 각각의 단계마다 경험하게 되는 사회적 과제가 개인의 정체성과 이로 인한 자아 감각을 형성한다고 보았다. 그는 발달이 단순히 성적인 요소에 국한되지 않고, 사회적인 맥락에서 중요한 역할을 한다고 강조한다.

이 두 이론은 모두 성격발달의 중요한 측면을 제시하고 있지만, 초점을 맞추는 부분과 접근 방식에서 근본적인 차이를 보여준다. 이를 통해 우리는 성격발달을 이해하는 데 있어 다양한 각도에서의 교육적 통찰을 얻을 수 있게 되었다. 교육과정에서 아동의 발달을 지원하는 방법에 있어 중요한 시사점을 제공해 준다. 이러한 이론을 통해 학생들의 심리적, 정서적 요구를 이해하고, 그에 맞춘 교육적 접근 방법을 개발하여 학생들이 건강하게 성장할 수 있는 심리정적 및 심리사회적 환경을 조성하는 것이 필요하다. 아래 <표 4-4>는 프로이트와 에릭슨의 성격발달 이론상의 차이점들을 정리한 것이다.

표 4-4 프로이트와 에릭슨 성격발달 이론의 차이점

특성	프로이트	에릭슨
이론의 명칭	심리성적 발달 이론	심리사회적 발달 이론
발달단계의 수	5단계	8단계
단계별 초점	성적 에너지와 신체 부위	심리사회적 위기
발달의 종결 시기	청소년기(생식기)	노년기(전 생애)
발달의 주요 요인	무의식적 욕망, 성적 갈등	심리사회적 위기
심리적 위기 요인	성적 충동과 사회적 규범 사이 갈등	단계별 심리사회적 위기의 해결 여부
정신병리의 원인	특정 발달단계에서의 고착	심리사회적 위기 해결 실패
발달과정의 중점	초기 아동기의 성적 충동 충족	전 생애를 통한 자아정체성 형성과 사회적 상호작용
무의식의 중요도	성격발달에 매우 중요	무의식도 중요 하지만 사회적 상호작용이 더 중요
주요 연구대상	유아기와 아동기	전 생애에 걸친 발달 전체

인간행동의 기초	무의식, 성적충동(리비도)	의식, 사회적 충동
인간관의 차이	무의식이 지배하는 '수동적 인간관'	인간 잠재력을 강조하는 '능동적 인간관'
자아관의 차이	자아는 '원초아'에서 분화되고, '원초아'의 욕구충족을 조정함	자아는 스스로, 그리고 그 자체로 형성되어 독립적으로 작동함
성격형성의 차이	아동의 초기경험이 성격을 결정하기 때문에, 부모의 영향을 특히 강조	자아통제력과 사회적 지지에 의해 성격이 형성되며, 전 생애에 걸쳐 발달함을 강조
개인 내적 외의 외적 요소	환경의 중요성을 언급하지도 않음	개인의 발달에 지속적인 영향을 주는 사회적 환경 강조

다. 프로이트와 에릭슨의 성격발달이론 함의와 한계점

인간발달에 있어 성격발달은 교육심리학의 중요한 부분을 차지하고 있다, 그 중에서도 프로이트(Freud)와 에릭슨(Erikson)의 발달이론은 인간의 성격발달을 이해하는 데 있어 오늘날까지도 큰 영향을 미치고 있다. 두 학자는 인간의 성격이 특정한 발달단계를 거쳐 형성된다고 보았지만, 각 단계에서 중점적으로 다루는 내용과 발달의 종결 시점에서는 차이가 있다. 프로이트는 성적 에너지와 무의식적 갈등을 중심으로 한 성격발달이론을 제시했으며, 발달의 종결 시기를 청소년기까지로 한정하고 있다. 반면에 에릭슨은 전 생애를 통한 자아정체성 형성과 사회적 상호작용을 통한 심리사회적 위기의 해결 여부에 발달의 성패가 달려있다고 하였다. 양 이론이 인간 성격발달의 과정을 이해하려는데 있어 우리에게 주는 교육적 함의는 무엇이고 그 한계점은 무엇일까?

1) 두 이론의 교육심리학적 함의

에릭슨은 사회적 관계와 자아정체성 형성을 강조하면서, 발달이 생애 전반에 걸쳐 이루어진다고 보았다. 프로이트와 에릭슨의 발달이론은 인간의 교육심리학적 발달을 설명하는 두 가지 중요한 관점으로, 각각 성격 형성의 다양한 측면을 강조하고 있다. 프로이트는 무의식적 욕망과 성적 본능을 중심으로 인간의 성격이 어떻게 형성되는지를 설명했으며, 에릭슨은 사회적 관계와 심리사회적 위기 해결의 중요성을 특히 강조하고 있다.

비록 두 이론은 발달의 주요 요소와 과정에 있어서 어느 정도 차이를 보이지만, 인간발달의 복잡성을 이해하는 데 있어 상호보완적인 역할을 한다고 볼 수 있다. 우리는 두 이론이 제공하는 교육심리학적인 통찰을 바탕으로 인간의 사회성적, 사회심리적 성숙의 과정을 폭넓게 이해할 수 있게 된 것이다.

2) 교육심리학적 한계점

프로이트의 5단계 발달단계 이론은 인간 성격발달의 시기를 청소년기(생식기)로 한정하고 있다는 점에서 한계가 있다. 인간의 성격발달이 청소년기 이후에도 얼마든지 일어날 수 있는 일이라는 점을 고려하지 않고 있다. 더욱이 프로이트는 인간의 성격발달을 지나치게 무의식적 욕망이나 성적 갈등의 요인에만 편중하는 한계점을 보여준다.

에릭슨의 이론도 각 개인이 지니는 차이에 대한 한계를 고려하지 않고 있다. 발달단계에 따른 연령대별 시기를 특정하는 한계점을 지니고 있다. 에릭슨의 8단계 발달과정은 특정 연령대에서 어떤 일이 일어날 것이라는 주장은 인간발달의 개인에 따른 다양한 차이를 고려하지 못하고 있다. 인간의 평균 수명 연장 등 시대적인 변화에 대한 고려에서도 한계점을 드러내고 있다. 단지 인간 성격발달에 있어 인간의 내적 성숙과 유전적 요인을 배제하고 환경이라는 외부적 요인에만 지나치게 편중된 경향을 보이는 한계점을 발견할 수 있다. 에릭슨의 유고집(송제훈 역. 2019)에서 인간 성격발달의 아홉 번째 단계로 노인과 노인공동체의 삶은 죽음 직전의 단계를 설정한 것도 이러한 한계점을 드러낸 것으로 볼 수 있을 것이다.

첫째, 인간 성격발달의 시기를 프로이트는 청소년기를 종결의 시기로 가정하는 반면 에릭슨은 노년기까지 전 생애를 통해 발달한다고 가정한다. 프로이트는 무의식적 욕망과 성적 충동이 자아의 발달에 영향의 중점을 둔 반면에 에릭슨은 자아 발달에 영향을 미치는 주요인으로 환경적 측면에서 사회적 관계의 형성과 심리사회적 위기에 봉착했을 때 어떻게 해결할 것인가에 중요성 두고 있다.

둘째, 인간의 행동은 기본적으로 생물학적 요인에 의해 동기화가 이루어진다. 반면에 발달은 사회적 관심에 대한 욕구와 환경을 통제하려는 욕구에 영향을 받는다.

셋째, 에릭슨이 주장한 8단계의 발달과정은 특정 연령대 내에서 일어난다고 주장했으나 개인의 발달에 따른 차이를 고려하지 못한 점과 시대의 변화를 반영하지 못한 점에 한계점이 있다.

넷째, 에릭슨은 정체성 발달이 비록 전 생애를 통해 일어난다고 할지라고 청소년기 대부분에 걸쳐 정체성의 발달이 이루어진다고 주장함으로써 동서양 문화적 차이에 따른 차이를 반영하지 못한 제한점을 지니고 있다.

4 아들러의 요인중심 성격발달 이론

아들러의 성격발달 이론은 프로이트나 에릭슨의 인간 성격발달의 단계적 이론과는 차이가 있다(Adler Alfred, 1964). 그는 인간의 성격발달에 영향을 주는 요인을 설명하는 데 중점을 둔다. 특히 부모와 자식 사이의 관계에 따라 인간의 성격발달이 어떠한 영향을 받는가를 설명하는 데 관심이 있다(Adler. A. 1964).

그는 자녀의 성격발달에 주는 부정적인 또는 긍정적인 요인과 그 이유에 대하여 설명함으로써 교육심리학적 활용 가치에 의미를 주었다. 그는 정신과 의사로서 자신의 경험과 관찰, 그리고 환자들의 경험 회상과 더불어 현재의 행동에 대한 진술을 비교하는 과정에서 이루어졌다. 따라서 그의 다양하고 구체적인 임상적 설명은 인간의 성격발달이라는 교육심리학적 과제를 이해하는 데 있어 큰 도움이 된다.

가. 아동의 병약(fragility) 체질

아들러는 병약했던 자신의 과거의 삶을 통하여 신체기관의 미발달 또는 열세가 인간의 성장에서 얼마나 중요한가를 뼈저리게 느꼈다. 그리하여 인간의 성격 결정에서 병약하거나 허약한 체질(organic infirmity)이라는 점의 중요성을 강조하였다. 신체적인 열세는 인간 생존의 필수적 요소의 하나인 삶의 기술을 익히는 데 제약을 줌으로써 열등감을 가지게 하는 원인으로 작동한다. 신체기관이 열세인 아동은 관심을 자신에게만 집중하기 쉬우며, 타인에게 공헌하는 것을 인생의 목표로 설정하기 어렵다는 것이다. 더구나 주위 사람들의 동정과 기피 또는 조소 등으로 인한 열등감은 더욱 심화할 수도 있다고 보았다.

그러나 아들러는 이 같은 신체적인 열세보다도 중요한 것은 양육자들의 태도와 훈련이라고 주장했다. 양육자가 신체결함으로 인하여 심화 될 수도 있는 열등감을 보상하는 제반 방법을 제시해 주고, 사회적 관심을 자극하는 노력을 해주면 열등감은 크게 극복될 수 있다고 주장한다(송대영, 2023. p.113).

이 같은 설명은 자신의 병약한 상태가 자신의 의식과 관심 및 생활에 결정적인 영향을 끼쳤음을 고백한 것이라 볼 수 있다. 또한, 아들러 자신의 성장에 있어서 아버지의 각별한 사랑과 세심한 배려 및 격려가 얼마나 중요했던가를 강조한 것이라 할 것이다(송대영 외. 2023. p.113).

나. 사랑의 과잉(pampering)

아들러는 사랑의 과잉(pampering)도 인간의 성격발달에 많은 영향을 미친다고 하였다. 즉, 지나치게 보호해 주고, 지나치게 도와주며, 지나치게 용서해 주면 아동은 사회생활에 심각한 장애를 일으킨다는 점을 강조하였다. 그것은 오히려 아동의 열등감을 키워 실제상황에서 우월을 추구하려는 자기 자신의 노력을 포기하게 만드는 요인으로 작동된다는 것이다.

사랑의 과잉을 받은 아동은 무조건 남에게 요구하기만 하고, 도움이 없으면 아무것도 하기 어렵게 된다. 또한, 그러한 아동은 어려움과 좌절에 부딪혔을 때, 문제를 해결하기 위하여 다양한 전략을 구사하기보다는 스스로 좌절에 빠지고 회피하려는 경향을 보인다. 더구나 사랑의 과잉의 과잉을 받는 아동은 자기중심적이 되어 타인을 배려하지 못하고, 협동의 필요성이나 유익성을 알지 못한다. 따라서 자기가 원하는 대로 사회가 되기를 바라는 독재자적인 성향을 보인다고 한다. 또한, 그러한 아동은 자신에게 주어진 문제를 책임감 있게 실천하지 못한다고 한다. 그는 이러한 사랑의 과잉이 아동발달에 심각하게 나쁜 영향을 미친다고 수차례에 걸쳐 강조하였고 지나치리만큼 격렬하게 반대하였다(송대영 외. 2023. p.114).

다. 양육태만(neglection)과 거부(rejection)

아들러는 양육자가 자녀에 대한 최소한의 도리를 하지 않으면 성격발달에 악영향을 끼친다고 보았다. 특히 관심과 사랑, 신체적 접촉, 적절한 놀이 등 양육자가 해야할 무수히 많은 일을 태만히 하는 것을 양육태만(neglection)이라 한다. 양육자로부터 거부(rejection)당하는 것은 성격발달에 중대한 영향을 미친다. 즉, 아동의 말이나 행동을 무시하거나 구체적으로 거부하는 등 심리적 학대를 하거나 때리고 신체적인 고통을 주는 등 물리적인 폭력을 가하면 아동의 성격발달에 나쁜 영향을 미친다고 하였다.

아들러에 따르면 그러한 경험을 한 아동은 자신감을 잃게 되거나 삶의 불신에서 벗어나지 못하고 매사에 공격적인 성향을 보이기 쉽다. 그러한 아동은 세상과 관계를 맺는 기술이 미숙하거나 세상을 적대적이고 위협적인 것으로 지각하기 쉬우며 다른 사람을 믿지 않으려 한다. 모든 문제를 과대평가하는 반면 자신은 과소평가하는 경향을 보인다. 이러한 이유로 매사에 반항적이고 사람들과 어울려 지내지도 못한다. 또한, 다른 사람에게 유익한 행동을 하면 애정이나 존경을 얻는다는 것을 이해하지 못하는 경향을 보인다. 이러한 이유에서 거부당하는 아동은 싸움을 목적달성의 방법으로 즐겨 사용하려는 경향을 보인다고 한다(송대영 외. 2023. pp. 114~115).

라. 출생순위(birth order)

출생의 순위(birth order)도 성격발달에 영향을 미치는 주요 요인으로 지적하였다. 그 가운데에서도 맏이, 중간아이, 막내 등의 순위, 그리고 외동이와 같은 특수한 위치에 따라 성격에 어떠한 차이가 있는가에 주목하였다. 특히 초기에 부모나 형제로부터 얼마나 사랑을 받거나 억제를 받았는가에 따라 형성되는 성격의 차이점을 부각하기 위하여 노력하였다.

아들러에 따르면 맏이는 태어났을 때 혼자라는 독특한 위치 때문에 주위의 주목을 많이 받는다. 무엇이든지 충족될 수 있고 언제나 관심을 받기 때문에 버릇이 없기 쉽다. 이 점은 외동이와 비슷한 성향을 보인다. 그러다가 동생이 태어나면 동생에게 모든 것을 빼앗기는 좌절을 경험하게 된다. 이를 반전시키기 위하여 더 응석을 부리거나 공격하는 반응을 보이기도 한다. 게다가 부모로부터 맏이라는 위치에 대한 특별한 기대를 받으며 자란다. 이 때문에 맏이는 권위 행사를 즐기고, 규칙과 법을 중시하는 경향을 보이며, 부모나 윗사람의 말에 쉽게 동조하는 경향을 보인다고 한다(송대영 외. 2023. p.115).

이에 비하여 둘째를 포함한 중간 아이는 맏이에 비해 동생 출생으로 인한 좌절감의 정도는 높지 않다. 맏이에게 협조하지 않으면 피해를 받는 경험이 바탕이 되어 협동과 타협의 기술이 상대적으로 발달 되어 있다. 그러나 형에 의한 일방적인 지배로 인하여 열등감이 커지기도 하고 혁명가적인 도전 기질이 형성되기도 한다.

막내는 항상 부모의 보호를 받고 철이 든 맏이의 보호를 받는데, 그만큼 사랑의 과잉에 빠질 가능성이 있다. 열등감이 크고 독립심이 부족할 가능성도 있으나 반대로 경쟁할 형제가 많아 둘째와 비슷하게 경쟁심이 크고 도전적인 성향이 형성될 수도 있다. 특히 가정형편이 좋아지는 시기에 출생하면 마음이 넉넉하고 관계가 유연하게 성장하기도 한다.

아들러에 따르면 외둥이는 경쟁할 상대가 없고 부모의 관심과 보살핌을 독차지하기 때문에 응석받이가 되거나 의존적이기 쉽다. 또한, 다른 사람과 협동하지 못하고 자기중심적이기 쉽다. 따라서 도전을 받으면 헤쳐 나가는데 어려움을 많이 겪는다.

마. 초기기억력(early memory)

아들러는 한 사람의 성격이나 기본적인 생활방식을 이해하는 데 초기기억(early memory)이 매우 중요하다는 점을 강조하였다. 즉, 어렸을 때 부모가 자신에게 보여준 태도나 들려준 말 또는 슬프거나 즐거웠던 일들에 대하여 기억하고 있는 것이 그의 현재의 관심이나 행동지향에 직접 관련된다고 하였다.

그러나 아들러는 초기기억 강조를 성격발달에 미치는 요인으로 설명하지는 않았다. 다만 그를 찾아온 고객들의 고민이나 문제들이 그들의 초기기억과 밀접한 관계가 있음을 깨닫고 그 중요성을 강조하였다. 오늘날 성격 파악을 위해 사용되는 투사법은 이것에 뿌리를 두고 있다(송대영 외. 2023. p.116).

바. 거리 두기(distancing)

아들러의 설명에 의하면 인간은 성장의 과정에서 열등감을 회피하기 위해 우월성을 추구하려 한다. 그렇지만 그것은 여러 가지의 장애물에 부딪힌다. 그리고 우월성의 추구와 다양한 장애물에 대한 반응방식에 따라 그의 적응과 부적응이 결정된다. 아들러는 장애물에 대한 반응방식을 설명하기 위하여 거리두기(distancing)이라는 개념을 사용하였다. 그에 따르면 인간은 실패로 인하여 열등감이 강화되므로 실패를 싫어한다. 그래서 자신과 자신의 목표 사이에 적당한 거리를 둠으로써 실패상황에 대비한다고 하였다. 그는 이러한 인간의 심리적인 획책을 본질상 방어적이라고 하였다. 즉, 자기 자신의 참모습과 대면하기를 두려워하기 때문에 전략적으로 회피라는 심리학적인 기법을 쓴다는 것이다(송대영 외. 2023. p.116).

표 4-5 아들러의 요인중심 성격발달의 문제점 및 해결책

<table>
<tr><th>순서</th><th>요인</th><th>문제점</th><th>해결책</th></tr>
<tr><td rowspan="2">1</td><td rowspan="2">아동의 병약 체질</td><td rowspan="2">주위 사람들의 동정과 기피 또는 조소 등으로 인한 열등감의 심화</td><td>열등감을 보상하는 제단 방법 제시와 사회적 관심을 자극하는 노력</td></tr>
<tr><td>아버지의 각별한 사랑과 세심한 배려 및 격려</td></tr>
<tr><td rowspan="2">2</td><td rowspan="2">사랑의 과잉</td><td rowspan="2">자기중심적이 되어 자기가 원하는 대로 사회가 되기를 바라는 독재자적인 성향을 보임</td><td>아동기 지나친 보호, 지나친 도움 지나친 용서 등의 과잉 사랑 억제</td></tr>
<tr><td>아동이 어려움과 좌절에 부딪혔을 때, 문제를 해결을 다양한 전략을 구사하도록 격려</td></tr>
<tr><td rowspan="2">3</td><td rowspan="2">양육태만(방치)과 거부</td><td rowspan="2">매사에 반항적이고 사람들과 어울리지 못하며 목적달성의 수단으로 폭력을 선택함</td><td>세상과 관계 맺는 기술 전수</td></tr>
<tr><td>다른 사람에게 유익한 행동을 하면 애정이나 존경을 얻는다는 사실을 깨닫도록 함</td></tr>
<tr><td rowspan="4">4</td><td rowspan="4">출생순위</td><td>맏이 - 자기중심적</td><td>윗사람 지향에서 아랫사람 지향으로 유연한 방향 전환</td></tr>
<tr><td>중간 아이 - 열등감과 혁명가적인 도전 기질</td><td>규칙과 법을 중시하도록 지도</td></tr>
<tr><td>막내 - 열등감과 독립심의 부족</td><td>열등감 극복과 독립심 배양</td></tr>
<tr><td>외동이 - 의존적이며 자기중심적</td><td>의존성 및 자기중심성으로부터 탈피</td></tr>
</table>

순서	요인	문제점	해결책
5	초기기억력	부모가 자신에게 보여준 부정적 태도나 들려준 부정적인 말 또는 슬픈 일에 대한 아픈 기억	부모의 긍정적인 삶의 태도 유지와 양육시 긍정적인 언어 사용
			양육 가정의 즐거운 기억의 축적과 어려움 극복 경험의 제공
6	거리 두기	잦은 실패의 경험으로 전략적 모호성 선택	지나친 회피전략을 긍정적인 도전 전략 선택 격려
			분명한 자기 철학과 소신 선택 견지

5 융의 자아실현중심 성격발달 이론

칼 융(Carl Jung)은 인간의 성격발달에 대하여 프로이트처럼 발달단계를 구체적으로 제시하지 않았다. 즉, 각 단계에 해당하는 연령을 정확하게 제시하지는 않았다. 단지 아동기, 청소년기, 중년기, 노년기로 구분하였다. 인간의 출생부터 노년에 이르기까지 전 생애에 걸쳐 성격이 발달한다는 융의 관점은 에릭슨의 견해와도 유사하다. 융이 발달단계에서 가장 관심을 둔 단계는 중년기라고 할 수 있다. 인생 전반에 걸쳐 발달하는 과정을 아동기, 청소년기, 중년기, 노년기로 구분하였다. 각 단계의 특징을 살펴보면 다음과 같다(Jung. G. C. 1954).

출처: https://woollog.com/ 칼 융 분석심리이론 – 성격발달의 특성과 발달단계

가. 아동기

이 단계는 프로이트의 구강기부터 남근기까지에 해당한다. 융은 아동기의 정신 에너지가 주로 먹기, 잠자기 등과 같은 본능적인 것이라 믿었다. 부모의 역할은 적절한 규율 안에서 혼란스럽지 않도록 아동의 에너지를 이끌어 가야 한다는 것이다. 융은 아동 문제의 대부분이 가적에 원인이 있다고 보았기 때문에 부모 중 한쪽이나 양쪽의 문제가 해결되면 아동의 반항하는 행동이나 다른 문제는 줄어들게 된다고 하였다. 인간은 자신의 잠재적인 '자기'만을 가지고 태어나는데 점선으로 표시한 자기는 무의식 속에 있어서 의식 세계에서는 알 수 없다. 아동기에 부모나 사회의 관계를 맺으면서 자신의 자아가 출현한다.

나. 청소년기

이 시기는 프로이트의 발달단계인 생식기에 해당한다. 이 시기의 청소년들은 학교교육과 직업 선택과 같은 많은 인생의 선택을 하게 되면서 다양한 문제에 직면한다. 또한, 그들은 이성 관계에서 발생할 수 있는 불안을 포함하여 성적인 본능에서 생겨나는 어려움들을 겪을 수 있다. 그들은 성장하고 발달해 가면서 비교적 결정할 것이 거의 없던 아동기로 다시 돌아가기를 희망할 수도 있다.

청소년기에 맞닥뜨리게 되는 이러한 갈등과 결정은 개인의 외향성과 내향성에 따라 다르게 다루어진다. 청소년은 여러 문제에 직면하게 될 때 부모의 기대가 아닌 자기 스스로 대처할 수 있도록 자아 기능을 발달시켜야 한다. 청소년기에 들어서면서 자신의 자아를 발견하여 자아가 확장되고, 자신의 페르소나에 대한 이해를 발달시키게 된다. 하지만 여전히 무의식 속에 있는 자기 자신을 의식하거나 발견하지는 못한다.

다. 중년기

이 시기는 에릭슨의 성인 초기에서 중기의 연령과 유사한 단계이다. 융은 인생의 여러 단계 중에서 중년기에 많은 관심을 기울였다. 아마도 융 자신이 중년기에 위기를 겪었고, 그 위기 속에서 자신의 내면을 찾아가는 작업을 한 경험 때문이 아닌가 싶다. 이 시기의 사람들은 자신이 가진 직업, 가족, 사회 장면 등의 외적 환경에서 거의 안정을 찾는다. 따라서 자아는 거의 완성된다고 볼 수 있다. 이렇게 될 때 사람은 외부로 향하던 관심과 에너지가 자신의 내부로 향하게 되고, 자신이 본래 가지고 태어난 자기를 찾고자 한다. 즉, 융의 이론에서 중년기는 자기실현이 시작되는 단계라고 볼 수 있다.

라. 노년기

융은 이 시기의 사람들은 자신의 무의식에 많은 시간을 보내며, 삶의 경험을 돌아보고 거기서 의미를 찾는다고 하였다. 융 자신의 노년기도 인생을 반추하고, 지혜를 발견하는 시간이었다. 또한, 이 시기의 사람들은 죽음이라는 주제에 관심이 많다. 고릿츠(Goelktz, 2007)는 병에 걸려 죽음을 앞둔 사람들에게 꿈의 작업이 어떻게 도움이 되는지를 밝혔다. 융은 많은 내담자가 노년기에 속한 사람들이었는데, 그의 심리 발달에 대한 견해는 연령에 관계없이 전 생애에 걸쳐 계속된다는 그의 신념이 반영되어 있다. 성인 후기와 노년기에 걸쳐 자기를 찾아 실현하는 과정에서 자기를 찾는 데 실패하거나 자아 또는 다른 자신으로 분열하면 부적응을 초래한다. 하지만 자신의 잠재적인 자기를 찾는 데 성공하고 자아가 자기로 수렴되면 자기와 자아가 일치하게 되어 결과적으로 자기실현이 이루어진다.

표 4-6 융의 4단계 자아실현중심 성격발달 단계

순서	단계명	해결 과제	해결책
1	아동기	자아 출현 시작	부모의 역할은 적절한 규율 안에서 혼란스럽지 않도록 아동의 에너지를 이끌어 가는 것이다.
2	청소년기	자아 발견 및 확장	청소년은 여러 문제에 직면하게 될 때 부모의 기대가 아닌 자기 스스로 대처할 수 있도록 자아의 기능을 발달시켜는 것이다.
3	중년기	자아실현의 시작	외부로 향하던 관심과 에너지가 자신의 내부로 향하게 되면서 자신이 본래 가지고 태어난 자기 자신을 찾게 되는 것이다.
4	노년기	자아실현의 완성	자신의 잠재적인 자기를 찾는 데 성공하고 자아가 자기로 수렴되면 자기와 자아가 일치하게 되어 결국 자기실현이 이루어진다.

연습문제

1. 프로이트의 원자아(superego)에 대한 설명으로 옳은 것은?

① 심리적 에너지 원천이 있는 곳으로써 인간이 태어날 때부터 갖는다.
② 욕구를 이성에 의해 중재하려는 것으로써 약 1세 이후 주로 발달한다.
③ 논리적 문제해결을 하고자 하며'현실의 원리(reality principle)'를 추구한다.
④ 가치, 도덕, 이상을 내면화하여 쾌락보다는 완전한 것을 추구한다.
⑤ 자아로부터 분화되며 약 1세~3세경에 주로 발달한다.

2. 프로이트의 심리성적 성격발달 단계 중에서 다음 상자의 발달과업이 주어지는 시기로 옳은 것은?

기본적 기술을 배우고 다른 사람과 더불어 일하는 것을 배우는 시기

① 구강기(oral stage)
② 항문기(anal stage)
③ 남근기(phallic stage)
④ 잠복기(latency stage)
⑤ 생식기(genital stage)

3. 에릭슨(Erikson)의 심리성적 발달단계의 설명으로 바르게 연결된 것은?

선택 번호	발달단계	심리사회적 위기
①	4단계(학령기)	근면성 vs 열등감
②	5단계(청소년기)	통합성 vs 절강감
③	6단계(성년초기)	정체감 vs 역할혼미

④	7단계(중년기)	친밀감 vs 고립감
⑤	8단계(노년기)	생산성 vs 침체성

4. 프로이트(Freud)와 에릭슨(Erikson)의 성격 발달단계 및 발달과업의 연결이 옳은 것은?

프로이트(Freud) 발달단계	에릭슨(Erikson) 발달과업
① 구강기	자율성 대 수치/의심
② 항문기	신뢰감 대 불신감
③ 남근기	주도성 대 죄의식
④ 잠복기	정체감 대 역할혼미
⑤ 성기기	근면성 대 유능감

5. 프로이트(Freud)와 에릭슨(Erikson)의 성격 발달단계의 차이점이 바르게 연결된 것은?

선택 번호	특성	프로이트	에릭슨
①	이론의 명칭	심리성적 발달이론	심리사회적 발달이론
②	발달단계의 수	5단계	8단계
③	단계별 초점	심리사회적 위기	성적 에너지와 신체 부위
④	발달 종결의 시기	노년기(전 생애)	청소년기(생식기)
⑤	발달의 주요 요소	심리사회적 위기	무의식적 욕망, 성적 갈등

6. 알프레드 아들러(Alfred Adler)의 비단계적 성격발달의 요인이 아닌 것은?

① 아동의 병약(fragility) 체질
② 사랑의 결핍(deficiency)
③ 양육태만(neglection)과 거부(rejection)
④ 출생순위(birth order)
⑤ 거리 두기(distancing)

7. 다음 상자의 내용은 프로이트의 심리성적 성격발달 5단계에서 남근기(성기기)에 해당하는 설명이다. □□□에 알맞은 단어를 세 글자로 쓰시오.

남근기(성기기)는 □□□가 성기에 집중되는 시기로서, 아동은 자신의 성기에 관심을 보이기 시작하고, 만지고 자극하는 데에서 쾌감을 느끼게 되는 단계이다.

____

8. 다음 상자의 내용은 프로이트의 심리성적 발달에서 남근기(성기기)에 겪는 콤플렉스에 해당하는 설명이다. (가), (나)에 알맞은 단어를 쓰시오.

이 시기 아동은 부모에게 강한 성적 애착을 느끼게 된다. 남아는 어머니에 대해 이성적인 감정을 느끼며 아버지를 경쟁상대로 생각하고 적대감을 갖지만, 자기에 비해 강력한 아버지의 존재로 인해 갈등을 경험하게 된다. 프로이트는 이러한 현상을 (가)라고 한다. 이 시기 남아는 어머니를 향한 욕망이 드러날 경우 강력한 아버지가 자신의 성기를 거세하게 될지도 모른다는 거세불안(castration anxiety)을 경험하며, 아버지를 동일시하여 (가)를 극복하게 된다. 한편, 여아는 아버지의 남근을 선망하여 자신에게 남근이 없다는 것에 대해 어머니를 적대시하고 아버지에 대해 이성적인 감정을 느끼게 된다. 이를 (나)라 한다. 이와 같이 아동은 이성 부모에 대해 강한 성적 애착을 느끼게 되는데 여기에서 비롯되는 불안을 해결하기 위해 동성 부모를 동일시하여 '남성다움'과 '여성다움'을 갖게 된다.

가: _______________

나: _______________

9. 다음 에릭슨(Erikson)의 성격발달 이론에서 (가), (나)에 알맞은 단어를 쓰시오.

이 단계는 12세에서 18세경까지로, 프로이트의'생식기'에 해당된다. Erikson에 의하면 이 시기 청소년들은 급격한 신체적, 인지적, 감정적 변화를 경험하는 시기로서 자신의 삶의 가치와 방향을 찾기 위해 나는 누구인가? 무엇을 하며 살아가야 하는지? 등 끊임없이 자신의 존재에 대한 답을 찾기 위해 노력하는 단계로 보았다. 이 과정에서 심리사회적 위기를 잘 극복하고 당면문제에 대한 확신을 갖게 되면 (가)을 확립하게 되지만, 그렇지 않고 방황이 길어지고 자기 혼돈에 빠지면 (나)를 겪게 된다.

가: _______________

나: _______________

10. 다음은 알프레드 아들러(Alfred Adler)의 비단계적, 요인중심 성격발달 이론의 일부이다. (가), (나)에 알맞은 단어를 쓰시오.

> (　　가　　)을 받은 아동은 무조건 남에게 요구하기만 하고, 도움이 없으면 아무것도 하기 어렵게 된다. 또한, 그러한 아동은 어려움과 좌절에 부딪혔을 때, 문제를 해결하기 위하여 다양한 전략을 구사하기보다는 스스로 좌절에 빠지고 회피하려는 경향을 보인다. 더구나 사랑의 과잉의 과잉을 받는 아동은 자기중심적이 되어 타인을 배려하지 못하고, 협동의 필요성이나 유익성을 알지 못한다. 따라서 자기가 원하는 대로 사회가 되기를 바라는 (　　나　　)을 보인다고 한다. 또한, 그러한 아동은 자신에게 주어진 문제를 책임감 있게 실천하지 못한다고 한다.

가: ____________________

나: ____________________

11. 다음은 융의 4단계 성격발달이론에 대한 설명이다. 상자의 □□□에 알맞은 단계의 이름을 쓰시오.

> 인간의 출생부터 노년에 이르기까지 전 생애에 걸쳐 성격이 발달한다는 융의 관점은 에릭슨의 견해와도 유사하다. 융이 발달단계에서 가장 관심을 둔 단계는 □□□라고 할 수 있다.

____

1. ④, 2. ④, 3. ①, 4. ③, 5. ①, 6. ②
7. 리비도
8. 가. 오이디푸스 콤플렉스(Oedipus Complex),
나. 일렉트라 콤플렉스(Electra Complex)
9. 가. 자아정체감, 나. 역할혼미
10. 가. 사랑의 과잉, 나. 독재자적인 성향
11. 중년기

CHAPTER

05

도덕성 발달

1. 피아제의 도덕성 발달 이론
2. 콜버그의 도덕성 발달 이론

교 육 심 리 학

CHAPTER 05

도덕성 발달

학습목표

가. 피아제의 도덕성 발달 3단계의 단계별 특징을 이해할 수 있다.
나. 콜버그의 도덕성 발달 7단계의 단계별 특징을 이해할 수 있다.
다. 콜버그의 도덕성 발달 이론의 두 가지 쟁점을 이해할 수 있다.

"부모가 자신의 권위와 부모가 제시하는 규칙에 순응할 것을 아이에게 요구할 때 아이의 도덕성 발달은 오히려 저해될 수 있다."

피아제(Jean Piaget)

"평생에 걸쳐 도덕성이 발달하지만 청소년기에 발달한 가치가 평생 작용하기 때문에 도덕성은 어린 시절 학습부터 바로잡아야 한다."

콜버그(Lawrence Kkohlberg)

도덕성이란 선악을 구별하고, 옳고 그름을 바르게 판단하며, 인간관계에서 지켜야 할 규범을 준수하는 능력을 말한다. 도덕성 발달은 자신이 속한 사회의 문화 규범에 따라 행동하도록 배우고 이를 자신의 것으로 받아들이는 과정을 통해 이루어진다. 도덕성 발달은 주로 세 가지 측면에서 언급되고 있다. 어떤 행동의 옳고 그름에 대한 평가인 도덕적 판단, 사고나 행동에 대한 정서적 반응인 도덕적 감정, 어떤 행동이 옳은지 알고 있다고 해서 반드시 그렇게 행동하는 것은 아니므로 실제 어떻게 행동하느냐 하는 도덕적 행동이 그것이다. 여기에서는 피아제(J. Piaget)와 콜버그(L. Kkohlberg)의 도덕성 발달 이론을 중심으로 도덕적 행동에 영향을 미치는 요인들에 관심을 갖고 학습 이론의 원칙이나 개념을 적용하여 아이가 자기통제를 할 수 있는 능력이나 유혹에 저항할 수 있는 힘 등에 대해 살펴보고자 한다.

1 피아제의 도덕성 발달 이론

피아제는 5세~13세 아이들과 구슬놀이를 하면서 발달하는 규칙에 대한 존중을 연구했다. 아이들과 함께 놀이를 하면서 피아제는 '규칙'에 대해 질문을 하며 규칙과 도덕 발달의 관계를 살펴보았다. 도덕적 성숙이란 '이 규칙들은 어디에서 왔을까?', '모두가 규칙을 지켜야 할까?', '규칙들이 바뀔 수 있을까?'를 생각하며 규칙에 대한 존중과 사회적 정의 의식으로 사회에서 규정한 규칙 아래서 모든 사람들이 공평하고 정당하게 대우받고 있는가에 대한 관심이다.

가. 개념

도덕성(Morality)이란 개인이나 사회구성원이 가지고 있는 행동규범을 말한다(오만록, 2008). 피아제(Piaget)는 4세부터 12세의 아이들이 공기놀이를 어떻게 하는지 관찰하는 과정에서 도덕적 발달단계에 관심을 갖게 되었다. 그는 4세부터 12세의 공기놀이를 하는 아이들을 관찰하는 과정에서 사회적 규칙을 어떻게 이행하는지 알아보았다. 피아제는 이런 관찰의 결과와 도덕 갈등 상황에 대한 이야기를 아이들에게 들려주고 어느 쪽이 잘못했는지 판단하게 하는 면접을 통하여 도덕성 발달을 연구했으며 그의 인지이론에 기초하여 네 단계의 도덕성 발달론을 제시하였다.

나. 피아제의 도덕성 발달 3단계

피아제는 4~12세 아동들의 공기놀이를 관찰함으로써 규칙의 존중에 대해 발달과업을 연구하였다. 피아제는 '아동들에게 게임의 규칙은 누가 만들었는가?', '누구나 규칙을 지켜야만 하는가?', '이 규칙들은 바꿀 수 있는가?' 등의 질문을 하였다. 피아제는 규칙이나 정의, 의도성에 대한 이해, 벌에 대한 태도 등의 질문을 근거로 하여 아동의 도덕성 발달 단계를 타율적 도덕성과 자율적 도덕성의 두 단계로 구분하였다.

타율적 도덕성 단계의 아동은 규칙은 신이나 부모와 같은 권위적 존재에 의해서 만들어진 것으로 믿으며 그 규칙은 신성하고 변경할 수 없는 것으로서 이를 위반하면 벌을 받아야 한다고 생각하였다. 이 단계의 아동은 규칙은 변경할 수 없는 절대적인 것으로 생각하기 때문에 이들에게 놀이에 적용할 새로운 규칙을 가르쳐 주어도 기존의 규칙을 그대로 사용해야 한다고 고집하였다. 또 모든 도덕적 문제에는 '옳은' 쪽과 '나쁜' 쪽이 있으며 규칙을 따르는 것이 항상 옳은 쪽이라고 믿는다. 또한 행위의 의도성에 대한 이해에서도 어떤 행동의 옳고 그름을 행위자의 의도와는 상관없이 단지 행동의 결과만을 가지고 판단한다.

공정함(justice)에 대한 아동의 개념을 연구하기 위해 피아제는 도덕적 결정이 필요한 스토리를 하나의 예로 아이들에게 들려 주었다.

이야기 A : John이란 어린 남자아이가 자신의 방에 있다. 그는 어머니로부터 저녁 먹으라는 말을 들었고 주방으로 갔다. 그런데 문 뒤에 탁자가 놓여 있었고 그 위에는 15개 컵이 놓여 있는 쟁반이 있었다. John은 문 뒤에 있는 것들에 대해 알지 못했다. 그가 들어가면서 문이 쟁반을 건드렸고 컵들이 부딪치면서 모두 깨졌다.

이야기 B : Henry라는 어린 남자아이가 있었다. 어느 날 어머니가 외출했을 때 그는 찬장에서 잼을 꺼내려고 했다. 그는 탁자 위로 올라가서 팔을 뻗었다. 그러나 잼이 너무 높은 데 있어서 팔이 닿지 않았다. … 계속해서 잼을 꺼내려다가 컵을 1개 쳐서 넘어뜨렸다, 컵이 떨어져서 깨졌다.

A와 B중 누가 더 나쁠까?

이 이야기에서 존(John)과 헨리(Henry)라는 두 명의 아이가 등장하는데 이 이야기를 들은 아이들이 둘 중 누가 더 나쁜지, 그 이유는 무엇인지, 그리고 더 나쁜 아이에게 어떤 벌을 주어야 하는지 등을 질문하였다. 피아제는 이러한 연구로 3가지 도덕단계 이론을 만들었다.

1) 전 도덕기(5세 이전)

유아기의 아동들이 규칙에 관심이 있을까? 피아제는 5세 이전의 유아기 아이들은 규칙을 의식하지 않거나 관심이 없다고 보았다. 인지발달이 이뤄지지 않아서 도덕적인 판단을 할 수 없는 단계이다. 이 시기의 아이들은 이기려고 게임을 하기보다는 나름대로 규칙을 만들어서 번갈아 차례를 지켜가며 재미있게 노는 것으로 생각한다. 이 때는 옳고 그름을 판단하는 데 있어서도 일관된 기준을 적용하지 않는다. 예를 들면, 어머니의 설거지하는 것을 도와드리다가 실수로 컵을 열 개 깨뜨리는 것이 어머니 몰래 과자를 꺼내 먹다가 컵을 한 개 깨뜨리는 것보다 더 나쁘다고 생각한다. 더욱이 타율적 도덕성 단계의 아동은 사회적 규칙을 위반하게 되면 항상 어떤 방법으로든 벌이 따르게 된다는 내재적 정의를 믿는다. 따라서 만약 6세 남아가 과자를 몰래 꺼내 먹으려다 넘어져서 무릎을 다쳤다면 그것은 자기가 잘못한 것에 대해 마땅히 받아야 할 벌이라고 생각한다.

2) 타율적 도덕성(heteronomous morality) (5~10세)

5세 이후의 아이들이 타율적 도덕성 단계에 들어서면 규칙에 대한 존중을 발달시킨다. 이 때는 규칙을 절대적인 권위로 생각하는 시기이다. 규칙에 따라 옳고 그름을 판단한다. 즉, 정해진 규칙을 따르는 것이 곧 도덕적인 행동이라고 판단하며 의도나 과정이 아닌 결과로 선과 악을 결정한다.

타율적 아이들은 사람의 의도보다는 드러난 결과에 따라 옳고 그름을 판단하게 된다. 일종의 과도기적 단계로서 타율적 도덕성과 자율적 도덕성이 함께 나타나는 시기이다. 그러나 10세경에 대부분의 아동은 두 번째 단계인 자율적 도덕성 단계에 도달하게 된다. 이 단계의 아동은 점차 규칙은 사람이 만든 것이고 그 규칙을 변경할 수 있다고 생각하며 도덕적 판단에서 상황적 요인을 고려하는 융통성을 보인다.

즉, 옳고 그름에 대한 판단도 이제는 행위의 결과가 아닌 의도성에 의해 판단하게 된다. 따라서 과자를 몰래 꺼내 먹으려다 컵을 한 개 깨뜨리는 것이 어머니의 설거지를 도우려다 실수로 컵을 열 개 깨뜨리는 것보다 더 나쁘다고 생각한다. 이 단계의 아동은 또한 규칙을 위반하더라도 항상 벌이 따르지 않는다는 것을 스스로의 경험에 의해 알게 되었기 때문에 더 이상 내재적 정의를 믿지 않는다.

피아제에 의하면 타율적 도덕성단계에서 자율적 도덕성단계로 발달하기 위해서는 인지적 성숙과 사회적 경험이 중요한 역할을 한다고 한다. 인지적 요소로는 자기중심성의 감소와 역할수용 능력의 발달을 들 수 있는데 도덕적 문제를 여러 가지 각도에서 조망해 볼 수 있게 해 준다. 피아제가 중요하게 여기는 사회적 경험은 또래와의 대등한 위치에서의 상호작용이다.

아동은 또래와 사이좋게 놀고 공동의 목표를 달성하기 위해서는 다른 사람의 입장에 서 보아야 하며 갈등이 있을 때는 어떻게 해야 서로 이익이 되는 방식으로 해결할 수 있는지를 배우게 된다. 따라서 대등한 위치에서의 또래와의 접촉은 좀 더 융통성 있고 자율적인 도덕성발달에 도움을 준다.

3) 자율적 도덕성(autonomous morality) (10~11세)

10세 이후의 아이들은 대부분의 경우 자율적 도덕성단계에 도달한다. 규칙과 질서가 타인과의 상호작용과 협의에 의해 결정된다고 생각하며 상황에 따라 가변적일 수 있다고 믿는다. 이 단계에서는 옳고 그름을 판단할 때 행위의 결과뿐만 아니라 의도를 파악해야 한다고 생각한다.

자율적 도덕성단계가 되면 사회적 규칙이 그 사회에 속한 사람들의 합의에 의한 것이므로 변경할 수 있다는 것을 알게 된다. 때로는 생명이나 더 중요한 이유로 규칙을 위반할 수도 있다는 것을 알게 된다. 이 단계의 아이들은 응급실에 환자를 수송하기 위해 신호를 위반한 운전자가 잘못이 아니라는 생각을 할 수 있다.

10세의 아이는 잼을 훔치려다 1개의 컵을 깬 헨리(Henry)가 저녁을 먹으러 오다가 15개의 컵을 깬 존(John)보다 더 나쁘다고 말한다. 피아제는 인지적 성숙과 사회적 경험 모두 타율적 도덕성에서 자율적 도덕성으로 변하는 과정에 중요한 역할을 한다고 보았다.

2005년 세이퍼(Shaffer)에 의하면 이런 전환에 필요한 인지적 발전은 아이의 자아중심성이 감소한 덕분으로 다양한 관점에서 상황을 바라볼 수 있다는 것을 의미한다. 또한 역할맡기 기술이 발전한 것이다.

피아제는 대등한 위치의 또래들과의 상호작용을 중요한 사회경험으로 보았다. 또래들과 싸우지 않고 사이좋게 놀며 공동의 목표를 달성하기 위해서는 상대의 입장을 이해해야 하며 서로 이익이 되는 방식으로 갈등을 해결하는 방법을 배워야 한다. 대등한 또래와의 관계로 융통성 있고 자율적인 도덕성의 발달을 형성할 수 있다는 것이다.

우리가 집중해야 할 시기는 유아기인 타율적 도덕성단계이다. 타율적 도덕성 시기 아이들은 정해직 규칙을 매우 존중한다. 타인의 통제 하에 있기 때문에 타율적 도덕성으로 불리며 그 타인이라 함은 부모나 선생님을 의미한다. 이 시기 아동들은 옳음과 규칙은 변하지 않는 것으로 여겨 규칙/규범을 지키지 않는 사람들을 악으로 규정, 그에 상응하는 벌을 받아야 한다고 여긴다.

따라서 부모의 규율·규범은 절대적이면서도 아이의 행동에 중요한 기준이 된다. 즉, 아이의 도덕성은 그 기준을 만드는 절대자(부모, 선생님)의 영향이 매우 크다는 의미이다.

피아제의 이론에 따라 아이 도덕성을 기르기 위해서 부모가 먼저 도덕적인 모습을 보여줘야 하며 아이들이 규율에 잘 따르고 적응할 수 있도록 일관되게 교육하고 훈련해야 한다. 작은 생활습관에서부터 정해진 규칙을 잘 따를 수 있도록 도와줘야 한다.

2 콜버그의 도덕성 발달 이론

가. 개념

도덕 판단에 대한 발달 이론중 가장 유명한 이론은 로렌스 콜버그의 도덕성 발달 이론이다. 도덕성 발달 이론은 인간의 도덕적 이론은 인간의 도덕적 사고가 단계적으로 발달한다고 보는 이론이다. 그는 피아제의 인지발달이론에 따라 아동이 도덕적 딜레마를 해결하기 위해 어떠한 논리를 사용하는지를 관찰했으며 이에 근거하여 세 가지 수준을 제시하였다.

첫 번째 수준은 전인습적 도덕 사고 수준이라 하며 이때는 외부적 보상이나 처벌에 근거하여 도덕적 판단을 한다. 이 수준은 다시 1단계(타율적 도덕단계)와 2단계(개인주의 단계)로 나뉜다. 두 번째 수준은 인습적 수준으로 보통 타인이나 관습 등의 외부 요인에 의해 규정된 도덕관을 내면화한 시기이다. 이 수준 역시 3단계(대인 간 기대 단계)와 4단계(사회 시스템 도덕 단계)로 나뉜다. 마지막으로 후인습적 수준으로 도덕적 가치를 완전히 내면화하여 외부 기준이 필요 없는 시기를 말한다.

이 수준은 다시 5단계(개인의 권리 및 사회 계약 단계)와 7단계(보편적 윤리적 원칙 단계)로 나뉜다. 콜버그의 이론은 도덕성 발달에 있어 인지 요인을 부각시켰다는 점에서 큰 함의가 있으나 문화적 편향성 및 성적 편향성의 가능성이 제기되면서 비판을 받기도 했다.

나. 콜버그의 도덕성 발달 7단계

유럽의 한 부인이 무서운 암에 걸려서 죽어가고 있었다. 그 부인의 병을 치료하는 데는 오직 한 가지 약밖에 없는 것으로 알려져 있었다. 이 약은 같은 마을에 사는 어느 약사가 최근에 발명한 약이었다. 그 약을 만드는 데 원가는 200달러가 들었지만 그 약사는 약값을 원가의 10배인 2,000달러를 요구하였다.

병든 부인의 남편인 하인즈는 돈을 구하기 위해 아는 사람을 모두 찾아다녔으나 그 약값의 절반인 1,000달러밖에 마련하지 못했다. 할 수 없이 하인즈는 그 약사를 찾아가서 자기 부인이 지금 죽어가고 있다고 말하고 그 약을 반값에 팔거나 아니면 다음에 나머지 돈을 갚겠다며 간청했다. 그러나 약사는 거절하였다. 절망에 빠진 하인즈는 결국 약국에 침입해 약을 훔쳤다.

Heinz의 딜레마

하인츠(Heinz)씨는 약을 훔쳐야만 했는가? 훔친 것을 옳은 일인가? 그른 일인가? 그 이유는 무엇인가? 약을 구하는 다른 방법이 없을 때 아내를 위해 약을 훔치는 것이 남편의 의무인가? 좋은 남편이라면 약을 훔쳐야 하는가? 약사는 가격에 상한선을 두는 법률이 없다고 해서 그렇게 비싸게 약값을 받을 권리가 있는가? 그 이유는 무엇인가?

콜버그는 도덕적 딜레마에 대한 사람들의 대답에 근거하여 도덕성 발달에는 3수준 7단계로 나누어진다는 가설을 세웠다. 도덕성 발달을 이해하는 중요한 개념은 내면화(internalization)인데 행동이 외적인 통제에서 발달과정을 거침에 따라 내적인 기준과 원칙들에 의해 통제되는 것을 의미한다. 아동·청소년기 아이들은 성장함에 따라 도덕적 사고도 점점 내면화된다.

1) 전인습적 수준(Pre-conventionsl Level) - 전도덕성

콜버그의 도덕 발달 단계의 수준을 결정하는 핵심적인 개념은 내면화(internalization) 정도라고 할 수 있다(Santrock, 2007). 즉, 발달 수준이 높아지면서 도덕 판단의 기준이 외적 기준에서 내적 기준으로 변화한다는 것이다. 이에 근거한 세 가지 수준은 각각 전인습적 수준(preconventionallevel), 인습적 수준(conventionallevel), 후인습적 수준(postconventionallevel)으로 나뉜다. 이 중 전인습적 도덕 사고란 콜버그의 도덕 발달의 가장 낮은 수준을 의미한다. 이 수준에 속한 개인은 도덕 판단에 있어 내면화의 증거를 보이지 않으며 외부 보상이나 처벌에 근거하여 도덕적 판단을 한다.

이 단계의 사고는 도덕 판단의 가장 낮은 수준이기 때문에 아동에게 특히 많이 관찰되지만 성인에게서 관찰되기도 한다(Colby, Kohlberg, Gibbs, & Lieberman, 1983). 이 시기의 아동은 사회의 규율을 내면화했다기보다는 특정 행동의 외부적 결과에 집중하여 판단하는 경향이 있다. 전인습적 수준은 다음 두 가지 하위 단계로 다시 구분된다. [Kohlberg's theory of moral reasoning] (심리학용어사전, 2014. 4.)

1단계는 콜버그의 딜레마를 접했을 때 주로 처벌에 근거하여 답변을 했을 경우 이 단계로 평정될 가능성이 높다. 이 단계에서 도덕 판단은 주로 행동의 결과에 집중되며 옳은 행동이란 소위 '말을 잘 듣는 행동'을 말한다.

타율적 도덕 단계이며 벌과 복종 지향 처벌을 피하기 위해 행동하는 단계, 옳고 그름은 벌을 받느냐에 따라 결정되고 콜버그의 딜레마를 접했을 때 주로 처벌에 근거하여 답변을 했을 경우 이 단계로 평정될 가능성이 높다. 이 단계에서 도덕 판단은 주로 행동의 결과에 집중되며 옳은 행동이란 소위 '말을 잘 듣는 행동'을 말한다. [Kohlberg's theory of moral reasoning] (심리학용어사전, 2014. 4.)

2단계는 개인주의 단계이며 물물교환(exchange) 단계라고 불리기도 하는데 이 단계에서는 소위 '형평의 법칙'에 맞는 행동을 통해 자신의 이득을 극대화시키는 것으로 도덕적 사고를 한다.

도구적 상대주의 지향이며 자신의 이익을 우선하며 보상이 있으면 옳다고 생각하는 단계 "내가 이득을 보면 좋은 것"이라고 여긴다. 즉, 내가 다른 사람에게 친절하게 해야 다른 사람도 그만큼 나에게 친절해야 할 것이라는 식의 사고를 뜻한다. [Kohlberg's theory of moral reasoning] (심리학용어사전, 2014. 4.)

2) 인습적 수준(Conventionsl Level) - 타율도덕성

콜버그 이론의 두 번째 수준은 중간 정도의 내면화를 보이는 시기라 할 수 있다. 즉, 이 수준의 개인은 어느 특정 기준을 따라 도덕적 판단을 한다. 하지만 그 기준은 보통 타인이나 사회에 의해 규정된 기준이며 아직 그 기준을 완전히 내면화하지는 못한 상태이다. 인습적 수준도 역시 두 개의 하위 단계로 구성되어 있다. [Kohlberg's theory of moral reasoning] (심리학용어사전, 2014. 4.)

3단계는 대인관계 조화 지향이며 다른 사람에게 인정받고 싶어하며 착한 사람이 되려는 단계, 흔히 "좋은 아이(goodgirl, goodboy)" 단계라고 일컫는 단계이다. 이 단계는 도덕적 사고를 판단함에 있어 타인에 대한 신의, 배려, 충성심 등이 핵심적인 기준으로 작용한다. 즉, 도덕적 행동이란 타인과 자신의 관계라는 맥락에서 그 역할에 기대되는 행동을 할 때 성립된다.

하인츠의 딜레마를 접했을 때 '남편으로서 아내를 살려야 하는 의무'를 중심으로 대답하든지 혹은 도둑질을 하는 행동을 통해 '집안의 명성에 누를 끼친다'는 식의 답변을 할 경우 이 단계로 평정될 가능성이 있다. [Kohlberg's theory of moral reasoning] (심리학용어사전, 2014. 4.)

4단계는 법과 질서 지향 단계이며 법과 사회 질서를 따르는 것이 중요하며 사회 규범을 지키는 것이 도덕적이라고 여긴다.

흔히 '법과 질서'의 단계라고 통칭되는 단계로서 사회 질서, 법, 사회적 의무를 중심으로 도덕적 판단을 하는 단계를 말한다. 예를 들어 하인츠의 딜레마를 접한 후 사회가 제대로 기능하기 위해서는 법은 지킬 필요가 있다는 식의 답변을 할 경우에 해당된다. [Kohlberg's theory of moral reasoning] (심리학용어사전, 2014. 4.)

3) 후인습적 수준(Post-conventionsl Level) - 자율도덕성

콜버그의 도덕 발달 단계의 마지막 수준은 후인습적 도덕 사고 수준으로 도덕성이 완전히 내면화되어 외부 기준이 필요하지 않은 시기를 말한다. 이 시기의 개인들은 타인이 자신과 다른 도덕적 기준을 가지고 있다는 것을 이해하며 관점에 따라 그 다른 기준이 모두 맞을 수 있다는 가능성도 인정한다. 원칙적으로 이 수준 역시 두 개의 하위 단계로 나뉜다. [Kohlberg's theory of moral reasoning] (심리학용어사전, 2014. 4.)

5단계는 개인의 권리 및 사회 계약단계 지향이며 법이 중요하지만 사회적 협의에 따라 변화할 수 있다고 인식하는 단계, 정의와 인권을 고려하고 5단계의 개인은 법을 지키는 이유가 그것을 통해 개인의 기본적인 권리를 지킬 수 있기 때문이라는 사고를 한다. 따라서 법을 지킨다는 것은 그 자체가 목적이 아니다. 그리고 어떤 가치, 권리, 원칙은 법전을 초월할 수 있으며 변화 가능하다. 이 단계에 속한 개인은 세상에는 다양한 의견과 권리와 가치가 있음을 인정하고 이러한 다양한 의견은 그것이 기본적인 인간의 가치를 지키는 이상 존중되어야 한다고 사고한다. 현실적으로 이 단계는 콜버그의 도덕 발달 단계에서 가장 높은 수준이라고 볼 수 있다. [Kohlberg's theory of moral reasoning] (심리학용어사전, 2014. 4.)

6단계는 보편적 윤리적 도덕 원리 지향이며 양심과 보편적 도덕 원리에 따라 행동하는 단계이며 법보다 정의와 인간의 존엄성을 우선시한다. 콜버그의 도덕 발달 단계의 최종 단계는 가장 보편적인 원리를 토대로 도덕 판단을 하는 단계를 말한다. 이 단계에서 도덕 판단의 기준은 법이나 관습이 아니라 양심을 토대로 모든 인간 및 사회에 적용되는 추상적인 원칙에 근거한다. 현실적으로 이 단계의 도덕적 사고를 표현하는 개인은 어느 연구에서도 10% 이상 나오지 않으며 전혀 나오지 않는 경우도 많다(Colby&Kohlberg, 1987).

콜버그는 말년에 7단계를 추가한다. 7단계는 아가페-우주적 영생을 지향하는 단계이다. 그것은 도덕 문제는 도덕이나 삶 자체가 문제가 아니라 우주적 질서와의 통합이라고 보는 단계이다. 예수, 간디, 마틴 루터 킹, 공자, 소크라테스, 칸트, 본 회퍼, 테레사 등의 위대한 도덕가나 종교지도자, 철인들의 목표가 곧 우주적인 원리이다. 우주적인 원리가 속하는 것은 '내가 대접을 받고자 하는 대로 남을 대접하라'는 황금율과 같은 곳에서 드러난다. 생명의 신성함, 최대다수를 위한 최선의 원리, 인간 성장을 조성하는 원리 등이 우주적인 원리에 속한다.

다. 콜버그(Lawrence Kkohlberg) 이론의 두 가지 쟁점

앞에서 언급했듯이 콜버그의 도덕 발달 이론은 인지발달 이론에 기반한다. 따라서 그는 도덕 사고 단계가 인지발달 수준에 따라 순차적으로 등장할 것이라고 예상했다. 많은 경험적 연구들은 이러한 예상을 지지하고 있다.

20년에 걸친 종단 연구 결과 대략 9살 이전에는 대부분의 아동이 도덕적 딜레마를 전인습적 수준에서 접근하며 초기 청소년기까지 대체로 인습적인 수준을 보이고 후기 청소년기가 되면 일부 청소년들은 후인습적 도덕 단계를 보인다(Colby, Kohlberg, Gibbs&Lieberman, 1983).

특히 10세 이전에는 거의 관찰되지 않는 4단계의 사고는 36세 성인의 62%에서 관찰된다. 이는 콜버그 이론이 나름대로 발달 이론으로서 타당성이 있음을 함의한다. 하지만 그의 이론은 다양한 이유에서 비판 받기도 했는데 그 중 가장 유명한 두 가지 쟁점은 다음과 같다.

1) 콜버그 단계의 문화차

총 27개국에서 실시된 콜버그의 절차를 종합하면 최소한 1단계에서 4단계까지는 콜버그 이론의 문화차이가 크지는 않은 것으로 보고되고 있다(Snarey, 1987). 하지만 문화권에 따른 차이가 발견되는 경우도 있으며 특히 후인습적 사고 단계에 관해서는 문화권에 따른 상당한 차이가 보고되기도 했다.

예를 들어 네팔의 20세 불교 승려를 대상으로 콜버그의 도덕 판단을 연구한 결과 그들의 도덕 판단에서 '정의(justice)'는 중요한 가치가 아니며 오히려 '번민으로부터의 해방'이 중요한 영역으로 나타났다(Huebner&Garrod, 1991).

이러한 문화권에 따른 차이는 민주주의나 개인의 권리를 사회의 중요한 가치로 두고 이를 학습시키는 서구의 교육 절차가 그 사회 구성원들의 인지적 추론에 개입되어 있음을 함의한다(Shweder, 1998).

현대 사회는 또한 이질적인 사람들끼리의 다양성을 존중한다. 하지만 다양성을 추구하는 사고가 동질적인 사람들로 구성된 집단에게는 꼭 적응적일 필요는 없다. 오히려 그들에게는 협동이나 사회 집단의 가치에 대한 충성을 강조하는 것이 더 합리적일 수도 있다. 즉, 콜버그의 이론에 따르면 인습적 수준에 해당되는 사고라 하더라도 문화적 맥락에 따라서는 더 성숙한 수준으로 기능할지도 모른다(Edwards, 1975).

2) 콜버그 단계의 성차

콜버그의 이론과 관련하여 가장 쟁점이 되었던 주장 가운데 하나는 그의 이론이 남자 아동을 중심으로 개발되었다는 것이다. 콜버그의 몇몇 초기 연구의 결과에 따르면 특히 연령이 증가하면서 남자들이 여자보다 콜버그식 도덕 판단 점수가 다소 높은 측면이 발견되었다.(Haan, Langer, Kohlberg, 1976). 그렇다면 이러한 성차는 어디에서 오는 것인가?

콜버그가 처음 그의 이론을 발전시켰을 때 그가 면접한 대상자는 대부분 남자 아동이었다. 따라서 피미니스트 관점의 심리학자들은 그의 구분이 지나치게 남성 중심적이라고 비판했다. 이와 관련된 대표적인 학자는 콜버그의 동료이기도 했던 캐롤 길리건(CarolGilligan)이다. 그녀에 따르면 남아와 여아는 다른 사회화 과정을 겪기 때문에 남자아이들은 '정의와 권리'를 더 강조하는 반면, 여자아이들은 '연민, 의무, 보살핌'을 강조한다는 것이다.(Gilligan, 1977, 1982).

즉, 콜버그의 도덕 판단에서의 성차는 여성과 남성이라는 생물학적인 차이, 그리고 그에 따른 다른 사회화의 결과라는 것이다. 그리고 정의와 권리 같은 개념은 가설적인 상황에서 다룰 수 있지만 연민이나 보살핌 같은 개념은 더 실제적인 상황과 직접 관련이 있으므로 실제 상황에 기인한 예를 통해 도덕 판단을 측정할 필요가 있다고 제안했다(Gilligan, 1982).

길리건(Gilligan)의 주장은 이후 도덕 판단의 성차에 대한 많은 연구를 촉발했다. 하지만 경험적 연구의 결과가 길리건의 주장을 뚜렷이 지지하는 것도 아니다. 도덕 판단에 대한 초기 논쟁 이후 축적된 경험적 연구들을 종합하면 콜버그의 절차에서 성차는 거의 무시할 만하며(Snarey, 1985) 성차가 보고된 연구는 상대적으로 소수이고 그나마 그 중 일부는 오히려 여성의 점수가 더 높은 경우도 있다(Walker, 1984).

그럼에도 불구하고 길리건의 주장은 도덕적 판단에서 가설적인 주제만이 아닌 현실과 밀접하게 관련이 있는 문제에도 주의를 기울여야 한다는 중요한 함의를 제공했다. 또 그녀의 주장처럼 여성이 남성에 비해 도덕적 판단을 할 때보다 관계 지향적 기준을 사용하는 것은 맞는 듯하며 특히 실생활 이야기를 기술할 때는 이러한 경향이 더욱 두드러진다(Garmon,Basinger, Gregg&Gibbs, 1996).

이러한 이유에서 많은 후속 연구자들은 콜버그의 이론이 부정확하거나 불완전하다고 보고 있다. 게다가 콜버그의 이론은 인지적인 측면을 지나치게 강조했기 때문에 오히려 도덕성과 관련하여 매우 강력한 변인인 도덕적 정서의 측면을 상대적으로 무시했다는 비판을 받고 있다. 그렇지만 그의 이론은 개인의 도덕 판단 발달이 조직적인 변화 과정을 겪는다는 점을 부각시킨 대표적인 이론이라는 점에서 아직까지도 발달 이론으로서의 가치는 높다.

특히 콜버그 이전 대부분의 학자가 도덕성을 논할 때 행동과 정서 간의 관련성만 논했다면 도덕 발달 이론은 인지, 사회, 정서 발달이 통합된 이론으로 발전했다(Siegler,DeLoache,&Eisenberg,2003). 현재 대부분의 연구자들은 도덕성을 이해하려면 이 세 가지 요소를 포괄적으로 이해해야 한다고 믿고 있다. 그러한 점에서 콜버그의 이론은 분명 도덕성 이론의 발전에 크게 공헌했다. (김근영 서강대학교 심리학과)[Kohlberg's theory of moral reasoning] (심리학용어사전, 2014. 4.)

연습문제

1. 자신이 속한 사회의 문화 규범에 따라 행동하도록 배우고 이를 자신의 것으로 받아들이는 과정을 (______________) 이라고 한다.

2. 피아제(Piaget)의 도덕성 발달이론 세 가지 단계를 쓰시오.

____

3. 피아제는 인지적 성숙과 사회적 경험 모두 (______________)에서 (______________)으로 변하는 과정에 중요한 역할을 한다고 보고 있다.

4. 다음 〈보기〉에 해당되는 피아제(Piaget)의 도덕성 발달 단계는?

• 사회적 규칙이 그 사회에 속한 사람들의 합의에 의한 것이므로 변경할 수 있다는 것을 알게 된다. 때로는 생명이나 더 중요한 이유로 규칙을 위반할 수도 있다는 것을 알게 된다. • 이 단계의 아이들은 응급실에 환자를 수송하기 위해 신호를 위반한 운전자가 잘못이 아니라는 생각을 할 수 있다.

① 전도덕시 ② 타율적도덕성 ③ 자율적도덕성 ④ 대상영속성 ⑤ 자기중심성

5. 콜버그(L. Köhlberg)의 도덕성발달 이론에서 도덕적 갈등상황에 대한 가장 유명한 이야기는 무엇인가 쓰시오.

____

6. 콜버그의 3개 수준 중 도덕적 가치를 완전히 내면화하여 외부 기준이 필요 없는 시기를 무엇이라고 하는지 쓰시오.

____

7. 콜버그(Kkohlberg)의 도덕성 발달 단계는 3수준 7단계로 나눈다. 단계별로 열거하시오.

____

____

____

8. 다음 〈보기〉에 해당되는 콜버그(Kkohlberg)의 도덕성 발달 단계는?

> • 콜버그의 도덕 발달 단계의 최종 단계는 가장 보편적인 원리를 토대로 도덕 판단을 하는 단계를 말한다.
> • 도덕 판단의 기준은 법이나 관습이 아니라 양심을 토대로 모든 인간 및 사회에 적용되는 추상적인 원칙에 근거한다.

① 3단계　② 4단계　③ 5단계　④ 6단계　⑤ 7단계

1. 도덕성 발달
2. 전도덕기, 타율적도덕성, 자율적도덕성
3. 타율적 도덕성, 자율적 도덕성
4. ③
5. 하인즈의 딜레마(Heinz's dilemma
6. 후인습적 수준
7. 1단계-복종과 처벌 지향, 2단계-도구적 쾌락 지향, 3단계-대인관계 지향, 4단계-법과 사회질서 지향, 5단계-사회계약 지향, 6단계-보편적 도덕원리 지향, 7단계-우주적 영생을 지향
8. ④

CHAPTER

06

인지적 특성

1. 지능
2. 창의성
3. 인지양식
4. 자아개념

교 육 심 리 학

CHAPTER 06

인지적 특성

학습목표

가. 학습자의 인지적 특성에서 지능의 개념과 주요 이론을 예를 들어 설명할 수 있다.

나. 창의성을 촉진하는 교육적 접근법을 이해하고 적용할 수 있는 방안을 설명할 수 있다.

다. 학습장면에서 다양한 인지양식의 특성을 비교, 설명할 수 있다.

라. 자아개념에 대한 정의와 구성요소를 설명할 수 있다.

"지능은 단순한 문제 해결 능력이 아니라, 분석적 지능, 창의적 지능, 실용적 지능이 결합된 형태로 실제 삶에서 효과적으로 적용되는 능력이다."

스턴버그

"창의적 사고는 하나의 정답을 찾는 과정이 아닌, 가능한 많은 해결책을 탐색하는 과정이다."

길포드

교육심리학에서 인지적 특성은 학습자가 정보를 습득하고 처리하며 활용하는 방식과 관련된 심리적 속성을 의미한다. 이는 학습자의 학업 성취, 문제 해결 능력, 학습 태도 및 동기에 교육적 개입을 하기 위한 중요한 연구 영역이다. 인지적 특성을 이해하면 학생의 개별적 특성에 맞춘 교육전략을 수립하고 학습 효과를 극대화하는 데 도움을 줄 수 있다. 이 장에서는 대표적인 인지적 특성인 지능(Intelligence), 창의성(Creativity), 인지양식(Cognitive Style), 자아개념(Self-Concept)을 중심으로 살펴보고자 한다.

1 지능(Intelligence)

지능(Intelligence)은 학습, 문제 해결, 논리적 사고 및 환경 적응과 같은 인지적 과정을 수행하는 능력을 의미한다. 초기에는 단일 요인으로 간주되었으나, 현대에는 다차원적 개념으로 확장되었으며 학업 성취뿐만 아니라 창의적 문제 해결과 실생활 적응 능력에도 영향을 미친다. 다양한 연구를 통해 지능이 단순한 유전적 요인뿐만 아니라 환경적 요소(교육, 문화, 사회적 경험 등)에 의해 영향을 받는다는 점이 강조되고 있다(Plomin & Deary, 2015).

가. 전통적 지능이론

1) 스피어만의 일반요인설

스피어만(Spearman, 1904)은 요인 분석을 활용하여 지능이 단일한 일반 요인(g−factor)과 특정한 영역에서 발휘되는 특수 요인(s−factor)으로 구성된다고 주장하였다. g−요인은 모든 인지적 과제에서 공통적으로 작용하며, 논리적 사고, 문제 해결, 학습 속도와 관련된다. 반면, s−요인은 수학, 언어, 공간 능력과 같은 특정 영역에서 나타나는 개별적 능력이다. 스피어만의 이론은 이후 개발된 현대적 지능 검사인 스탠포드−비네 검사, 웩슬러 지능 검사에 영향을 미쳤다. 그러나 인간의 다양한 인지적 능력을 단일 요인으로 설명하기 어렵다는 한계점이 있으며, 이를 보완하기 위해 다중지능 이론 및 삼원지능 이론 등이 제안되었다.

2) 손다이크의 다요인설

손다이크(Thorndike, 1920)는 지능이 단일한 능력으로 구성된 것이 아니라 여러 가지 독립적인 능력으로 이루어져 있다고 주장하며, 이를 바탕으로 추상적 지능(Abstract Intelligence), 사회적 지능(Social Intelligence), 기계적 지능(Mechanical Intelligence) 세 가지 유형으로 구분하였다. 추상적 지능은 언어 및 수리적 사고 능력과 관련되며, 사회적 지능은 타인과의 관계를 이해하고 원활하게 소통하는 능력, 기계적 지능은 도구 및 기계를 조작하는 능력과 관련이 있으며, 공학 및 기술적 문제 해결에서 중요한 역할을 한다. 손다이크의 다요인설은 인간의 다양한 지능적 특성을 강조하며, 이후 사회적 지능과 감성지능 연구의 기초가 되었다.

3) 써스톤의 군집요인설

써스톤(Thurstone, 1938)은 스피어만의 단일 지능 요인(g-factor) 개념에 반대하며, 지능은 여러 개의 독립적인 정신 능력의 조합이라고 주장하는 군집요인설을 제안하였다. 그는 지능이 단일한 능력이 아니라 7가지 기본 정신 능력(Primary Mental Abilities, PMA)으로 구성된다고 보았으며, 언어 이해력(Verbal Comprehension), 단어 유창성(Word Fluency), 수리 능력(Numerical Ability), 공간 지각력(Spatial Ability), 기억력(Memory), 지각 속도(Perceptual Speed), 논리적 추론(Inductive Reasoning)으로 구분하였다. 써스톤의 연구는 지능을 보다 세분화하여 다차원적 관점에서 이해할 필요성을 강조하였으며, 이후 다중지능 이론과 현대적인 인지능력 평가 모델 개발의 기초가 되었다.

4) 길포드의 지능구조모형

길포드(Guilford, 1967)는 지능이 단순한 단일 요인이 아니라, 내용(Content), 조작(Operation), 결과(Product)라는 세 차원의 조합으로 구성된다고 주장하며, 이를 기반으로 지능구조모형(Structure of Intellect, SOI)을 제안하였다. 내용은 지능이 작용하는 정보의 유형(시각적, 언어적 정보 등), 조작은 정보를 처리하는 정신적 활동(인지, 기억, 발산적 사고 등), 결과는 정보 처리 후 생성되는 산출물(예: 분류, 관계, 변환 등)로 구성된다. 이 세 차원의 조합을 통해 150개 이상의 독립적인 지능 요소를 설명할 수 있다고 주장하였으며, 다양한 인지적 요소가 상호작용하여 창의적 문제 해결과 학습이 이루어진다고 보았다. SOI 모형은 특히 창의성과 문제 해결 능력의 중요성을 강조하며, 전통적인 IQ 개념이 지능의 일부만을 반영한다고 비판하였다. 길포드는 발산적 사고(Divergent Thinking)와 수렴적 사고(Convergent Thinking)를 구분하며, 창의성 발현에는 발산적 사고가 핵심이라고 보았다(Guilford, 1956). 이 이론은 학습자의 개별적 인지 능력을 평가하고, 다양한 교육 프로그램을 개발하는 데 활용되었으며(Meeker, 1969), 특히 창의력 교육과 맞춤형 학습 전략을 설계하는 데 기여하였다.

5) 카텔의 2형태설

카텔(Cattell, 1963)은 지능을 유동성 지능(Fluid Intelligence)과 결정성 지능(Crystallized Intelligence)으로 구분하였다. 유동성 지능은 새로운 문제를 해결하고 논리적 사고를 수행하는 능력으로, 유전적 요인의 영향을 많이 받으며 연령 증가에 따라 감소하는 경향이 있다. 반면, 결정성 지능은 경험과 학습을 통해 축적된 지식 및 문제 해결 능력으로, 연령이 증가함에 따라 유지되거나 향상될 수 있다. 카텔의 2형태설은 인간의 지능 발달을 설명하는 중요한 이론적 틀을 제공하였으며, 노년기 인지 훈련 프로그램 및 교육과정 설계에 활용되고 있다.

나. 최근의 지능이론

1) 가드너의 다중지능이론

가드너(Gardner, 1983)는 전통적인 지능 개념(IQ)이 인간의 다양한 능력을 반영하지 못한다고 주장하며, 다중지능이론(Multiple Intelligences, MI)을 제안하였다. 기존 지능 이론은 주로 언어 능력과 논리-수학적 사고에 초점을 맞췄지만, 가드너는 인간의 지능이 단일하지 않으며, 서로 독립적인 여러 가지 지능으로 구성되어 있다고 주장하였다(Gardner, 1999).이 이론은 교육 분야에서 개별화 학습과 다양한 학습 스타일을 고려하는 접근 방식의 필요성을 강조하며, 학생의 강점을 기반으로 한 맞춤형 학습 설계에 기여하였다. 특히, 다양한 학습 스타일을 고려하는 교수법 개발을 촉진하였으며, 학생이 특정 프로젝트를 수행하며 다중지능을 활용하도록 유도하는 프로젝트 기반 학습, 대인관계 지능이 높은 학생들이 다른 학생과 팀을 이루어 문제를 해결하도록 하는 협력학습 등 창의적이고 협력적인 학습 환경 조성하는 등 학생 개개인의 역량을 존중하고 학습자 중심의 교육 패러다임을 확립하는 데 기여하였다(Gardner, 2006).

표 6-1 가드너의 8가지 지능유형

지능 유형	설명
언어 지능	언어를 이해하고 표현하는 능력 (예: 작가, 언론인)
논리·수학 지능	수리적 사고와 논리적 분석 능력 (예: 수학자, 과학자)
공간 지능	공간을 이해하고 활용하는 능력 (예: 건축가, 조각가)
음악 지능	소리와 리듬을 이해하고 창조하는 능력 (예: 음악가, 작곡가)
신체·운동 지능	신체를 활용한 표현과 조작 능력 (예: 운동선수, 배우)

지능 유형	설명
대인관계 지능	타인과의 관계를 이해하고 조절하는 능력 (예: 상담가, 정치인)
개인 내적 지능	자기 자신을 이해하고 성찰하는 능력 (예: 심리학자, 철학자)
자연 지능	자연과 생태계를 이해하는 능력 (예: 환경운동가, 생물학자)

2) 스턴버그의 삼원지능이론

스턴버그(Sternberg, 1985)는 지능을 단순히 학업 성취의 도구가 아니라, 실제 환경에서 적응하고 문제를 해결하는 능력으로 정의하였으며, 인간의 지능은 분석적 지능(Analytical Intelligence), 창의적 지능(Creative Intelligence), 실용적 지능(Practical Intelligence)의 세 가지 요소로 구성된다고 보았다. 분석적 지능은 논리적 문제 해결 및 학업적 성취와 관련되며, 창의적 지능은 새로운 아이디어를 창출하고 문제를 창의적으로 해결하는 능력이다. 실용적 지능은 현실 세계에서 적응하고 문제를 해결하는 능력으로, 일상생활에서 적용 가능한 능력을 강조한다. 삼원지능이론은 학교 교육뿐만 아니라 창의적 문제 해결과 실제 생활에서의 적응력을 강조하는 점에서 중요한 의미를 가진다.

표 6-2 삼원지능이론의 세가지 지능 유형

지능 유형	설명	특징	예시
분석적 지능 (Analytical Intelligence)	논리적 사고, 분석적 문제 해결 능력	기존의 지식을 활용하여 논리적 결론을 도출하는 능력, IQ 검사에서 측정되는 전통적인 지능과 유사	수학 문제 해결, 논리적 추론, 시험 성적
창의적 지능 (Creative Intelligence)	새로운 아이디어 창출, 독창적인 문제 해결	기존의 지식과 경험을 활용하여 새로운 해결책을 찾아내는 능력, 창의적 사고와 혁신에 중요	예술 창작, 새로운 기술 개발, 창의적 글쓰기
실용적 지능 (Practical Intelligence)	현실 적응, 문제 해결 능력	실제 환경에서 문제를 해결하고 사회적, 직업적 상황에서 성공적으로 적응하는 능력	대인관계 기술, 사업 운영, 위기 관리

3) 감성지능이론

살로비와 메이어(Salovey & Mayer, 1990)는 감정을 이해하고 조절하는 능력도 지능의 중요한 요소라고 주장하며, 감성지능(EQ, Emotional Intelligence) 개념을 제안하였다. 감성지능은 자기 인식(Self–awareness), 자기 조절(Self–regulation), 사회적 인식(Social awareness), 관계 관리(Relationship management)의 네 가지 요소가 유기적으로 작용하며 개인의 감성지능 수준을 결정한다. 즉, 감성지능은 자신과 타인의 감정을 인식하고, 이를 효과적으로 조절하며, 대인관계를 원활하게 유지하고, 문제해결에 활용하는 능력을 의미한다. 이 개념은 이후 다니엘 골먼이 대중화하면서 전 세계적으로 큰 영향을 미쳤으며, 감성지능은 조직 경영, 교육, 심리 상담, 리더십 연구 등 다양한 분야에서 중요한 개념으로 자리 잡았다(Goleman, 1995).

다. 지능의 측정

1) 비네-시몬 검사

비네–시몬 검사는 1905년 프랑스의 알프레드 비네와 테오도르 시몬(Binet & Simon, 1905)이 개발한 최초의 지능 검사로, 정신연령 개념을 도입하여 아동의 지적 능력을 평가하였다. 이 검사는 아동의 학습 능력을 파악하고 교육적 지원이 필요한 학생을 선별하기 위한 목적으로 개발되었으며, 이후 현대적 지능 검사로 발전하는 기초가 되었다.

2) 스텐포드-비네 검사

스탠포드–비네 검사는 비네–시몬 검사를 미국의 심리학자 루이스 터먼(Lewis Terman, 1916)이 개정한 것으로, 최초로 IQ(Intelligence Quotient) 개념을 도입하였다. 이 검사는 개인의 정신연령과 실제 연령을 비교하여 지능 지수를 산출하며, 현재까지도 활용되고 있다. 특히, 다양한 연령대의 개인을 평가할 수 있도록 개발되었으며, 지능을 보다 정밀하게 측정할 수 있도록 지속적으로 개정되어 왔다.

3) 웩슬러 지능 검사

웩슬러 지능 검사는 데이비드 웩슬러(Wechsler, 1939)가 개발한 검사로, 기존의 스탠포드–비네 검사가 언어적 요소에 치우쳐 있다는 점을 보완하여, 언어성 지능과 동작성 지능을 함께 평가하도록 구성되었다. 웩슬러 지능 검사는 연령별로 성인용(WAIS), 아동용(WISC), 유아용(WPPSI)으로 구분되며, 언어 이해, 작업 기억, 처리 속도 등 다양한 인지 능력을 측정한다. 현재 가장 널리 사용되는 지능 검사 중 하나이다. 웩슬러 지능 검사는 총점 지능지수(FSIQ, Full-Scale IQ)와 함께 다양한 인지적 능력을 평가하는 <표 6-3>의 4가지 지표 점수(Indexes)로 구성된다.

표 6-3 웩슬러 지능 검사의 구성 요소

지표 점수	설명	예시 과제
언어이해 지표 (VCI, Verbal Comprehension Index)	어휘력, 개념 이해, 언어적 추론 능력	유사성(Similarities), 어휘(Vocabulary), 이해(Comprehension)
지각추론 지표 (PRI, Perceptual Reasoning Index)	시간적-공간적 추론, 문제 해결 능력	토막짜기(Block Design), 행렬추론(Matrix Reasoning), 퍼즐완성(Visual Puzzles)
작업기억 지표 (WMI, Working Memory Index)	단기 기억, 집중력, 연속적 정보 처리 능력	숫자 외우기(Digit Span), 산수(Arithmetic)
처리속도 지표 (PSIM Processing Speed Index)	시간적 인지 속도, 신속한 정보 처리 능력	기호쓰기(Symbol Search), 코딩(Coding)

웩슬러 지능 검사는 개인의 지적 수준을 수치화한 것으로, 평균 지능지수(IQ)를 100을 중심으로 표준 편차(보통 15)를 기준으로 해석된다. IQ 점수는 70 이하일 경우 정신지체, 130 이상일 경우 우수한 지능으로 평가될 수 있으며, 대부분의 사람들은 85~115 사이에 분포한다. 현대 지능 검사는 단순한 수치적 결과가 아니라, 개인의 강점과 약점을 종합적으로 평가하여 개인 맞춤형 교육과 상담에 유용하게 활용되고 있다.

웩슬러 지능 검사는 언어적·비언어적 평가를 포함하여 다양한 인지 능력을 측정할 수 있으며, 연령별 검사(WAIS, WISC, WPPSI)를 통해 적절한 인지발달 수준을 평가할 수 있다는 장점을 가진다. 또한, 표준화 및 신뢰성이 높아 심리 평가 및 교육 분야에서 널리 활용되고 있다. 그러나 문화적·언어적 배경에 영향을 받을 가능성이 있으며, 창의성이나 감성지능(EQ)과 같은 요소를 포함하지 않는다는 점, 검사 시간이 길고(약 60~90분) 숙련된 검사자가 있어야 정확한 해석이 가능하다는 점에서 실용성 측면의 한계가 존재한다.

4) 문화 공평성 검사

문화 공평성 검사는 특정 문화적 배경에 영향을 받지 않는 지능 평가 도구로, 다양한 문화권에서 신뢰성 있는 결과를 얻기 위해 개발되었다. 대표적인 문화 공평성 검사는 레이븐(Raven, 1938)의 진행행렬검사(Raven's Progressive Matrices)로, 비언어적 문제 해결 과제를 포함하여 문화적 편향을 최소화한 방식으로 구성되어 있다. 이러한 검사는 언어적 능력과 학습 경험이 아닌 순수한 추론 능력을 평가하는 데 초점을 맞춘다.

2 창의성(Creativity)

창의성(creativity)이란 새로운 아이디어를 생성하고, 독창적인 방식으로 문제를 해결하는 능력을 의미하며, 이는 인지적 요소와 정의적 요소가 결합된 복합적 능력이다. 창의성은 기존의 지식을 융합하여 새로운 해결책을 도출하고, 이를 다양한 상황에 적용하는 과정에서 발현된다. 특히, 문제 해결력과 혁신적 사고가 중시되는 현대 사회에서는 학습자의 필수적인 인지적 특성으로 간주된다.

가. 주요개념

창의성의 핵심 개념으로는 발산적 사고(Divergent Thinking), 수렴적 사고(Convergent Thinking), 문제 재구성(Problem Restructuring), 융합적 창의성(Integrative Creativity) 등이 있다. 발산적 사고는 다양한 아이디어를 자유롭게 생성하는 과정으로 길포드(Guilford)의 창의성 이론에서 강조되었으며, 창의적 사고의 기초가 된다. 반면, 수렴적 사고는 기존 정보와 논리를 활용하여 최적의 해결책을 도출하는 과정으로, 발산적 사고와 균형을 이루는 것이 중요하다. 문제 재구성은 기존 문제를 새로운 시각에서 바라보고 해결 방안을 모색하는 과정으로, 창의적 문제 해결의 핵심 요소로 작용한다. 융합적 창의성은 서로 다른 분야의 개념과 지식을 결합하여 새로운 해결책을 창출하는 과정을 의미하며, 최근 창의적 교육과

융합 학습에서 강조되는 개념이다.

나. 구성요소

창의성은 유창성(Fluency), 융통성(Flexibility), 독창성(Originality), 정교성(Elaboration)의 네 가지 요소로 구성된다. 유창성은 다양한 아이디어를 산출하는 능력, 융통성은 사고를 다양한 방향으로 전환하는 능력, 독창성은 새로운 아이디어를 창출하는 능력, 정교성은 아이디어를 구체화하고 발전시키는 능력을 의미한다.

또한, 창의성은 개방성(Openness), 호기심(Curiosity), 동기(Motivation) 등의 정의적 특성도 포함하며, 이는 개인이 창의적 사고를 지속하는 데 중요한 역할을 한다. 창의성이 높은 사람들은 새로운 경험을 수용하고 끊임없이 탐구하며 내적 동기에 의해 창의적 활동을 지속하는 경향이 있다. 이러한 요소들은 상호작용하며 창의적 사고를 형성하고, 문제 해결 및 혁신적 사고의 기반이 된다.

다. 창의성 개발기법

1) 브레인스토밍(Brainstorming)

브레인스토밍은 알렉스 오즈번(Alex Osborn, 1953)이 개발한 창의적 문제 해결 기법으로, 다수의 아이디어를 신속하게 생성하고 이를 조합하거나 확장하는 과정이다. 이 기법은 네 가지 원칙(비판 금지, 양산, 자유로운 사고, 아이디어 결합과 개선)을 기반으로 한다. 참가자들은 평가 없이 자유롭게 아이디어를 제시하며, 기존 아이디어를 확장하거나 새로운 방식으로 조합하여 최적의 해결책을 도출하는 것을 목표로 한다. 브레인스토밍은 교육 및 기업 환경에서 창의적 사고력을 높이고 문제 해결 능력을 향상시키는 데 널리 활용된다.

2) 시네틱스(Synectics)

시네틱스는 고든(Gordon, 1961)이 개발한 창의적 사고 촉진 기법으로, 유추와 비유를 활용하여 새로운 문제 해결 방안을 도출하는 방법이다. 시네틱스는 익숙한 것을 낯설게, 낯선 것을 익숙하게 만들면서 창의적 아이디어를 유도하는 것이 특징이다. 참가자들은 문제를 해결할 때 직접적인 접근법보다 비유적 사고를 활용하여 새로운 시각을 얻을 수 있으며, 이는 창의적인 문제 해결 능력을 향상시키는 데 효과적이다.

3) 여섯 색깔 사고모자(Six Thinking Hats)

여섯 색깔 사고모자는 에드워드 드 보노(Edward de Bono, 1985)가 개발한 기법으로, 서로 다른 사고방식을 시각적으로 구분하여 창의적 문제 해결을 돕는다. 여섯 개의 색깔 모자는 각각 특정한 사고 방식을 의미한다. 흰색 모자는 객관적인 정보와 사실, 빨간색 모자는 감정과 직관, 검은색 모자는 부정적인 측면과 위험 요소, 노란색 모자는 긍정적인 측면과 이익, 초록색 모자는 창의성과 새로운 아이디어, 파란색 모자는 사고 과정의 조정과 통제를 의미한다. 이 기법은 학습자들이 다양한 관점에서 사고하도록 유도하여 창의적인 해결책을 도출하는 데 효과적이다.

4) 마인드맵(Mind Mapping)

마인드맵은 토니 부잔(Tony Buzan, 1974)이 개발한 기법으로, 중심 개념을 중심으로 가지를 뻗어나가면서 연관된 아이디어를 시각적으로 정리하는 방법이다. 마인드맵은 논리적 사고와 창의적 사고를 동시에 촉진하며, 복잡한 정보를 구조화하는 데 유용하다. 이를 통해 학습자들은 창의적으로 사고하고 정보를 체계적으로 정리할 수 있으며, 문제 해결 과정에서도 효과적으로 활용될 수 있다.

라. 창의성 교육

창의성 교육은 학습자가 창의적 사고를 개발하고 이를 실제 문제 해결 과정에 적용할 수 있도록 지원하는 교수 방법과 학습 환경을 조성하는 것을 의미한다. 이를 위해 문제 해결 중심 학습(Project-Based Learning, PBL), 협력적 학습(Cooperative Learning), 탐구 기반 학습(Inquiry-Based Learning) 등의 교수법이 활용되며, 학생들이 능동적으로 사고하고 다양한 아이디어를 실험할 수 있도록 장려하는 교육 방식이 중요하다. 이때 창의성을 촉진하는 교육 환경은 개방적이고 유연해야 하며, 학생들이 자유롭게 아이디어를 공유하고 탐색할 수 있도록 구성되어야 한다. 또한, 교사는 창의적 사고를 확장할 수 있는 질문을 제시하고, 학생들이 실패를 두려워하지 않도록 격려하며 도전적인 학습 환경을 제공하는 것이 중요하다.

3 인지양식(Cognitive Style)

가. 개념

인지양식(cognitive style)이란 개인이 외부 환경이나 사물을 지각할 때 자신의 인지적·정의적 특성에 따라 생각하고, 인식하고, 기억하는 방식을 설명하는 개념이다. 지적 수준이나 능력의 차이를 의미하는 것이 아닌 정보처리에 대한 개인의 선호방법을 말한다. 따라서 인지양식이 다르면 환경과 상호작용하는 방법, 정보를 얻거나 인식하는 방법, 지식을 조직하는 방법이 다르다는 것을 의미한다(김철성, 2014).

인지양식은 내용보다는 형식과 관련이 있으므로 개인의 지각, 사고, 학습방식에서 개인차가 있다. 그리고 개인의 지능과는 구별되며, 다면적 차원으로서 지각이나 사고뿐만 아니라 성격적인 특성과 상관이 있고 비교적 안정적이기 때문에 시간이 지나도 변하지 않는 경향이 있다.

나. 유형과 특징

인지양식은 학자에 따라 접근방법이 다르기 때문에 많은 인지양식 접근모형이 있다. 이 중 비교적 체계적인 연구가 이루어진 세 가지 접근 모형을 살펴보고자 한다.

첫 번째 유형은 홀츠만(Holtzman)과 클레인(Klein)이 제안한 평준화(levelling) 대 첨예화(sharpening) 인지양식이다. 개인이 사전 지식으로 새로운 정보를 동화하려고 할 때 이전 기억을 사용하는 방식을 나타낸다(김철성, 2014). 평준화 인지양식을 가진 사람은 새로 습득한 정보를 명확히 하고 분류하기 위해 과거의 많은 기억을 선택하는 경향이 있고, 첨예화 인지양식을 가진 사람은 과거의 기억을 적게 사용한다.

또한, 평준화 인지양식을 가진 사람은 새로운 자료를 과도하게 단순화하거나 잘못 분류하여 부정확하게 혼합한다. 비슷하지만 동일하지 않은 자극의 차이를 인정하지 않아 현재에는 적합하지 않음에도 과거에 적합하였던 반응을 지속하려는 경향이 있다. 따라서 지식에 대한 정의가 모호해지는 결과를 가져올 수 있다. 첨예화 인지양식을 가진사람은 자극의 변화와 차이에 민감하게 반응하여 과거에 적합하였던 반응을 고수하지 않고 현재 상태에 맞게 수정하는 경향이 있다. 따라서 새로운 지식을 더 정확하게 식별하는 경향이 있고 최근에 습득한 자료를 오래된 자료와 더 구체적으로 연관시킬 수 있다.

두 번째 유형은 위트킨(Witkin)이 제안한 장의존성(field–dependent) 대 장독립성(field–independent) 인지양식이다. 개인이 새로운 정보를 이해하기 위해 맥락을 어느 정도 사용하는가에 따라 구분한다(Sternberg, 2013). 장의존적인 사람은 사물을 지각할 때 둘러싼 배경에 의해 영향을 받는다. 그래서 전체로 형태를 지각하여 상황의 한 측면에 초점을 맞추거나 형태를 부분으로 분석하는데 어려움을 겪는다. 장독립적인 사람은 배경의 영향을 받지 않거나 적게 받으므로 전체를 부분으로 분리시켜 잘 지각하고 구성요소에 따라 형태를 분석적이고 구조적으로 지각한다.

장의존성과 장독립성은 인지양식 중에 가장 많이 연구되어 왔고 다양한 교육장면에 적용되고 있다. 장의존성을 가진 학습자는 전체적으로 지각하고 구조화된 정보를 잘 받아들이며 장독립적인 학습자보다 협동작업을 더 선호한다. 따라서 문학, 역사, 사회과학 같은 전체 의미나 형태 인식을 요구하는 과목을 선호한다. 교사는 학생들과의 상호작용하거나 토론하는 것을 좋아한다. 그리고 장독립성을 가진 학습자는 분석적으로 사고하고 구조를 잘 만들어내며 개인지향적이다. 따라서 상호작용을 덜 강조하는 수학, 물리 같은 추상적인 과목을 선호하며 외적 스트레스를 무시하는 경향이 있다. 교사는 수업의 인지적 측면을 강조하여 강의법과 같은 교수성향을 선호한다.

표 6-4 장독립-장의존 인지 양식의 특성 비교

구분	장독립적 인지 양식	장의존적 인지 양식
사고방식	분석적인 사고를 함	전체적인 사고를 함
외부의존도	외부에 대한 의존도가 낮음	외부에 대한 의존도가 높음
동기화	내적 동기화가 가능함	외적 동기유발이 필요함
성격	• 진취적이면서 스트레스 대처 능력이 있음 • 내적 지향으로 개인적인 성향이 강함	• 보수적이면서 상대적으로 스트레스를 잘 극복하지 못함 • 외적 지향으로 사교적인 성향이 강함

구분	장독립적 인지 양식	장의존적 인지 양식
정보처리 능력	정보를 잘 구성하며, 스스로 구조화가 가능함	상대적으로 구조화 능력이 약함
자료해석	특정 값에 대한 특징을 기술하는 모습을 보였으며 자료의 전체적인 양상에 집중하기 보다 제시된 자료의 연속적인 세부 항목과 절차에 따라 정보를 일차적으로 분석하여 기술함	전체적인 값에 관심이 있었으며, 일반적인 대답이나 답을 도출한 후 자료를 통해 세부적인 정보를 분석함
선호하는 자료	복잡한 디자인의 자료를 좋아함	상세한 안내 내용이 수록된 반복적인 형태의 자료를 좋아함
학습태도	• 자기조절 능력에 더 의존함 • 사회적 가설을 무시하고 자신의 가설을 형성함	• 시각적인 방법으로 명확하게 제시된 정보에 의하여 향상됨 • 사회 정보에 관심이 많고 외부적인 특징에 영향을 많이 받음
효과적인 교육방법	덜 구조화되고 자립적인 교육	잘 구조화되고 명확한 교육
교육태도	• 학습자의 잘못을 고쳐주고 그들이 왜 틀렸는지를 설명하는 경향 • 자신의 기준을 강조하고 원칙을 형성하는 경향	• 비판적인 피드백을 표현하기 꺼려함 • 학습자들로 하여금 학습과정의 내용과 과정을 구성하는 과정에 참여하도록 하고, 학습자들 스스로 원칙을 형성하도록 독려

출처: 최문정, 정동렬. 2013

세 번째 유형은 카건(Kagan)이 제안한 숙고성(reflectivity) 대 충동성(impulsivity) 인지양식이다. 인지 속도에 따른 분류로 불확실성이 높은 문제 상황에 마주쳤을 때 해결 가설의 타당성에 대해 숙고하는 정도이다(Sternberg, 2013). 해결방안을 선택하는 과정은 반응시간에 영향을 주게 되고 이에 따른 정확성에도 영향을 미칠 수 있다. 숙고적인 사람은 문제상황에서 다양한 해결방안에 대해 생각하는 경향이 있고 충동적인 사람은 하나의 해결방안을 충분한 생각 없이 대답을 하는 경향이 있다. 숙고성과 충동성의 수준은 일반적으로 생애 초기에 나타나는 특성으로 행동에 영향을 준다.

학교장면에서 숙고성 학습자는 대답은 늦게 하지만 틀리는 경우가 적고 복잡한 과제도 수행 수준이 높게 나타난다. 하지만 까다로운 문제에 직면하면 너무 오래 생각하므로 다른 문제를 놓치는 경우가 있다. 반면에 충동성 학습자는 대답은 빨리하지만 틀리는 경우가 많고 단순한 문제의 경우 숙고형에 비해 더 나은 수행과제를 보인다. 읽기나 기억과제에서 더 많은 실수를 하고 추론문제나 시각적 구별을 필요로 하는 과제에서 오답을 하는 경우가 많다.

충동성의 수준은 학교에서의 성취에 영향을 준다. 충동적인 학습자는 읽기나 기억과제에서 더 많은 실수를 하고 추론문제나 시각적인 구별을 요하는 과제에서 오답을 하는 경우가 많다. 학습자의 충동성은 교육을 통해 수정이 가능하고 깊이 생각하는 숙고성을 가르칠 수 있다. 예를 들면 수업시간에 질문과 대답을 돌아가며 하거나 개인과제를 할 때 문제해결 과정을 말로 표현해 보게 한다. 그리고 오지선다형 문제를 풀 때 자신이 오답이라고 생각하는 것을 연필로 먼저 표시하는 방법을 사용하게 하고 교사는 시험지를 채점할 때 이러한 표시가 있을 경우 칭찬을 해 주어 충동성을 정하도록 돕는다.

4 자아개념(Self-concept)

가. 자아개념의 정의와 특성

자아(self)란 개인이 자신의 존재를 알고, 자신이 누구이며, 그리고 자신이 무엇인가에 대한 개념으로 자기자신에 대한 심리적 실체이다. '나'는 다른 사람이나 사물과는 다른 별개의 존재임을 의식하는 주체이며 의식의 통일체이다. 자아의 구성 요소는 물질적 자아, 사회적 자아, 심리적 자아로 구분할 수 있다. 물질적 자아는 그의 물질적 소유를, 사회적 자아는 그가 다른 사람들에 의해 어떻게 생각되는가를, 그리고 심리적 자아는 성격, 능력, 적성과 같은 내면적 특성을 나타낸다(송인섭, 2013).

자아개념(self-concept)은 자신에 대해 갖는 인식(perception), 생각(ideas), 태도(attitude)를 의미한다(이현경, 2014 재인용). 즉, 개인이 스스로에 더해 갖고 있는 전체적인 그림으로써 '나'는 어떤 사람이며, 어떻게 행동하고 어떻게 반응할지를 결정하며 표현하게 하는 계속적인 과정으로써 각 개인이 존재의 중심이 되며 상(image)이 된다. 그리고 자아개념은 경험과 학습을 통해 형성되고 경험을 구성하는데 있어서 능동적이고 역동적인 역할을 한다. 인간의 성장과 발달에 있어서 주요한 요인이며 인간행동을 결정하는 중요한 요인이다. 내적일관성을 유지하는 기제로 작용하며 경험을 해석하는 데 영향을 미치고 무엇이 일어날 것인가에 대한 기대를 결정한다. 자아개념은 계속적으로 변화하고 자신의 생활에서 중요 타인의 영향을 받으며 계속 강화되는 경향이 있다.

정신분석학적 입장에서 자아는 현실적 지각의 주체로서 이성과 상식에 의해 행동하며 경험에 의해 형성되는 것이라고 보고 있다. 사회학적 자아이론에서는 개인과 사회는 밀접한 관계를 지니며 개인은 그가 속한 집단에서 생활하면서 자기 자신에 대한 자아개념을 형성한다고 본다. 그리고 현상학적 입장에서는 개인의 독특한 경험적 현실에 두고, 자아개념은 직접적인 경험의 결과로써 발달되고, 타인이나 그 밖의 다양한 생활측면에 대한 지각들을 통합하여 자아개념이 형성된다고 본다.

나. 자아개념의 발달

자아개념은 인간의 전 생애발달 과정을 통해 지속적으로 분화되어 간다. 유아의 자아개념은 타인에 대한 이해를 포함한 사회인지의 발달에 의해 영향을 받으며 발달한다. 3~5세는 소유개념 형성에 따라 자아개념이 확장되고 신체적 특성, 행동, 성취의 평가에 기초하여 자아개념이 나타난다. 6~10세는 내적, 심리학적 태도의 관점에 기초하여 자아이해를 하며 개인적 특성이 강조된다(Shaffer, 2000). 19세까지의 청소년기에는 개인의 사고, 느낌, 경험에 기반을 두고 구체적인 특성의 견지에서 자아를 규정하고 타인의 조망으로부터 자아를 정의하는 방식으로 자아인식을 한다고 본다(Rosenberg, 1979). 성인기에는 점차적으로 자아정체감이 확립되면서 성격이 고착되고 주변 환경에 대한 수용력이 커짐에 따라 자아개념이 안정적으로 나타난다.

생애 발달단계에서 청소년기는 자아개념발달에 중요한 시기이다. 신체적, 인지적, 사회적, 심리적으로 많은 성장과 변화를 경험하며 발달과업인 자아정체감을 확립하고 자아개념을 수립하는 시기이다. 특히 중기청소년기는 학교급의 변화, 사춘기의 시작, 형식적 조작사고의 발달 등 외형적, 내면적으로 변화하기 때문에 자아개념의 급격한 변화를 나타낼 수 있다. 그리고 사회적 관계의 폭이 넓어지기 때문에 자아개념은 행동체계에 영향을 미쳐 적응, 성취, 발달에 중요한 역할을 하게 되는 변인이 된다(이동원, 2009).

다. 자아개념의 구성요소

1) 자아존중감(self-esteem)

자아존중감(self-esteem)은 자기 자신에 대해 내리는 전반적인 평가로 자신이 얼마나 유능하고 어느 정도 가치가 있으며 얼마나 중요한 존재로 여기는지를 의미한다. 개인의 만족감에 영향을 미치고 역할을 수행하게 하는 심리적 변인으로서 감정적 측면이라고 할 수 있다. 높은 자아존중감은 자신이 '충분히 좋다'는 느낌을 표현하는 것으로 단순히 자신이 가치있는 사람이고 느끼지만 다른 사람보다 우월하다고 생각하는 것은 아니다(Rosenberg, 1979). 이와 같이 자아존중감은 자신에 대한 가치로 정의되므로 삶의 주요 영역을 예측하는 변인이고 사회적응, 대인관계형성, 성격발달, 자아실현 등 궁극적인 삶의 행복을 추구하기 위한 가장 기본적인 욕구이다.

자아존중감은 아동기에 형성되어 전 생애주기를 통해 지속적으로 발달하며 개인이 심리사회적으로 적응하는 데 있어 중요한 역할을 한다. Rogenberg(1979)는 자아존중감이 자신에게 중요한 타인의 인정이나 평가에 의해 영향을 받으며 형성되고, 타인과 자신의 상태를 비교 평가하며, 자신이 사고하고 행동한 결과에 대한 원인을 스스로에게 돌리는 원리로 형성된다고 보았다. 이렇듯 스스로에 대한 평가와 수용의 결과로 자신을 긍정적 또는 부정적으로 지각하게 되는 자아존중감은 적응력, 스트레스 대처능력, 자신에 대한 신뢰, 성취력, 대인관계능력. 문제해결능력 등에 영향을 미친다.

청소년기는 생애 다른 발달단계보다 자아존중감이 활발하게 형성되는 시기이다. 그리고 청소년기의 자아존중감은 심리사회적 적응에 매우 중요한 역할을 한다. 자아존중감이 낮은 청소년들은 우울하고 불안한 정서상태를 보이고 성취수준이 낮다. 반면에 자아존중감이 높은 청소년은 자기표현 능력 및 대인관계능력이 높고 스트레스나 변화에 대해 적응적이다. 그리고 이 시기의 자아존중감은 특히 학교에서의 수행과 높은 관계가 있다. 과제수행의 성공경험은 자아존중감을 향상시키지만 실패경험은 자아존중감을 감소시킨다. 예를 들어, 부정적인 학업적 자아개념의 극단적인 형태인 학습된 무기력(learned helplessness)은 반복적인 학업실패가 누적된 결과 자신이 철저하게 무능하다고 믿게 되는 부정적 자아인지이다. 학습된 무기력함에 빠진 청소년은 자신이 무능하다고 믿기 때문에 어떤 과업이 주어지면 실패할 것이라는 부정적인 기대를 갖게 된다. 따라서 자아존중감 향상을 위해서는 부모나 교사, 또래의 계속적인 지지와 애정이 필요하다. 특히 학교에서 교사와 또래들의 지지는 자아존중감 향상에 매우 효과적이다. 어렵고 힘든 과제를 수행하려는 의지가 충족될 때 자신감이 향상되며, 어려운 문제에 직면하여 정면으로 대응하므로 현실적 대응 자체가 자신에게 주는 좋은 감정 등은 개인적 신념을 강화시키며 또한 자아존중감을 높일 수 있다.

2) 자아효능감(self-efficacy)

자아효능감이란 목표달성을 위해 필요한 행동을 조직화하고 성공적으로 수행할 수 있는 자기자신의 능력에 대한 신념이나 기대 그리고 실제적인 기술을 포함하는 개념이다. 개인이 자신의 능력에 대해 자신감을 갖고 스스로 선택한 목표를 성공적으로 달성하기 위해 힘든 상황에서도 끈기 있게 노력을 하게 하는 원동력이다. 반두라(Bandura, 1977)는 사회학습이론에서 자아효능감의 역할을 강조하였는데, 한 개인이 어떻게 느끼고 생각하느냐에 따라 스스로를 동기화시키며 행동하는지에 자아효능감이 영향을 미친다고 하였다. 따라서 자아효능감은 개인의 행동을 이해하고 예측하는 데 유용하다.

반두라는 자아효능감의 결정요인을 성공 경험, 대리적 경험, 언어적 설득, 정서적·생리적 상태의 네 가지로 구분하였다. 첫째, 성공 경험은 개인적 경험에 기초하기 때문에 자아효능감 형성에 가장 큰 역할을 한다. 그리고 성공 경험으로 향상된 자기효능감은 비슷한 상황뿐만 아니라 다른 상황에서도 효과적으로 대처할 수 있다는 신념을 가지게 한다. 둘째, 대리적 경험은 다른 사람이 비슷한 상황에서 성공적으로 수행하는 것을 보고 자신도 성공할 수 있다는 유능감을 통해 자아효능감이 형성된다. 셋째, 언어적 설득은 수행할 과제에 대해 주변인들로부터 언어적 격려, 칭찬 등을 통해 성공할 수 있도록 동기부여를 받음으로써 결과에 대한 기대감을 가지게 하면서 자기효능감을 증가시킨다. 넷째, 우울이나 스트레스와 같은 부정적인 상황에서 자신의 능력과 기능의 어떤 부분이 취약한지를 인지적인 평가에 의해 판단하여 얻게 되는 정서·생리적 상태가 자아효능감에 영향을 준다.

자아효능감은 개인의 인지, 정서, 행동을 변화시키는데 중요한 역할을 한다. 좋은 결과를 이룩할 것으로 기대되는 활동에 참여하게끔 동기를 부여하므로 개인이 흥미를 가지도록 하는 데 영향을 미치고, 또한 행동을 시작하고 지속하는 데 영향을 미친다. 따라서 자아효능감이 높을수록 과제를 성공적으로 실행하게 된다. 그리고 긍정적인 자기 인식과 자기 능력에 대한 확신으로 문제해결에 대한 믿음을 가지고 있으며 어떠한 상황에서도 자기를 조절하고 대처할 수 있다고 생각한다. 반면 자아효능감이 낮은 사람은 자신이 통제할 수 있다고 생각되는 상황만을 선택하며, 자신의 기술이나 대처능력을 뛰어넘는 상황을 두려워하고 피하려 한다. 따라서 어려운 환경에서 정서적으로 불안을 경험하게 되면서 심리적 적응에 어려움을 가진다.

이와 같이 자아효능감은 많은 발달과업을 수행해야 하고 그 과정에서 스트레스 상황에 직면하게 되는 청소년기에 매우 중요한 역할을 하는 보호요인이다. 청소년이 스스로 어떤 특정한 상황에 놓였을 때 자신이 대처할 수 있는 능력을 파악하고, 지니고 있는 능력 사이에서 나타나는 심리적인 문제를 극복하며, 상황을 긍정적으로 인식하고 수행할 수 있게 해 준다.

3) 자아정체감(self-identity)

자아정체감이란 한 개인의 자신의 존재에 대한 주체적인 의식적 자각이다. 경험하는 모든 대상들에 대해 자신의 방식으로 조직하고 통합하는 과정에서 일관성, 동일성, 연속성을 가지고 주체적으로 사고하고, 인식하며, 행동하게 하는 능력이다(송인섭, 2013).

자아정체감은 내적 심리과정이고 사회적 대인관계 속에서 자신에 대한 자신의 인식과 타인이 자기를 보는 눈에 대한 지각이 끊임없이 상호관계를 맺으면서 형성되어 간다. 따라서 개인적인 것과 사회적인 것 모두 강조될 수 있다. 개인적인 것은 자신의 특성, 독특성 혹은 분리된 감정이며, 사회적인 것은 집단적 동일시, 소속감, 다른 사람과의 관계를 발달시키는 능력과 관련이 있다. 개인은 이러한 자아정체감 발달을 통해 타인과의 관계에서 주체적이고 독립적이며 친밀한 관계를 유지하기 위한 융통성과 신뢰감을 가지며, 개인적인 특성을 통합하는 능력을 갖추게 된다(박아청, 2003).

자아정체감 발달은 전 생애를 통하여 이루어지지만 특히 청소년기는 자아정체감 형성에 중요한 시기이다. 아동기를 거쳐 성인기로 나아가는 과도기로 많은 성장과 변화를 경험하면서 새로운 차원의 자아의식을 형성하기 시작한다. 또한 자율적이고 독립적인 존재가 되기 위한 다양한 역할을 통해 통합적인 자기상을 확립하는 과정에서 자아정체감 형성을 위한 의식적, 무의식적 노력을 하게 된다. 성공적인 정체감 발달은 자신감을 증진시키며, 심리적 안정감이 높고 대인관계에서 친밀감을 보여준다. 반면 자아정체감 형성에 어려움이 생기면 성역할, 권위, 존재가치 등에서의 혼란이 일어날 수 있다.

연습문제

1. Gardner의 다중지능이론 관점에서 A, B학생의 공통적 강점으로 파악된 지능의 명칭과 개념을 쓰시오. [2019, 중등]

> 평소에 A학생은 언어 능력이 뛰어나고, B학생은 수리능력이 우수하다고만 생각했는데, 오늘 모둠 활동에서 보니 다른 학생을 이해하고 도와주면서 상호작용을 잘 하는 두 학생의 모습이 비슷했어. 이 학생들의 특성을 잘 살려서 모둠을 이끌도록 하면 앞으로도 도움이 될 거야.

---

2. 다음에 해당하는 창의성의 핵심개념을 순서대로 쓰시오

> 길포드의 창의성 이론에서 강조되었으며 (①)는 다양한 아이디어를 자유롭게 생성하는 과정으로 창의적 사고의 기초가 된다. 반면, (②)는 기존 정보와 논리를 활용하여 최적의 해결책을 도출하는 과정으로, (①)와 균형을 이루는 것이 중요하다.

---

3. 웩슬러 지능 검사(Wechsler Intelligence Scale)의 특징으로 옳지 않은 것은?

① 지능을 단일 지수(IQ)로만 평가하지 않고, 다양한 인지적 요인을 분석한다.

② 연령별 검사로 성인용(WAIS), 아동용(WISC), 유아용(WPPSI)이 개발되어 있다.

③ 지능 검사 중 최초로 정신연령 개념을 도입하여 평가하는 방식을 사용하였다.

④ 총점 지능지수(FSIQ)뿐만 아니라, 언어이해(VCI), 지각추론(PRI) 등의 하위 지표를 제공한다.

⑤ 개인의 강점과 약점을 평가하여 교육 및 심리 상담에 유용하게 활용될 수 있다.

4. 브레인스토밍(Brainstorming) 기법을 효과적으로 활용하기 위한 원칙으로 적절하지 않은 것은?

① 제시된 아이디어에 대한 비판을 금지한다.
② 가능한 한 많은 아이디어를 제안하는 것이 중요하다.
③ 논리적 타당성이 검증된 아이디어만 제시하도록 한다.
④ 자유로운 사고를 통해 창의적인 아이디어를 유도한다.
⑤ 아이디어를 결합하거나 개선하여 새로운 해결책을 찾을 수 있다.

5. 다음 중 장의존적 인지양식에 대한 특성으로 올바르지 않은 것은?

① 사회과목을 단지 과제로만 학습한다.
② 상세한 안내 내용이 수록된 반복적인 형태의 자료를 좋아한다.
③ 사물을 지각할 때 외부에 대한 의존도가 높다.
④ 교사가 교수할 때 학생중심의 활동을 이용한다.
⑤ 스티커나 상과 같은 외적 보상을 통해 학습동기를 부여한다.

1. 대인관계지능 – 타인의 기분과 동기, 의도를 구분하고 대응하는 능력
2. ① 확산적 사고, ② 수렴적 사고
3. ③
4. ③
5. ①

CHAPTER

07

정의적 특성

1. 동기
2. 흥미
3. 욕구
4. 적응
5. 불안

교 육 심 리 학

CHAPTER 07

정의적 특성

학습목표

가. 동기의 개념을 이해할 수 있다.

나. 동기의 기능과 유형을 예를 들어 설명할 수 있다.

다. 성취동기가 높은 사람의 행동 특성을 세 가지 이상 열거할 수 있다.

라. 흥미와 학습원리의 관계를 예를 들어 설명할 수 있다.

마. 매슬로우의 욕구 위계를 성취욕구와 결핍욕구로 나누어 예를 들어 설명할 수 있다.

바. 적응의 개념과 적응기제에 대해 예를 들어 설명할 수 있다.

사. 불안의 개념과 시험불안에 대해 설명할 수 있다.

"사람은 끊임없이 욕망하는 동물이며 아주 잠깐을 제외하고는 완벽하게 만족한 상태에 이를 수 없다. 한 가지 욕망이 충족되면 또 다른 욕망이 그 자리를 차지한다. 이 욕망이 충족된다 해도 또 다른 욕망이 전면에 등장한다. 인간은 늘 무언가를 갈망한다."

매슬로우(A. H. Maslow)

"살아 남는 종(種)은 강한 종이 아니고, 또 똑똑한 종도 아니다. 변화에 적응하는 종이다."

찰스 다윈(Charles Robert Darwin)

"두려움이 너무 많은 자는 겁쟁이이다. 두려워해야 할 것과 그러지 말아야 할 것을 모두 두려워하기 때문이다."

아리스토텔레스(Aristotle)

정의적 특성이란 학습자의 정서적·사회적 측면과 관련된 심리적 속성을 말한다. 이는 학습에 대한 태도와 지속적인 행동양식을 형성하는 데 결정적 역할을 한다. 현대사회에서는 흥미와 태도, 가치관, 신념, 동기, 불안, 자아개념 등의 요소를 포함하는 정의적(情意的) 영역의 발달을 중시하는 추세에 있다. 이러한 정의적 영역의 발달은 주체적인 자신의 삶과 더불어 살아가는 공동체적 삶의 조화를 이루는데 매우 중요한 요소가 된다. 이 장에서는 동기, 흥미, 욕구, 적응, 불안 등에 대해서 살펴보고자 한다.

1 동기

가. 동기의 개념

인간은 갈증이 날 때 물을 마시려 하고, 잠이 올 때 수면을 취하고 싶어 한다. 또 내적으로 긴장 상태가 발생하면 긴장을 감소시키기 위한 방향으로 행동하려고 하는 것은 동기와 관련이 있다.

동기란 유기체 내에서 행동을 유발시키고 행동을 유지하도록 하고 목표를 향해 나아가도록 하는 힘으로 정의한다(Pintrich & Schunk, 2002). 학습 상황에서 동기는 "말을 물가에 끌고 갈 수는 있으나 물을 먹일 수는 없다"는 표현과 같이 학습자로 하여금 학습활동을 시작하고 의욕을 갖게 하는 중요한 변인으로 작용하고 있다. 동기는 학습과 관련하여 널리 사용 되어져 왔으며 이와 유사한 용어로 욕구(needs), 추동(drive) 등이 있다. 동기는 인지적인 측면을 포함하고 있으나 욕구나 추동은 생리·심리적인 측면을 포함하고 있다(김아영 외, 2003).

나. 동기의 기능

동기의 기능은 출발적 기능(시발적 기능), 방향적 기능(선택적 기능), 강화적 기능으로 구분하여 살펴보면 다음과 같다(구광현 외, 2012). 첫째, 출발적 기능은 동기가 유발된다는 것은 목표를 향해 움직인다는 것으로서 행동의 원동력이 되어 행동을 유발시킨다. 둘째, 방향적 기능은 행동에 있어서 목표를 정해주는 기능이며 행동을 선택하는 역할을 하기도 한다. 동기화된 행동은 특정 목표에 도달하려는 행동 또는 특정 자극에만 선별적으로 반응한다. 셋째, 강화적 기능은 특정한 목표에 지향하는 행동이 일어날 확률을 증감시킨다. 학습자로 하여금 학습 목표에 대한 행동의 결과가 학습자에게 주는 만족감과 성취감 등으로 어떤 보상이 주어지느냐에 따라 동기유발의 수준이 달라진다(구광현 외, 2012).

나. 동기의 유형

동기의 유형으로는 외재적 동기(Extrinsic motivation)와 내재적 동기(Intrinsic motivation)로 분류할 수 있다. 외재적 동기란 외부의 보상이나 압력 즉 외부의 강화자로서의 동기이다. 타인으로부터 받은 보상, 사회적 압력, 칭찬이나 벌 등 환경적 요인이 외재적 동기로 작용한다(송인섭 외, 2006). 즉, 외적 동기에 의한 학습은 학습 그 자체에 대한 흥미는 없고 학습을 통해 보상을 받거나 불이익을 피하려는 것으로서 일정한 목적을 달성하기 위한 수단으로 사용되며 목표지향적이다.

내재적 동기란 사랑의 욕구, 흥미, 호기심 등 내적이고 개인적 요인들에서 유발된 동기이다. 이 동기는 개인적 흥미를 추구하고 능력을 발휘하며 그 과정에서 도전할 만한 것을 찾고 그것을 정복하려는 성향을 뜻한다. 즉 내재적으로 동기화된 사람들은 과제 자체나 그것이 가져다주는 성취감을 즐기며 활동 자체가 보상으로 작용하기 때문에 어떤 처벌이나 유인책은 필요하지 않다(송인섭 외, 2006). 내적동기에 의한 학습은 학습 그 자체에서 만족감을 느끼며 학습지향적이다.

학습동기가 낮고 실패 회피 학습자인 경우 외적 보상을 유인가로 하여 동기화시키는 것이 많은 도움이 된다. 예를 들어 수학을 싫어하는 학생에게 수학 문제를 풀 때마다 외적 보상물을 제공하여 동기화시키면 이후 학생은 좋은 성적을 받게 되는 것을 통해 내재적 동기화되는 것을 경험하게 된다. 이와 같이 외재적 동기와 내재적 동기는 상호배타적인 것이 아니라 서로 상호작용하는 관계라는 것을 알 수 있다(안길훈 외, 2019).

표 7-1 내재적 동기와 외재적 동기의 특성

구분	내재적 동기	외재적 동기
목적	행동 지체가 목표	행동이 목표달성을 위한 도구
관련이론	인지주의 및 인본주의 학습이론에서 증시	행동주의 학습C|론에서 중시
주체	자기자신	타인
지속기간	장기적 효과	단기적 효과
형태	능동적, 자연발생적	수동적, 인위적 발생
동기유발	흥미, 지적호기심, 즐거움, 성취감, 자기만족감	보상, 칭찬, 적절한 상벌, 약간의 경쟁심, 학습목표 제시

출처: 신봉호 외(2016). 교육심리학

다. 성취동기

학교 학습과 가장 밀접한 관계를 맺고 있는 동기는 성취동기이다. 성취동기란 도전적이고 어려운 과제를 성공적으로 수행하려는 욕구로서 학습자가 탁월한 업적을 이루고자 하는 동기로 성취 결과와는 관계없이 성취 그 자체를 중시하며 이후 더 많은 성취를 촉진한다(나무위키, 국어사전). 조봉환과 임경희(2013)는 정병모와 박용헌(1970)의 견해를 인용하여 성취동기가 높은 사람의 행동 특성은 다음과 같다.

첫째, 과업지향성이다.

- 뜻(의의)이 있고 도전할 만한 가치가 있는 과정을 보다 잘 해낸다.
- 자기 능력에 비해 적절히 어려운 일, 도전할 가치가 있는 일을 성취함으로써 그의 능력을 자신이 평가해 보는 데 보다 흥미를 갖는다.
- 성취 결과나 과업 성취로 인해서 얻게 되는 보상에 관심을 두기보다는 성취해 나가는 과정 그 자체와 그의 능력을 과시하고 평가하는 것에 흥미를 갖는다.
- 외부적 보상이 강조되는 과업 수행에 있어서는 성취동기가 낮은 사람보다 못하는 경우도 있다.
- 성취지향적인 사람은 과업지향적이나 지위지향적이 아니다.

- 성취지향적인 사람은 자신이 탁월성으로 과시하고 평가하기 위하여 문제를 찾아내고 도전하기를 좋아한다.

둘째, 적절한 위험성이다.

- 자신의 능력과 기능의 한계 내에서 적절한 곤란과 모험심이 있는 과업을 선택하여 도전하기를 좋아한다.
- 성취의 객관적 확률과 정복하려는 주관적 의욕에 의하여 결정되는 결과를 최대한으로 높이려고 한다.

셋째, 자신감이다.

- 성취동기가 높은 사람은 낮은 사람에 비해 학업 수행에 보다 자신감을 가지고 있다.
- 이전에 전혀 경험허 보지 못한 과업에 대해 성취동기가 높은 사람이 낮은 사람보다 자신감을 갖는다.
- 성취동기가 높은 사람은 어떠한 과업이나 또는 언제나 자신감을 갖는 만용자가 아니라 성취 가능성의 한도 내에서 자신의 능력을 검토하는 자신감을 갖는 실천가이다.

넷째, 정력적이고 혁신적인 활동성이다.

- 성취동기를 탁월한 업무수행을 하고자 하는 의욕이라 한다면 성취동기가 높은 사람은 보다 정열적으로 열심히 일하는 사람이다.
- 낮은 사람에 비해 수행하는 과업에 보다 열중하고 더 많은 과업을 계획하고 성취하기에 온갖 노력을 집중한다.
- 언제나 새로운 문제를 찾고 새로운 해결 방안을 모색하여 자기가 이루어 놓은 성취 과업에 크게 만족한다.
- 도전할 만한 새로운 문제가 없을 경우에는 성취동기가 낮은 사람보다 더 게으르고 한가히 시간을 보낼 수도 있다. 그러나 마음속에는 항상 새로운 문제, 도전할 가치가 있는 문제를 찾고 있을 것이다.

다섯째, 자기책임감이다.

- 성취한 과업에 대한 책임을 자기 자신이 지려는 특성을 갖는다. 과업이 실패하였을 때도 성공하였을 때와 마찬가지로 자기 책임을 알며 책임을 다른

사람에게 전가시키려고 하지 않는다.

- 집단적 작업 상황에 있어서 개인이 맡은 작업을 스스로 해 나갈 수 있는 자유와 책임을 가질 수 있게 해주면 성취동기가 높은 사람은 보다 열성적이고 능률적으로 작업에 임한다.

여섯째, 결과에 대한 지식 추구이다.

- 자신이 수행하는 과업이 어떻게 진행되고 있으며 예상되는 결과는 어떠한 것인가에 관하여 구체적이고 객관적인 정보를 계속 추구한다.
- 결과를 목표로 여기지 않고 성취 활동을 평가하는 수단으로 생각한다.

일곱째, 미래지향성이다.

- 새로운 일을 이룩하기 위해 언제나 장기적인 계획을 세우고 미래에 얻을 성취와 만족을 기대하면서 작업에 열중한다.
- 미래에 이루어 놓을 성취 과업과 성취 만족을 기대하면서 현재에 당하는 고통, 갈등과 계속 투쟁한다.

2 흥미

가. 흥미의 개념

흥미란 어떤 대상 물체, 사건, 과정 등에 이끌리는 정서나 감정으로 어떤 것에 특별한 관심이나 주의를 가지게 되는 것이다. 흥미를 처음으로 연구한 존 듀이(John Dewey)는 흥미는 학습 생활에서 가장 중요하게 작용하는 요인 중의 하나로 개인의 호기심이나 마음을 끄는 주제에 대한 자발적 탐색 활동으로서 개인적 특성이나 정서적 상태를 의미하는 내적동기의 한 유형이다. 또 흥미는 내부로부터 스스로 생겨서 사람과 외부 대상을 연결해 주는 것으로 본다. 워렌(Warren Buffett)은 흥미란 어떤 대상에 특별한 관심이나 주의를 갖게 하는 느낌이다. 굳(Good, 1962)은 관심 있는 어떤 지각이나 사상을 포함하며 지적, 감정적 의식의 혼합을 포함하는 주관적 및 객관적 태도, 관심, 조건이다. 프라이어(Fryer, 1997)는 흥미는 개인이 만족을 느끼는 사물이나 활동이다. 길포드(J. P. Guilford, 1959)는 어떤 활동

군에 이끌리게 되는 개인의 일반화된 행동 경향이라고 정의하였다. 교수자에게 학습자들의 흥미가 어디에 있는가를 발견하는 일이 일차적으로 고려해야 할 정의적 특성이다. 흥미는 동기적 요소를 내포하는 심리적 변인이기 때문에 교수자가 우선적으로 고려해야 하는 것 중 하나로 볼 수 있다.

나. 흥미의 유형

존 듀이는 흥미를 신체적 흥미, 구성적 흥미, 지성적 흥미, 사회적 흥미로 유형화하였다. 이것들은 서로 상호 밀접하게 연결되어 작용하며 흥미를 바르게 이해하고 존중함은 좋은 교수의 조건이며 이유는 2가지이다. 하나는 흥미의 존중으로 교육적 효율성을 가져올 것이고 민주교육의 실천이기 때문에 흥미를 교육적 가치판단의 일차적 기준으로 삼았다.

첫째, 신체적 흥미는 가장 직접적이고 문자 그대로 신체에 관한 흥미로서 단순한 재료들이나 간단한 도구를 가지고 주로 손의 활동을 중심으로 하는 신체기관을 직접 사용하는 것을 말한다. 인간은 동물의 본능적 획득과는 달리 자극과 반응의 관계나 그 관계의 인식과 같은 정신적 실험을 통하여 신체적 활동을 학습하는 과정을 통하여 무언가를 학습해 나간다.

둘째, 구성적 흥미는 도구의 사용이 뚜렷한 특징을 갖는 신체적 활동을 말한다. 도구의 사용이 보다 증가한다는 것은 활동의 결과가 새로운 방향의 발달을 자극하는 것이 된다. 인류와 개인의 역사 발전은 도구적 활동의 흥미로 인한 복잡한 도구의 발견과 그것의 사용 능력의 결과라고 할 수 있다.

셋째, 지성적 흥미는 활동의 인지적 국면이 활동의 전면에 떠오르는 경우를 특별히 지칭한다. 이는 주어진 상황에서 무엇이 일어나고 있는지를 발견하거나 찾아내려는 활동에서 볼 수 있다. 활동의 성공적인 성취 그 자체에 주의를 기울이는 대신 사물을 발견하고 무엇인가를 찾기 위한 활동을 착수할 때 지성적 혹은 이론적인 흥미가 명확하게 나타난다. 지성이란 활동의 결과에 대한 명확한 지각과 수단의 탐색과 채택의 형식으로 신체활동과 구성활동을 통합하는 것이 지성적 흥미이다(이홍우 역, 2010).

넷째, 사회적 흥미는 인간이 자기를 둘러싼 사람들에 대하여 갖는 또 하나의 강력하고 특별한 흥미로 신체적 흥미, 구성적 흥미, 지성적 흥미들과 밀접한 관련을 갖는다. 특히 아동이 하는 놀이들을 보면 사회적 활동에 얼마만큼의 흥미를 갖고 있는지를 알 수 있다.

다. 흥미의 원리와 학습활동

학습 상황에서 발생하는 흥미에 영향을 주는 요인들은 학습자, 학습재료, 및 학습활동 요인으로 범주화할 수 있다. 흥미 발생에 영향을 줄 수 있는 학습자의 특성으로는 학습자의 기본능력, 지각된 유능감, 사전 지식이나 기술 정도, 인지 욕구 수준 등이 있으며, 이러한 특성에 따라 상이한 학습 내용과 학습 활동에 흥미를 느낄 수 있다고 한다. 과제의 난이도와 학습자의 자율성 정도, 그리고 학습 활동이 추론을 비롯한 각종 인지적 활동을 많이 유도하는지 혹은 어떠한 학습 목표를 가지고 학습하는지 등에 따라 흥미 발생 정도가 달라질 수 있다고 본다(김성일, 2004).

흥미는 유의미한 학습을 유도하고, 지식의 장기적 저장을 증진시키고, 향후 학습에 대한 동기를 제공한다. 또한 존 듀이(John Dewey)는 학생들이 교재에 충분한 흥미를 느낄 때 학습 내용에 대한 일체감을 가질 것이고 열중할 것이며, 학습이 이루어질 것이라고 강조하고 있다.

학습자가 학습활동에 대한 흥미를 갖고 있는 경우, 학습이 능률적이고 효과적일 수 있다. 왜냐하면 흥미는 동기와 밀접한 관계를 맺고 있으므로 학습자의 흥미와 부합된 과제일수록 학습 동기유발에 도움이 된다. 한편 학습자로 하여금 일정한 활동 영역에 대해 흥미를 갖게 하려면 그 학습활동에서 얻은 경험이 만족스럽고 즐거워야 한다. 만족감이 없으면 흥미가 길러질 수 없다. 따라서 교사에게는 학습자의 흥미가 어디에 있는가를 발견하는 일이 학습지도나 성격 발달에 지름길이 된다.

그렇다면 흥미와 학습 동기는 어떤 관계에 놓여있을까? 학습에 대해 흥미가 발생하면 학습 동기가 형성되어 의미 있고, 가치가 있다. 또 인지적 활동이나 목적을 성취하기 위해서 지속적으로 노력하며, 그 결과가 좋은 학업성취를 달성하게 되고 긍정적 자아 개념을 형성하게 된다. 이처럼 학습 동기는 학생들이 학습에 대해 노력을 기울이는 정도, 학습 전략의 활용, 학습에 대한 만족감 등과 같은 학생들 개개인의 성취 행동에서 학업성취 수준에 이르기까지 학습 전반에 지대한 영향을 미치는 중요한 개념이다.

흥미는 학습자로 하여금 활동에 대한 내적동기를 발현시키는 요소라 할 수 있다. 즉, 학습자가 내부에서 이루어진 것으로 활동 그 자체가 보상을 제공해 주는 동기를 말한 것이고, 여러 학자들의 내적동기(Intrinsic motivation)에 대한 견해를 학습 상황과 관련지으며 그것은 학습 과정 자체에 내재 되어 있는 즐거움, 호기심, 도전적이고 어려운 과제를 학습하려는 상황, 과제에 대한 지속성과 숙달 성향, 그리고 과제 참여에 대한 열의 정도로 정의될 수 있다. 따라서 흥미는 내적 동기 부여를 촉진하는 기능을 하는 것이며 활동 자체에 대한 즐거움을 제공하는 흥미의 경험을 학습자로 하여금 활동에 대한 내재동기를 발현시키는 요소라고 할 수 있다.

학습흥미는 어떤 대상에 대하여 좋은 감정을 가지고 있는 주의(attention)의 뜻으로 사용되거나 어떤 대상에 대한 방향을 규정하는 심리적 태도나 자발적인 활동을 추진시키는 동기로 설명되어 지기도 하며 우호적인 유의성을 가진 마음의 상태를 가리키는 말로 사용되어 지기도 한다. 즉, 학습 흥미란 다른 것에 비해서 훨씬 더 많은 시간을 투자하여 보내는 활동을 말하고 선택이 가능한 상황에서 두 가지 이상의 활동 중에 자발적으로 선택한 활동이다. 또 흥미는 때때로 동기적 요소를 가지고 있기 때문에 학교에서의 학습활동과는 매우 밀접한 관계를 갖게 되는 것이다. 따라서 흥미를 가진다는 것은 어떤 것에 관심과 애정을 갖고 살피고 주의를 기울인다는 것으로 학습활동에는 큰 영향을 끼칠 수 있다. 그러므로 학습 흥미란 특정 교과독의 학습활동, 학생들과 학습 사이에서 일어나는 학습활동에 대한 관심과 태도로 학생과 학습 사이에 반영되는 개념이라고 정의할 수 있다.

3 욕구

가. 욕구의 개념

욕구(needs)란 생물이 어떠한 혜택을 누리고자 하는 감정으로 자신에게 부족한 것을 채우기 위한 느낌이 강하다. 시민 윤리에서는 적절한 욕구는 인간이 살아가는 데 필수적이지만 과도한 욕구는 다른 사람들에게 피해를 입히고 자신 또한 망친다. 욕구가 충족되면 만족감과 쾌락을 느끼지만 충족되지 못하면 고통과 불만을 느낀다(위키백과). 이러한 욕구에 대해 인본주의 심리학자 매슬로우(A. H. Maslow)는 욕구위계이론(Hierarchy of need theory)을 주창하였다(Maslow, 1954). 매슬로우(Maslow, 1970)의 욕구위계이론은 인간이 생존, 안전과 같은 유기체적 수준의 요구로부터 지적성취나 자기실현을 위한 높은 수준의 욕구에 이르는 욕구의 위계를 가지고 있다. 하위단계의 욕구는 생리적 욕구, 안전욕구, 소속과 사랑의 욕구, 자존의 욕구로 결핍욕구(Deficiency needs)라 한다. 상위단계의 욕구는 지적 욕구, 심미적 욕구, 자아실현의 욕구로 성장욕구(Growth needs)라 한다. 인간은 낮은 단계의 결핍된 욕구가 충족되어야 높은 수준의 성장욕구가 활성화된다. 결핍욕구는 부족한 것을 충족하지 않으면 문제가 발생할 수 있지만 욕구를 충족하면 해소된다. 반면 성장욕구는 욕구가 충족되지 않아도 개인의 삶에 별다른 문제가 되지 않으며 완전한 충족 또한 불가능하다. 이 이론은 하위단계일수록 강력한 욕구를 갖기 때문에 하위욕구가 충족되지 않으면 상위단계의 욕구도 발생하지 않는다(문은식 외, 2015).

나. 욕구의 위계

매슬로우의 욕구위계이론을 간략히 살펴보면 다음과 같다.

첫째, 생리적 욕구는 배고픔, 수면과 같은 기본적인 욕구로 가장 강력한 욕구이다. 이러한 욕구가 충족되지 않으면, 다른 어떤 욕구도 발생하지 않는다. 예를 들면 밤새 인터넷게임을 하는 잠을 못 잔 학생은 수업 시간 내내 수면 욕구를 충족하기 위해 졸게 될 것이고 학습에 대한 욕구도 발생하지 않게 된다.

둘째, 안전의 욕구는 안전과 보호, 질서, 법, 한계에 대한 욕구이다. 아이들은 안전하지 않은 곳이나 낯선 사람에게 접근하지 않으려고 한다. 또 성인들이 미래를 위해 저축을 하거나 보험에 가입하고 직장을 쉽게 옮기지 않는 것도 안전의 욕구를 추구하기 때문이다.

셋째, 소속과 사랑의 욕구는 생리적 욕구와 안전 욕구가 충족되면 소속과 사랑의 욕구를 발전시킨다. 소속과 사랑의 욕구는 타인과 친밀한 관계를 맺고 사랑을 하고 사랑받고 싶어 하는 욕구이다.

넷째, 자존의 욕구는 자기 존중과 타인으로부터 존경받고 싶은 욕구의 형태로 나타난다. 존중의 욕구가 강해지면 스스로 유능해지려고 노력하고 타인으로부터 존경을 받기 위하여 명성이나 지위를 추구한다. 자존의 욕구가 충족되면 유능감을 경험하게 되지만 충족되지 못하면 열등감과 무력감을 느낀다.

다섯째, 인지적 욕구는 지적욕구로 알고 싶어하고 이해하고 싶어 하며 지식을 추구하는 욕구이다.

여섯째, 심미적 욕구는 아름다움, 진실, 질서, 조화 등을 추구하는 욕구이다.

일곱째, 자아실현의 욕구는 자기가 되고 싶어 하고 존재가 되고자 하는 욕구로서 자신의 잠재력과 능력을 최대한으로 실현하려는 욕구로 인간의 기본 욕구 중 최고급 욕구이다(Maslow, 1970).

그림 7-1 매슬로우의 욕구위계

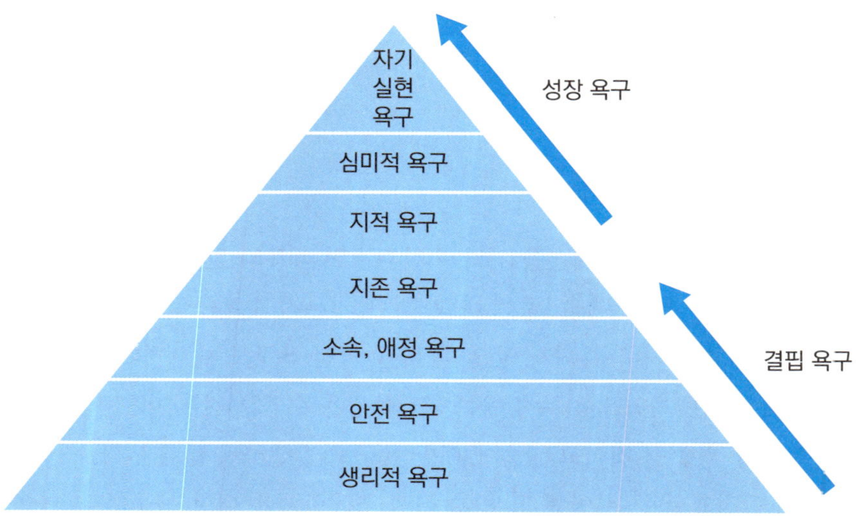

출처: 안길훈 외(2019). 교육학개론

4 적응

적응의 개념들 간에는 약간씩 차이가 있으며 개인이 속해 있는 문화권에 따라 그 정의가 달라질 수 있는 상대적 개념이다. 적응기제도 여러 가지 관점이 있다. 대표적인 적응의 개념과 적응기제를 살펴보기로 한다.

가. 적응의 개념

인간은 살아가는 동안 예기치 못한 상황을 맞이하게 된다. 화재, 홍수, 전쟁 등의 재난은 물론 사회가 발달하면 할수록 예전에는 예견하지 못했던 엄청난 사건과 사고는 인간 생활에 큰 변화를 가져오기 마련이다. 이러한 경우에도 인간은 적응해야 할 것이다. 적응이란 변화에 대한 적적한 순응을 의미하며, 인간의 생활환경은 변하기 마련이고 그런 변화에 늘 적응하고 대처해 나가야 한다는 사실은 인간의 기본적인 생존조건인지도 모른다(신재흡, 2023).

적응이라는 행동은 개체와 환경과의 상호작용에서의 안정을 위한 기제라고 할 수 있는데, 이러한 적응 행동의 과정에서 몇 가지 특징들이 나타난다. 우선, 개체가 신체적·정신적으로 받을 위험을 피할 수 있고, 개체의 긴장을 해소하고 보다 많은 만족을 얻을 수 있다. 뿐만 아니라 개체의 요구를 긴 안목에서 조정할 수 있으며 사회규범에 합치하는 행동을 할 수 있다. 이러한 특징은 하나로 통합되어 있을 때 적응 행동으로서 의미가 있다(정옥분. 2004).

적응의 개념은 모든 생물체에 적용될 수 있다. 사례를 들면 체온을 식히기 위하여 땀이 많이 나거나, 식물의 경우 증산작용이 활발해지는 것도 마찬가지다. 이와 같이 적응이란 유기체의 생리 과정과 마찬가지로 정신과정에도 적용된다.

적응의 형태는 다음과 같이 제시할 수 있다(김청자, 2011).

첫째, 신체적 적응이다. 이는 내적 요구로서 신체조직의 활동에서 기인하는 생리적 욕구이다. 이러한 욕구는 생득적인 욕구로서 생명과 안락의 확보 유지를 위해서 필요한 것이며, 예를 들면, 체온조절, 수면 배고픔, 갈증 등과 같은 생득적인 욕구는 적당한 옷을 입는다거나, 잠을 잔다거나, 음식을 먹는다거나, 물을 마신다거나 하는 의도적인 적응 행동을 통해 충족될 수 있다. 생리적 욕구는 인간의 생리적 구조에서 자동적으로 일어나며 그 적응 행동은 즉각적으로 충족시키려 한다.

둘째, 심리적 적응이다. 이것은 사회화과정을 통해서 내면으로 전환되는 것으로 아동은 부모와의 상호작용을 통해 사회 가치를 수용하고 점차적으로 내면화하여 자기의 성격으로 통합시켜 무엇이 되고자 하는 자기실현의 견해와 밀접한 관계가 있다.

셋째, 사회적 적응이다. 다른 사람과 서로 공존해 가면서 살아가는 사회생활에서 비롯되는 것으로, 자신이 태어난 곳의 문화나 사회제도가 개인에게 요구하는 일정한 사회 가치와 문화의 행동 양식 등에 동조하는 것이다. 예를 들면, 결혼하여 가정을 꾸미고, 어떠한 조직에 들어가 조직구성원으로 자기 위치에 알맞은 방식으로 생활할 것을 기대하게 된다.

넷째, 도덕적 적응이다. 사회화과정에서 사회 가치를 수용하여 옳고 그름에 대한 가치판단을 학습하게 되는 것으로, 어떤 것이 좋고 나쁜가, 무엇이 바람직하고 바람직하지 않은가에 대한 토대가 된다. 그러므로 적응이란 개인이 환경의 변화에 잘 맞추어 나가는 것으로, 개인은 자기 자신이나 환경에 대하여 만족감을 느끼게 되는 것이다(신재흡, 2023).

나. 적응기제

인간은 환경에 적응하여 심리적으로 균형과 안정을 취하고, 불안으로부터 해소하고자 하는데, 이때 신체적 욕구나 성격적 욕구가 외적·내적 원인에 의해 저지되어 욕구불만의 상태에서 불쾌와 불만족이 높아지고 긴장되어 이 긴장을 해소하려는 기제가 적응기제다.

따라서 인간이 행동 적응 과정에서 목표에 도달하지 못하고 문제 사태에 부딪혔을 때 갈등이나 욕구불만 상태에 있게 되는데, 이런 부적응 상태에서 목표를 수정하거나 문제사태를 우회 내지 대리적 목표를 설정하고 긴장이나 불안을 해소하려고 하는 방법이나 반응 혹은 행동양식을 말한다. 적응기제는 어려운 현실에 당면하여 문제의 직접적 해결을 시도하지 않고 현실을 왜곡시켜 체면을 유지하고 심리적 평형을 되찾아 자기를 보존하려고 하는 방어기제, 욕구불만에 의하여 발생된 정서적 긴장이나 불안감을 해소하기 위하여 비합리적인 행동으로 당면하고 있는 현장이나 또는 비현실적 세계로 벗어나 정서적 안정을 추구하려고 하는 도피기제, 그리고 욕구충족의 과정이 방해되었을 때 방해요인에 대해 공격함으로써 정서적 긴장을 해소하려고 하는 공격기제로 분류한다(이현림 외, 2016).

1) 방어기제

자아가 불안을 의식적인 수준에서 합리적으로 대처할 수 없을 때 그 개인은 무의식적이며 또한 현실의 거부 혹은 왜곡을 통해 나타나는 방어기제 행동을 취한다. 다시 말해, 원욕 속에 포함되어있는 사회적으로 용납될 수 없는 욕구나 충동 등의 사실적 표현과 이에 맞선 초자아의 압력 때문에 발생하는 불안으로부터 자아를 보호하기 위한 전략과 탈출구라 할 수 있다(김형태, 2005).

방어기제는 자신의 약점이나 무능력, 열등감을 위장하여 유리하게 보호함으로써 안정감을 찾으려는 기제로서, 보상, 합리화, 투사, 동일시, 승화, 치환, 반동형성 등이 대표적이다(이현림 외, 2016).

보상은 자신의 결함이나 무능에 의하여 생긴 열등감이나 긴장을 해소시키기 위하여 장점 같은 것으로 결함을 보충하려는 행동이다. 예를 들면, 학업성적이 좋지 못한 학생이 열심히 운동하는 행동, 배우지 못한 부모가 재산을 팔아 자식을 대학에 보내는 경우, 자기 또래에 끼지 못한 아이가 자기보다 어린아이들 틈에서 대장 노릇하는 경우, 키가 작은 사람이 어깨를 벌리고 다니는 경우 등이 여기에 해당된다.

합리화는 자신의 실패나 약점을 그럴듯한 이유를 들어 정당화하려는 자기기만의 방어기제인데, 자기가 도달할 수 없는 목표를 부정하거나 과소평가함으로써 자기의 실패나 단점을 위장하는 방법인 여우와 신포도형과 자기 자신의 현재 상태와 능력의 가치를 타당시하거나 과대시하여 자기만족을 얻으려는 방법인 달콤한 레몬형이 대표적이다.

투사는 자신의 불만이나 불안을 해소시키기 위해서 남에게 뒤집어씌우는 식의 적응기제이다. 예를 들면, 교사를 싫어하는 학생이 교사가 자기를 미워한다고 하는 경우, 계모가 자녀를 미워하면서도 자녀들이 자기를 미워한다고 불평하는 경우, 어린이가 장난감 말을 타고 놀다가 떨어지면 그 말을 발로 차는 경우가 해당된다.

동일시는 자기가 실현할 수 없는 적응을 타인이나 어떤 집단에서 발견하고 자신을 타인이나 집단과 동일시함으로써 욕구를 만족시키는 기제이다. 예를 들면, 자기의 동창생이 국회의원이라고 으스대는 경우, 자식의 출세에서 성취감을 느끼는 부모의 경우 등을 의미한다.

승화는 억압당한 욕구가 사회적·문화적으로 가치 있는 목적으로 향하도록 노력함으로써 욕구를 충족하는 기제이다. 예를 들면, 독신 남자가 자기의 성적 충족 대신에 예술 창작에 몰두하는 경우 등이 여기에 해당된다.

치환은 어떤 감정이나 태도를 취해 보려고 하는 대상을 다른 대상으로 바꾸어 향하게 하는 적응기제이다. 예를 들면, 부모에 대한 반항적 태도가 친구에게 대치되는 경우, 교무회의에서 교장에게 꾸중을 들은 선생이 학급의 학생에게 화풀이하는 경우가 이에 해당된다.

반동형성은 자기가 가지고 있는 어떤 욕망이나 경향에 대해 열등감을 가지게 될 때 그것을 억압 또는 은폐하기 위해 그것과 정반대의 욕구나 행동 경향을 강조하는 기제이다. 예를 들면, 외설 만화에 심취된 학생이 외설 만화 퇴치 운동에 적극 참여하는 경우가 여기에 해당된다.

2) 도피기제

도피기제는 적응이 어려운 상태에서 도피함으로써 불안과 긴장을 해소시키려는 행동양식이다. 여기에는 고립, 퇴행, 억압, 백일몽, 고착, 부인 등이 있다.

고립은 자신이 없을 때 현실에서 도피함으로써 곤란한 상황과의 접촉을 벗어나 자기 내부로 피하려는 기제이다. 사업에 실패한 사람이 두문불출하는 경우나 무서운 아버지로부터 부담을 덜기 위하여 자기 방에서 나오지 않는 경우가 여기에 해당된다.

퇴행은 곤란한 상황에 직면했을 때 유아기의 감정, 생활 태도로 돌아가 현실의 어려운 과제로부터 도피하여 욕구를 충족시키는 기제이다. 평소 말을 잘하던 아이가 동생이 생겼을 때 말을 못 하고 어리광을 부리는 경우나 노신사가 중학교 동창회에서 마치 중학생처럼 행동하는 경우가 여기에 해당된다.

억압은 위협을 주는 욕구나 충동을 의식 밑바닥으로 가라앉게 하여 행동으로 표출되지 않도록 무의식적으로 차단하는 기제이다. 돈을 빌렸던 사실을 망각하거나 남에게 상처 주었던 일을 망각하는 경우를 말한다.

백일몽은 현실적으로 도저히 이루어지지 않는 희망이나 욕구를 공상의 세계에서 만족을 얻으려는 기제이다. 사업에 실패한 사람이 백만장자가 되는 꿈을 꾸는 경우나 운동에 자질이 없는 학생이 운동경기에서 경쟁자를 물리치고 우승컵을 타는 모습을 상상하는 경우 등이 여기에 해당된다.

고착은 불안이나 위험으로부터 벗어나기 위해 심리적으로 특정발달 단계에 머무는 기제인데, 독립적인 행동을 학습하는 것을 불안해하는 지나치게 의존적인 아동에게 주로 발생한다.

부인은 고통스럽거나 모욕적인 상황 등을 무의식 수준에서 거부하고 부인하는 기제인데, 말기 암 진단을 의사의 오진으로 여겨버리는 경우가 여기에 해당된다.

3) 공격기제

공격기제는 욕구불만에 대한 반항이나 자기를 괴롭히는 대상에게 능동적으로 적대시하는 태도를 취하는 기제이다. 여기에는 폭행, 싸움, 기물 파괴와 같은 직접 공격기제와 욕설, 비난, 폭언, 조소 등의 간접 공격기제가 있다(이현림 외 2016).

다음으로 스트레스에 대처하는 방식으로 직접적 해결 방법과 문제의 왜곡을 통한 자아방어기제의 내용을 살펴보기로 한다.

적응이란 개념은 원래 생물학적인 것으로 '종의 생존을 용이하게 하는 생물학적 구조 및 기능의 변화'라는 의미로서 유기체의 수동적 입장을 강조한다. 반면에 심리학적인 적응은 '개인이 사회적 및 물리적 환경에 대해 살아남고 유지해가기 위한 개인의 투쟁 과정'이라는 의미로, 보다 적극적 의미를 갖는다. 사람들이 스트레스에 대처하는 방식은 크게 두 가지로 대별된다. 첫째는 스트레스를 유발하는 문제에 대한 직접적 해결 방법이며, 둘째는 문제 자체보다는 문제의 왜곡을 통한 해결 방법이다(전상준 외, 2025).

직접적 방법은 다음 세 가지가 있다.

첫째, 긴장되는 환경이나 문제에 정면으로 맞서서 자신이 문제의 해결책을 찾을 수 있음을 믿고, 자신의 초기 목표를 단호히 추진하는 직면이 있다. 둘째, 가장 흔한 해결 방식으로 우리는 흔히 자신의 욕구나 목표가 완전히 충족되거가 달성되기 어려움을 경험하는데, 이때 최초의 목표를 다소 축소하여 현실적으로 가능한 방식을 찾는 방법으로 '타협'이 있다. 셋째, 아무리 노력해도 스트레스를 감소시킬 수 없을 때의 효과적인 방법은 그 환경이나 문제로부터 일시적으로 물러서는 '철수'가 있다.

직접적 방법이 합리적이고 현실적인 해결책인 데 비해 비합리적이며 비현실적인 방식의 해결책이 사용되기도 한다. 이러한 해결법을 프로이드(Freud)는 자아방어기제(ego-defense mechanism)로 명명하고 개념화하였다. 그 중 대표적인 몇 가지를 소개하면 욕구나 갈등을 의식 밖으로 배제함으로써 고통으로부터 벗어나려고 노력하게 되는 억압(repression), 다른 사람의 업적과 자신을 동일한 위치에 놓음으로써 억압된 욕구를 충족시켜 자아를 보호하려는 것을 동일시(identification), 어떤 관념이나 대상에 적의를 가졌을 때, 그 적의의 감정, 정서를 다른 관념이나 대상으로 옮겨가는 현상인 치환(deplacement), 억압되었거나 또는 금지된 욕구를 직접적으로 표현 못 할 때 이 욕구와 관련되며 사회로부터 용인되는 다른 목표를 달성함으로써 간접적으로 욕구의 만족을 취하는 행동을 말하는 승화(sublimation), 사회적으로 용납되지 않거나 죄의식을 일으키게 되는 억압된 욕구를 가진 사람이 그의 무의식적인 희망이나 원래의 욕구 성질과는 정반대되는 입장을 표현하는 반동형성(reaction formation), 자신의 것으로 받아들이기 곤란한 사고나 행동을 다른 사람의 사고나 욕망으로 돌림으로써 자아를 방어하려는 기제인 투사(projection), 용납될 수 없는 자신의 행동 동기를 무의식적으로 위장하여 합리적으로 설명함으로써, 자아를 보호하고 사회적 승인을 얻으려는 합리화(rationalization), 충분히 육체적, 정신적으로 성인이 되었으면서도 특정의 욕구불만 상태에 빠질 때 유아기의 행동이나 사고로 되돌아가서 문제를 해결하려는 현상인 퇴행(regression) 등이 있다.

방어기제는 인간의 무의식적인 과정의 이해에는 도움이 되나, 모든 행동을 방어기제에 비추어 해석하는 것은 적절치 않다. 이 점은 우리가 타인을 이해하는 과정에서 주의해야 할 부분이다(신응섭 외, 2006)

5 불안

일상적 불안과 병적인 불안은 개인이 처한 상황에 따라 다르다. 그러나 인간이라면 피할 수 없는 요소로 위험에 노출되었을 때 두려움을 느끼게 된다. 여기에서는 불안의 개념과 시험불안을 중심으로 살펴보기로 한다.

가. 불안의 개념

불안(anxiety)은 심리학, 철학, 의학 분야에서 오랜 시간 동안 연구되어 온 주제 중 하나로, 그 개념과 해석은 세월의 흐름에 따라 변화해왔다. 불안은 사람이 살면서 통상적으로 경험하는 긴장, 걱정 또는 우려를 느끼는 정상적인 감정으로, 사전적 의미로는 '특정한 대상이 없이 막연히 나타나는 불쾌한 정서적 상태, 안도감이나 확신이 상실된 심리 상태'로 정의된다. 이는 실제로 있거나 혹은 지각된 즉각적인 위험에 대한 반응인 공포와는 다른 감정으로, 감정의 지속 기간, 감정의 초점, 위협의 특수성, 감정 동기의 방향성 네 가지 영역에서 공포와 구분될 수 있다. 불안은 공포와 달리 장기간 지속되고 만연한 위협에 광범위하게 초점을 맞추며 잠재적 위협에 대해 미래지향적으로 접근하며 대처하려고 하는 것이다. 정리하면 불안은 어떠한 위험이 개체의 존재를 위협할 수 있다는 가능성을 지각함으로써 불확실한 미래의 위험에 대처하는 문제 해결 과정에서 발현하는 정서 상태를 지칭한다. 즉, 불안은 미래의 위험에 대한 준비, 주의, 또는 회피 행동과 관련이 깊다. 불안은 진화심리학적 관점에서 생존 및 번식의 필수적인 요소로 투쟁 혹은 도피 반응(fight or flight response)과 관련이 있으며, 위험한 상황에서 몸을 대비하고 생존을 위한 행동을 취할 수 있도록 도와준다. 나아가 불안은 위험한 행동이나 상황을 피하도록 유도하며, 예방적 조치를 취할 수 있게 해줌으로써 정서적 안정감과 신체 건강을 유지할 수 있게 해준다. 정상적인 불안과 병적인 불안을 구분하는 절대적인 기준은 명확하지 않다. 맥락에 따른 판단과 문화적 믿음, 즉 역사적 특수성은 적절한 불안과 부적절한 불안을 구분함에 있어 빼놓을 수 없는 요소이다(장윤영 외, 2023).

불안은 누구나 생활 속에서 흔히 경험하는 불쾌하고 고통스러운 감정이다. 여러 사람 앞에서 발표를 해야하거나 중요한 시험을 앞두고 있을 때 우리는 불안감을 느낀다. 뱀이나 지네와 같은 위험한 동물을 만나게 되거나 떨어지면 크게 다칠 수 있는 가파른 바위를 오를 때 우리는 두려움을 느끼고 긴장하게 된다. 이처럼 부정적인 결과가 나타날 수도 있는 위험하고 위협적인 상황에서 우리가 경험하게 되는 정서적 반응이 불안이다. 불안을 느끼면 우리는 부정적 결과가 일어나지 않도록 긴장을 하고 경계를 하며 조심스런 행동을 하게 된다. 그래서 위협적인 상황을 벗어나게되면 안도감을 느끼고 긴장을 풀며 편안한 기분으로 되돌아가게 된다. 이처럼 위험한 상황에서 적절한 불안을 느끼는 것은 자연스럽고 정상적이다. 불안은 위험하거나 위협적인 상황에서 우리 자신을 보호하기 위해 경계태세를 취하게 하는 적응적인 반응인 것이다.

불안을 느끼게 되면 우리의 몸과 마음에는 여러 가지 변화가 일어난다. 우선 자율신경계의 교감 반응이 활성화되어 동공이 확대되고 혈압이 상승하며 호흡이 가빠지고 근육이 긴장되며 땀이 나게 된다. 현실적으로 위험을 내포한 위협적인 상황에서 불안을 느끼는 것은 자연스럽고 적응적인 심리적 반응이며 정상적인 불안(normal anxiety)이라고 할 수 있다. 불안은 마치 위험한 일이 발생하면 울리는 경계경보와 같은 것이다. 그러나 만약 경계경보 장치가 너무 민감하거나 잘못되어 수시로 경계음을 내게 된다면 우리는 불필요한 경계태세를 위하게 되고 과도하게 긴장하게 되며 혼란상태에 빠지게 될 수 있다. 이처럼 불안 반응이 부적응적인 양상으로 작동하는 경우를 병적인 불안(pathological anxiety)이라고 할 수 있다. 이처럼 병적인 불안으로 인하여 과도한 심리적 고통을 느끼거나 현실적인 적응에 심각한 어려움을 겪는 경우를 불안장애(anxiety disorders)라고 한다(권석만, 2010).

불안을 학습 과정에 작용하는 학습자 변인으로 보고, 불안과 학습을 연구하기 시작하였는데 불안을 인간의 내부적인 욕구의 갈등에서 나타나는 심리 현상으로 막연한 예상과 그것에서 오는 두려움으로 표현하고 있다. Freud는 불안을 대상이 일정하지 않고 목적물이 뚜렷하지 않으며 모호하고 명료하지 않게 느끼는 심리적인 동요상태라고 정의한다. 프로이트(Freud)는 불안을 현실적 불안, 신경증적 불안, 도덕적 불안으로 구분하였다. 현실적 불안(reality anxiety)은 외부 세계로부터 자신을 해칠지도 모르는 환경조건을 인식함으로써 발생되는 고통스러운 정서적 경험을 말하며, 시험불안증, 무대공포증, 대인공포증 등을 들 수 있다. 신경증적 불안(neurotic anxiety)은 본능으로부터 위험을 의식할 때 발생하는 것으로 자아가 충동적인 행위를 시도하려는 본능의 대상을 제어하지 못함으로써 발생할 수 있는 사건을 두려워하는 정서적 표출 상태이다. 도덕적 불안(moral anxiety)은 양심으로 인해 위험을 의식함으로써 발생하게 되는 것으로, 죄책감, 수치심 등이 여기에 해당된다(민희식 역, 2003).

나. 시험불안

1) 시험불안의 개념

학생들에게 시험불안은 시험상황에서 불안을 느끼고 주의집중을 하지 못하며 문제를 보고 있어도 전혀 생각할 수 없는 상태로 나타나기도 한다. 시험불안에는 필기시험뿐 아니라 수업시간의 발표라든가 과제제출 등 평가가 이루어지는 모든 상황에서 생길 수 있는 불안이 포함된다. 슈필버거(Spielberger, 1972)는 불안을 기질적 특성과 관련이 깊은 특성불안과 특수한 상황에서의 불안인 상태불안으로 구별하고 있다. 특성불안이란 개인이 가지고 있는 불안을 일으키는 성향, 즉 기질적이고 성격적인 특성을 의미한다. 반면 상태 불안은 특수한 상황에서 긴장감, 걱정, 두려움을 의미한다. 시험불안은 상태불안에 해당된다(김동일 외, 2011).

불안(anxiety)은 학습자가 학습 활동을 할 때 긴장이나 심리적으로 긴박한 상태를 의미한다. 불안의 성질에 있어서는 불쾌하다는 것과 동질성을 가지고 있으며 유일한 기능은 자아에게 위험신호를 보내주며 이 위험신호가 의식계에 나타나면 자아는 위험에 대처할 준비를 갖추게 된다는 것이다. 따라서 경고신호를 받음으로써 다가오는 위험에 대처하기 위한 방법을 모색한다는 것이다. 이는 신체의 자율신경 계통의 지배를 받고 있다. 예를 들면, 급박하고 위험한 상황에 직면하면 입에 침이 마르면서 손과 발에 땀이 나는 것과 같다.

또한, 불안과 학습과의 관계(Mandler & Sarason, 1952)를 보면, 불안의 정도가 낮으면 학습량도 적고, 불안의 정도가 높아지면서 학습량도 증가하지만 학습량의 증가는 불안의 중간수준까지이며, 불안의 정도가 더욱 높아지면 학습량은 다시 저하된다. 이처럼 불안이 학습에 주는 영향을 고려할 때 교사는 교수-학습 활동에서 학생들에게 자신감을 유도하는 언어적 보상이나 긍정적 반응을 보여줌으로써 자기신뢰감을 가질 수 있도록 하고 학습자의 개인차에 따라 학업 성취감을 가지도록 노력해야 될 것이다(신재흡, 2023).

시험불안이란 개인이 시험을 얼마나 위협적인 것으로 느끼는지 또는 시험을 어떻게 평가하는지에 따라 다르게 나타나며, 상태 불안과 특성 불안의 성격을 모두 포함하고 있다. 즉, 시험 불안은 일반적인 불안 상태와는 달리 불안의 특수한 형태로서 구체적인 특정 상황에 국한된 것이므로 특수적 상황에 대한 특성 불안이다.

학생들에게 시험불안은 시험상황에서 불안을 느끼고 주의집중을 하지 못하며 문제를 보고 있어도 전혀 생각을 할 수 없는 상태로 나타나기도 한다. 시험을 앞두고 심한 불안감으로 눈앞이 캄캄해지거나 시험지가 하얗게 보이기까지 하고 무기력해지며, 현기증, 소화불량, 두통 등의 신체적 증상이 나타나기도 한다.

시험불안도 자신에게 주어진 시험상황을 위협 상황으로 의식함으로써 획득되는 불쾌한 감정이다. 이와 같은 불안에 대한 반응은 그 강도에 따라 적응적인 행동으로 나타나기도 하고 부적응적인 행동으로 나타나기도 한다. 대부분의 학생들은 불안을 극복하고 자신의 실력을 발휘하지만, 스트레스 상황에 대처 능력이 약할 경우나 자아통제 기능이 약할 경우 특히 부모나 주위의 의미 있는 타인으로부터의 기대가 지나치게 높을 때 시험 결과에 대한 심한 심리적 부담감으로 시험불안을 초래한다. 환경적인 요인으로서 청소년들에게 발생하는 불안 중 하나인 시험불안은 우리나라에서뿐만 아니라 전 세계적으로 중요한 스트레스 요인으로 작용하고 있다(조수철, 1989).

시험불안은 시험상황을 위협적 환경으로 느껴서 나타나며 그 상황을 벗어나거나 시간이 경과하면 변화될 수 있는 불안이다. 시험불안이 과제 성취에 미치는 영향에 관한 연구들은 헐(Clark Hull)의 욕구 이론을 이용하여 불안과 학업성취 간의 관계를 설명하고자 하였는데, 시험불안이 높은 학생이 낮은 학생에 비하여 낮은 수준의 과제수행을 보였으며 시험이 과중한 스트레스 상황에서 시행될수록 유의미한 차이가 크게 나타남을 관찰하였다. 시험상황에서 불안과 관련된 두 종류의 추동으로 가정할 수 있는데, 하나는 학습된 과제 추동(learned task drives)이고 나머지는 학습된 불안 추동(learned anxiety drives)이다(김애리, 1999).

학습된 과제 추동은 어느 정도의 시험불안에 대하여 경쟁력을 느끼고 주어진 학습을 열중하게 함으로써 성적을 향상할 수 있는 요소가 될 수 있으며 시험상황에서 과제가 요구하는 특성에 따라 과제 완성을 위한 과제수행을 촉진하는 반응을 유도한다. 또한 학습된 불안 추동은 과제수행을 촉진시키는 반응과 과제수행을 방해하는 반응을 모두 나타내는 데 불안 추동에서 유발된 과제수행을 방해하는 반응들인 무기력감, 미래에 대한 불신, 불쾌한 신체적 지각, 자기존중감의 상실, 부정적 사고 등으로 특정 지워질 수 있다.

시험불안은 동일한 상황이라고 하여도 획일적인 반응을 나타내지 않는다. 불안이 낮은 학생들의 경우는 위협적인 평가 상황에 대하여 과제수행을 촉진하는 반응을 보이게 되고, 불안이 높은 학생들의 경우는 같은 상황에서 부정적인 반응을 나타내게 된다(조수철, 1989).

시험불안은 시험과 관련된 상황에서 발생하는 모든 불안으로 시험에 상황에 대해 학습자가 경험하는 신체, 정서, 인지적 반응을 모두 포함한다. 시험불안의 정서적 측면과 인지적 측면을 표로 정리하면 다음과 같다.

표 7-2 시험불안의 정서적 측면과 인지적 측면

시험불안의 정서적 측면(감정)	시험불안의 인지적 측면(걱정)
• 지나친 긴장감, 초조감을 경험한다. • 일시적으로 기억력이 감소된다. • 극심한 공황상태에 빠진다. • 신체적으로 각성된다. • 심장박동, 호흡, 땀, 맥박, 신체적 온도 등이 증가한다. • 소화장애 등이 나타난다.	• 시험에 대한 자신감이 부족하다고 생각한다. • 거의 항상 시험에 대해 걱정한다. • 다른 사람과 자신을 비교한다. • 시험의 결과가 부정적일 것이라고 예상한다. • 시험에 대해 준비가 부족한 부분을 지속적으로 생각한다.

출처: 김동일 외(2011)

2) 시험불안의 요인

시험불안의 요인을 인지적 요인과 정의적 요인으로 구분하여 살펴보자. 우선 인지적 요인은 학업성취에 대한 학생의 기대 수준, 기대에 대한 부정적 결과 예상 등을 말한다. 불안 수준이 높은 학생의 경우는 점점 자신감이 부족하게 되고, 지나치게 타인을 의식하게 되며, 자신에게 있으리라고 생각되는 실패의 결과에 대하여 매우 민감하게 지각하는 경향을 보인다. 시험불안이 낮은 학생의 경우는 시험상황에서 시험과 관련 있는 사항에 대해서만 집중을 하는데, 시험불안이 높은 학생의 경우에는 시험과 관련이 없는 사항 등에 주의력을 집중하게 되므로 에너지가 분산되어 시험에 적절한 대응을 하지 못한다.

실제로 학교생활에서 학생들은 시험에 대한 스트레스를 갖기보다는 시험을 잘 치러서 좋은 점수를 얻어야 한다는 강박관념 때문에 시험에 대한 불안을 갖게 되는 것이다. 시험성적의 결과에 따라서 나타날 수 있는 주위 사람들의 반응에 대한 공포가 학생들을 불안하게 만든다.

정의적 요인은 불안경험의 감정적 요소로 시험상황에 대한 소화장애, 두통, 신경과민, 심장박동이 빨라지는 것, 긴장으로 인한 기억력 감소 등으로 나타나는 불쾌한 신체적인 증상들을 말한다. 이러한 신체적 증상들은 교실의 시험에 대한 자극상황, 교사의 감독 행동, 시험에 대한 학생들의 대화 등을 통하여 비교적 일시적이고 비평가적 단서에 의하여 야기되고 지속된다(조수철, 1989).

이러한 시험불안은 학생 개개인의 특성과 가정, 학교, 사회의 기대수준, 시험결과에 따른 사회적 인정, 비교집단의 영향 등 주변 환경과의 상호작용을 통해서 진행되고 발달한다. 즉 학업성적이나 평가결과를 중요시하는 사회 환경적 분위기, 학교 분위기, 가정환경, 부모와의 관계 등이 시험불안을 발달시킨다(김문주 외, 1991).

특히, 부모의 자녀에 대한 기대가 클 때 부모의 기대 수준에 의해 자식을 판단하게 되고, 부모는 자식이 이루어 놓은 결과에 대하여 만족하지 못하게 되므로 부모의 기대에 부응치 못하게 된 자녀는 자신을 비하하게 되며 자신감이 결여되고, 사회적으로 위축된다. 그와 동시에 자녀는 부모에게 적대감을 가지며 부모를 만족시키기 위해서 더욱 노력하게 되고 이러한 과정에서 자녀는 부담을 느끼며 시험불안이 발달하게 된다. 또한 부모의 과욕으로 교육 시기를 너무 이르게 선택하여 부과되는 학습수준이 인지능력을 초과할 경우 불안이 높아진다. 지각능력이 갖춰지지 못한 미숙한 상태에서 실패에 대한 두려움 때문에 불안이 유발되기 때문이다. 따라서 시험불안의 발달과정을 보면 시험불안을 일으키는 개인의 특성, 환경 및 주변 사람들에 의한 기대 등의 내적, 외적 원인이 서로 영향을 주면서 나타난다고 볼 수 있다(김문주 외, 1991).

연습문제

1. 내재적 동기에 대한 설명으로 옳지 않은 것은?

① 행동 자체가 목표이다.
② 능동적으로 발생한다.
③ 행동주의 학습이론에서 중시한다.
④ 주체가 자기 자신이다.
⑤ 동기유발 요인으로 지적 호기심과 흥미가 있다.

2. 성취동기가 높은 사람의 행동 특성으로 옳지 않은 것은?

① 도전할 만한 가치가 있는 과업을 잘 해낸다.
② 자신의 능력의 한계 내에서 적절한 곤란과 모험심 있는 과제를 선택한다.
③ 항상 새롭고 도전할 만한 문제를 찾는다.
④ 성취한 과업에 대한 책임을 타인에게 전가시키지 않는다.
⑤ 단기적인 계획을 세워 현재의 성취에 만족한다.

3. 매슬로우 욕구위계이론의 순서가 바르게 되어 있는 것은?

① 생리적 욕구 → 안전의 욕구 → 소속과 사랑의 욕구 → 자존의 욕구 → 지적 욕구 → 심리적 욕구 → 자기실현 욕구
② 생리적 욕구 → 안전의 욕구 → 지적 욕구 → 소속과 사랑의 욕구 → 심리적 욕구 → 자존의 욕구 → 자기실현 욕구
③ 안전의 욕구 → 소속과 사랑의 욕구 → 생리적 욕구 → 자존의 욕구 → 지적 욕구 → 심리적 욕구 → 자기실현 욕구
④ 소속과 사랑의 욕구 → 자존의 욕구 → 지적 욕구 → 생리적 욕구 → 안전의 욕구 → 자기실현 욕구 → 심리적 욕구

⑤ 자기실현 욕구 → 심리적 욕구 → 지적 욕구 → 자존의 욕구 → 소속과 사랑의 욕구 → 안전의 욕구 → 생리적 욕구

4. 다음에 해당하는 방어기제는?

(   )는 자신의 불만이나 불안을 해소시키기 위해서 남에게 뒤집어씌우는 식의 적응기제이다. 예를 들면, 교사를 싫어하는 학생이 교사가 자기를 미워한다고 하는 경우, 계모가 자녀를 미워하면서도 자녀들이 자기를 미워한다고 불평하는 경우, 어린이가 장난감 말을 타고 놀다가 떨어지면 그 말을 발로 차는 경우가 해당된다.

① 보상　② 승화　③ 투사　④ 합리화　⑤ 퇴행

5. 적응기제 중 도피기제에 해당하는 것은?

① 치환　② 퇴행　③ 합리화　④ 승화　⑤ 반동형성

6. 프로이드(Freud)가 말한 자아방어기제(ego-defense mechanism)에 해당 되지 않은 것은?

① 폭행(assault)　② 퇴행(regression)　③ 억압(repression)
④ 동일시(identification)　⑤ 합리화(rationalization)

7. 시험 불안의 요인 중 성격이 다른 하나는?

① 교과 교사의 특성　② 부모의 기대　③ 학교의 학습 풍토
④ 학생의 지적 능력　⑤ 교실 내의 경쟁 분위기

8. 정의적 특성 중 다음의 설명에 해당하는 용어를 쓰시오.

사람이 살면서 통상적으로 경험하는 긴장, 걱정 또는 우려를 느끼는 정상적인 감정으로, 사전적 의미로는 '특정한 대상이 없이 막연히 나타나는 불쾌한 정서적 상태, 안도감이나 확신이 상실된 심리 상태'로 정의된다.

---

1. ③, 2. ⑤, 3. ①, 4. ③, 5. ②, 6. ①, 7. ④
8. 불안

CHAPTER

08

학습이론

1. 행동주의 학습이론
2. 인지주의 학습이론
3. 정보처리이론

교 육 심 리 학

CHAPTER

08 학습이론

학습목표

가. 행동주의, 인지주의, 정보처리이론의 핵심 개념과 원리를 설명할 수 있다.
나. 행동주의, 인지주의, 정보처리이론을 활용한 교수 방법을 적용할 수 있다.

스키너는 '교육은 배운 것이 잊힌 후에도 남아 있는 것이다.'라고 말했다. 그 의미는 학습은 단순한 지식 습득이 아니라, 행동과 습관으로 남아 있으며, 강화(보상과 처벌)를 통한 반복 학습 중요성을 나타낸다.

스키너(B.F. Skinner)

피아제는 '교육의 주요 목표는 이전 세대가 한 일을 단순히 반복 하는 것이 아니라, 새로운 것을 할 수 있는 사람을 만드는 것이다.'라고 말했다. 그 의미는 창의적 사고와 문제 해결 능력의 중요성을 강조하며, 학습자는 단순한 정보 수용자가 아니라 능동적으로 사고하는 존재이다.

피아제 (Jean Piaget)

학습이론(Learning Theory)은 인간이 어떻게 배우고, 정보를 습득하며, 행동을 변화시키는지를 설명하는 이론이다. 즉, 학습이 어떤 원리와 과정을 통해 이루어지는지를 연구하며, 효과적인 교수·학습 방법을 개발하는 데 활용한다. 이 장에서는 주요 학습이론으로 행동주의 학습이론, 인지주의 학습이론, 정보처리 이론에 대해 살펴보고자 한다.

1 행동주의 학습이론

행동주의 학습이론(Behaviorism)은 학습을 외부 환경의 자극(Stimulus)과 이에 대한 반응(Response) 간의 관계로 설명하는 이론이다. 즉, 인간의 행동은 경험과 반복적인 학습을 통해 형성되며, 보상과 처벌(강화)을 통해 조절될 수 있다고 주장한다.

가. 행동주의 학습이론의 주요 개념

행동주의 학습이론 주요 개념으로 자극과 반응, 조건화, 강화, 처벌 등이 있으며, 그 개념들을 구체적으로 살펴보겠다.

1) 자극과 반응

자극(Stimulus)은 환경에서 발생하는 모든 외부 자극을 의미한다. 자극은 신체에 영향을 미쳐 반응(Reaction)을 이끌어낸다. 반응은 자극에 대해 행동이 나타나는 결과를 말한다. 행동주의 이론에서는 학습을 자극과 반응의 연결을 통해 이해한다. 즉, 어떤 자극이 주어지면 그에 대해 특정한 반응이 일어난다고 보는 것이다.

예를 들면, 파블로프의 고전적 조건화 실험에서 종소리라는 자극에 개가 침을 흘리는 반응을 보였다. 초기에는 종소리와 음식이 연관되지 않았지만, 음식과 함께 종소리를 반복적으로 들려주자 종소리만으로도 침을 흘리게 된다.

2) 조건화

조건화(Conditioning)는 자극과 반응을 반복적으로 연결하여 특정 행동을 학습시키는 과정이다. 조건화는 크게 두 가지로 나뉘진다.

첫째, 파블로프의 고전적 조건화이다. 고전적 조건화는 자극과 반응이 반복적으로 결합하여 새로운 반응을 학습하는 과정이다. 파블로프의 실험에서처럼 자연스럽게 나타나는 반응(예: 침 흘림)을 외부 자극(예: 종소리)을 통해 유도하는 것을 말한다.

둘째, 스키너의 조작적 조건화이다. 조작적 조건화는 행동과 그 결과(강화나 처벌)를 통해 학습이 이루어진다. 이 이론은 행동이 특정 결과에 의해 강화되거나 감소되는 방식을 말한다. 예를 들면 스키너 상자(Skinner Box)를 사용한 실험에서

쥐는 레버를 누르면 먹이를 얻는다는 사실을 배우게 된다. 이 실험에서 먹이(강화물)가 쥐의 행동(레버 누르기)을 강화하게 되었고, 보상은 행동을 증가시켰다.

3) 강화

강화(Reinforcement)는 행동의 발생 빈도나 강도를 증가시키는 것이며, 강화에는 정적 강화와 부적 강화가 있다.

첫째, 정적 강화(positive reinforcement)란 가치 있는 어떤 강화물을 제공함으로써 바람직한 행동의 강도와 빈도를 증가시키는 것을 의미한다. 즉, 학생이 바람직한 행동을 하였을 때 그것을 보상해주어 행동이 더 잘 일어나도록 해 나가는 과정으로 칭찬, 인정, 상품, 돈, 사탕 등과 같은 보상을 정적 강화물이라 한다.

둘째, 부적 강화(negative reinforcement)란 특정 행동의 강도를 증가시킨다는 점에서는 정적 강화와 비슷하지만 방법적인 면에서 조금 다르게 혐오자극을 제거함으로써 반응의 빈도가 증가하는 것을 말한다. 즉, 학생이 어떤 바람직한 행동을 하였을 때 그 학생이 싫어하는 것을 없애 주거나 감소시켜주는 것으로 청소나 과제물 등을 제외시켜주는 것이다.

4) 처벌

처벌(punishment)이란 바람직하지 못한 특정한 행동을 약화시키거나 발생 빈도를 감소시키기 위해 처벌인(punisher)을 사용하는 과정이다. 이는 학생이 교사에게 꾸지람을 들을 때처럼 불유쾌한 자극을 제공하여 행동의 발생 빈도를 감소시키는 수여성 처벌(presentation punishment)과 특정한 행동이 발생한 후에 긍정적 자극을 제거하거나 감소시킴으로써 행동의 발생 확률을 감소시키도록 하는 제거성 처벌(removal punishment)이 있다.

나. 주요 행동주의 학습이론

주요 행동주의 학습이론으로 파블로프(Pavlov)의 고전적 조건화, 손다이크(Thorndike)의 시행착오학습, 스키너(Skinner)의 조작적 조건화에 대해 살펴보겠다.

1) 파블로프의 고전적 조건화

고전적 조건화(Classical Conditioning)는 러시아의 생리학자 이반 파블로프(Ivan Pavlov)가 개의 침샘 분비 연구를 하던 중 발견한 학습이론이다. 이는 특정한 자극(Stimulus)이 반복적으로 다른 자극과 연합될 때, 새로운 반응(Response)을 형성하는 과정을 말한다.

파블로프는 개에게 음식을 주고 생리적인 반응을 관찰한 실험으로 개에게 음식을 줄 때 종을 같이 치면서 음식을 주면 나중에는 종소리만 들어도 개가 침을 흘리는 결과를 증명하였다. 즉, 무조건 자극과 무조건 반응의 관계 사이에 조건자극을 주면 나중에 조건반응의 결과를 얻는 실험 결과를 토대로 학습은 학습자가 자극과 반응을 연결함으로써 발생한다는 것을 증명하였으며, 고전적 조건형성 과정은 다음 그림과 같다.

그림 8-1 고전적 조건형성의 과정

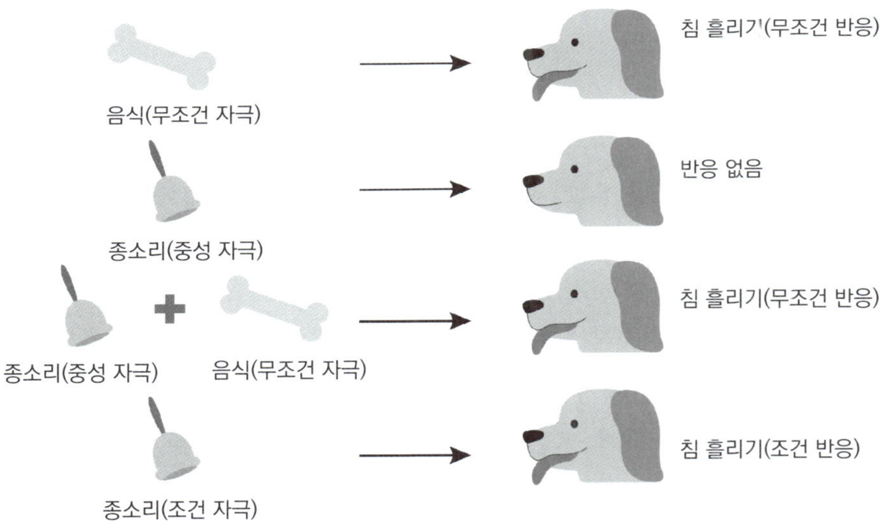

고전적 조건형성의 핵심 요소는 다음과 같다(전상준 외, 2025).

첫째, 무조건 자극(Unconditioned Stimulus: UCS)이다. 이전의 훈련이 없어도 반응을 유발하는 것이다. 예를 들면, 개가 음식물을 먹으면 자동적으로 침을 분비하는 것과 같이 유기체에서 어떤 반응을 자동적으로 유발하는 자극을 의미한다(음식).

둘째, 무조건 반응(Unconditioned Response: UCR)이다. 자극에 의해 무조건 일어나는 반응으로 학습되지 않은 생득적인 것을 의미한다(침 분비).

셋째, 조건자극(Conditioned Stimulus: CS)이다. 어떤 중성자극이 무조건자극과 짝지어짐으로써 새로운 반응을 유발하게 될 때, 그 자극을 조건자극이라고 한다(종소리).

넷째, 조건반응(Conditioned Response: CR)이다. 조건자극이 무조건자극과 함께 짝지어졌을 때 생기는 학습된 반응을 조건반응이라고 한다(침 분비).

이처럼 고전적 조건형성이란 본능적 또는 반사적 반응과 유사한 불수의적(involuntary) 정서 또는 생리적 반응을 유발시키는 학습의 한 가지 형태이다(Eggen & Kaucgak, 2004).

파블로프의 고전적 조건형성 이론은 다양한 교육적 측면에서 중요한 시사점을 제공한다.

첫째, 학습 환경 조성과 태도 형성이다. 학생들이 긍정적인 학습 환경에서 반복적으로 학습하면, 수업 자체에 대한 긍정적인 정서를 형성할 수 있다. 예를 들면 친절한 교사가 수업을 진행하면, 학생들은 교사뿐만 아니라 수업 자체를 긍정적으로 인식하게 된다.

둘째, 시험 불안과 정서적 반응이다. 학생이 시험을 볼 때마다 긴장감을 경험하면, 시험 자체가 불안 유발 자극이 될 수 있다. 반대로, 긍정적 피드백과 격려를 통해 시험을 긍정적인 경험으로 변화시킬 수 있다. 예를 들면 연습 시험을 편안한 분위기에서 시행하면 실제 시험에서도 덜 긴장할 가능성이 높다.

셋째, 습관 형성과 행동 수정이다. 특정 행동을 반복적으로 강화하면 학생들이 올바른 학습 습관을 형성할 수 있다. 예를 들어 종이 울리면 학생들이 자동으로 조용해지도록 지도하면, 교실에서의 규율 형성에 도움을 준다.

이렇듯 고전적 조건형성은 학생의 정서적 반응과 행동을 조절하는 데 유용한 도구이며, 긍정적인 학습 환경 조성, 습관 형성, 학습 동기 강화 등에 효과적으로 적용될 수 있다.

2) 손다이크의 시행착오학습

미국의 심리학자 에드워드 손다이크(Edward Thorndike)는 동물의 학습 과정을 연구하면서 시행착오학습(Trial and Error Learning) 개념을 정립했다. 이 이론은 반복적인 시도와 오류를 통해 성공적인 행동이 점진적으로 학습된다는 것을 설명한다.

그는 1899년에 '동물의 지능(animal intelligence)'에서 빗장 문이 설치되어 있는 나무로 만든 상자 안에 굶주린 고양이를 넣고, 상자 바깥에 먹이를 두었다. 상자 밖으로 나오는 방법을 모르는 고양이가 이리 저리 뒹굴고, 몸부림을 치다가 우연히 상자의 문을 여는 지렛대를 눌렀을 때, 문이 열려 밖으로 나와 먹이를 먹을 수 있게 되었다. 그 고양이를 다시 상자 안에 넣고 반복 실험을 한 결과, 상자에서 빠져 나와 먹이를 얻는 속도가 빨라졌다. 이때 고양이는 탈출 방법을 간파하였으나 통찰에 의해서보다는 반복적인 시행착오(trial－ad－error)방법으로 학습하게 된다는 것이다.

그림 8-2 **손다이크(Thorndike)의 퍼즐상자(Sternberg · Williams 공저, 전윤식 외 8인 역, 2003 : 159)**

시행착오학습의 주요 원리는 다음과 같다.

첫째, 효과의 법칙(Law of Effect)이다. 보상(긍정적 결과)이 주어지는 행동은 강화되고, 처벌(부정적 결과)이 주어지는 행동은 감소한다. 즉, 유익한 결과를 초래한 행동은 반복되고, 불필요한 행동은 점차 사라진다는 것이다.

둘째, 연습의 법칙(Law of Exercise)이다. 자주 반복된 행동일수록 더 강하게 학습된다. 예를 들면 자전거 타는 법을 연습할수록 능숙해지는 것을 볼 수 있다.

셋째, 준비성의 법칙(Law of Readiness)이다. 학습자가 학습할 준비가 되었을 때 효과적인 학습이 이루어진다는 것이다. 예를 들면 학생이 관심을 가지거나 동기가 있을 때 학습이 더 효과적이다.

시행착오학습의 특징은 갑작스러운 학습이 아니라 여러 번의 시행과 오류를 거치면서 점차적으로 학습되고, 보상(강화)이 있을 때 학습이 더 빠르게 이루어지며, 반복 학습을 통해 불필요한 행동이 줄어드는 것이다.

손다이크의 이론이 교육에 주는 시사점은 다음과 같다.

첫째, 실습과 반복 학습의 중요성이다. 단순한 이론 수업보다 반복적인 실습을 통해 학습이 효과적으로 이루어진다.

둘째, 즉각적인 피드백 제공이다. 학생들이 올바른 답을 찾았을 때 즉각적인 보상(칭찬, 점수 등)을 제공하면 학습 효과가 증가한다.

셋째, 학습자의 동기 부여 필요이다. 효과의 법칙을 활용해 적절한 보상을 제공하면 학습 동기가 강화된다.

넷째, 점진적 학습 적용이다. 어려운 개념을 한 번에 가르치는 것보다, 점진적으로 단계를 나누어 학습하는 것이 효과적이다.

손다이크의 시행착오학습은 반복적인 시도를 통해 점진적으로 학습이 이루어지는 과정을 설명하는 이론이다. 특히, 강화(보상), 연습, 준비 상태가 학습 과정에서 매우 중요한 역할을 한다는 점에서 교육 및 학습 방법에 많은 영향을 미쳤다. 즉, 시행착오학습은 스스로 문제를 해결하고 반복적으로 연습하는 과정을 통해 효과적으로 학습할 수 있도록 돕는 원리를 제시하였다.

3) 스키너의 조작적 조건화

미국의 심리학자 버러스 프레더릭 스키너(B.F. Skinner)는 행동이 그 결과(보상 또는 처벌)에 따라 강화되거나 약화된다고 주장하며 조작적 조건화(Operant Conditioning) 이론을 주장한 학자이다.

그는 유기체가 외부 자극에 의해 기계적으로 반응하는 것이 아니라, 외부 자극에 능동적이고 적극적으로 반응하는 자발적인 존재로 보았다. 즉, 조작적 조건형성(operant conditioning)은 반응의 확률을 증가시키거나 감소시키는 방식으로 반응의 결과를 조작하는 학습과정이다. 여기에서 조작(operant)이란 환경에 영향을 미치기 위해 스스로 방출한 반응을 말한다.

스키너가 고안한 '스키너 상자(Skinner Box)'를 통해 실험적으로 증명하였다. 스키너 상자는 지렛대를 누르면 먹이가 떨어지는 구조로 되어 있다. 배가 고픈 쥐를 상자에 넣으면, 쥐는 우연히 지렛대를 누르게 되고, 이때 음식이 제공된다.

쥐는 지렛대를 누르면 좋아하는 먹이를 얻을 수 있다는 것을 학습하게 되어, 반복적으로 지렛대를 누르게 된다(조혜영 외, 2016).

그림 8-3 Skinner의 상자 내부(구성 참고: 노승윤(2003), 실기교육 방법론. 양서원) 변경

스키너는 이러한 실험을 통해 동물의 반응이 환경에 조작을 가하는 것이라고 설명하며, 이를 조작 행동(operant behavior)이라고 불렀다. 조작 행동은 특정 행동의 결과가 긍정적일 경우 행동이 증가하고, 부정적일 경우 행동이 감소하는 경향이 있으며, 유기체의 행동 결과에 의해 특정 행동이 조성되고 유지되는 과정을 조작적 조건형성 또는 도구적 조건형성이라 하였다.

스키너의 조작적 조건화(Operant Conditioning) 이론은 교육 현장에서 매우 중요한 시사점을 제공한다. 학습자들이 특정 행동을 학습하거나 수정하는 과정에서 행동의 결과가 중요한 역할을 한다는 원리를 기반으로 하며, 이 원리를 교육에 적용하는 방법은 다음과 같다.

첫째, 강화의 중요성이다. 긍정적 강화와 부정적 강화의 개념은 학생들이 원하는 행동을 할 때, 그 행동을 강화하여 반복하게 만드는 데 큰 도움이 된다.

둘째, 행동 수정 및 학습 계획이다. 스키너의 조작적 조건화 이론을 바탕으로, 학생들이 원하는 행동을 점진적으로 수정해 나갈 수 있다. 학생이 새로운 기술을 배우거나 특정 행동을 발전시킬 때 작은 목표로 나누어 점진적인 강화를 통해 성공적인 학습을 유도할 수 있다. 이를 행동 수정(Behavior Modification)이라고 하며,

구체적인 목표 설정과 점진적인 보상이 중요하다.

셋째, 자기조절 학습(Self-Regulated Learning)이다. 조작적 조건화는 학생들이 자기 조절 학습을 할 수 있도록 돕는 데 유용하다. 학생이 자신의 학습 행동에 대해 자기 평가하고, 적절한 강화와 처벌을 설정하여 자신이 원하는 목표를 달성하도록 돕는 방법이다.

이렇듯 조작적 조건화는 교육 현장에서 학생의 행동을 이해하고 조정하는 데 중요한 기법을 제공한다. 이 이론을 통해 강화와 처벌의 적절한 사용, 행동 수정 등을 통해 학생들의 학습 동기를 유도하고, 원하는 행동을 지속적으로 증가시키거나 감소시킬 수 있다. 이러한 기법을 올바르게 적용하면 학생들의 학습 능률을 높이고, 긍정적인 학습 환경을 조성할 수 있다.

결론적으로 행동주의 학습이론은 학습이 외부 자극과 반응을 통해 이루어짐을 강조한다. 강화와 처벌을 통해 행동을 수정하고, 행동의 변화를 이끌어내는 데 중점을 둔다. 교육 현장에서 이를 적용하면 학생들의 행동을 예측하고 조정할 수 있으며, 긍정적인 행동을 강화하고 부정적인 행동을 줄이기 위한 효과적인 방법이 될 수 있다.

2 인지주의 학습이론

인지주의 학습이론(Cognitive Learning Theory)은 학습을 내적 사고 과정을 통해 이루어지는 지식 처리로 설명하는 이론이다. 이 이론은 학습이 단순히 외부 자극에 대한 반응이 아니라, 사고, 문제 해결, 기억, 추론과 같은 정신적 과정을 통해 이루어 진다고 주장한다. 여기에서는 반두라의 사회학습이론과 쾰러의 통찰설에 대해 살펴 보겠다.

가. 반두라의 사회학습이론

앨버트 반두라(Albert Bandura)의 사회학습이론(Social Learning Theory)은 인간의 학습이 사회적 환경과 상호작용을 통해 이루어진다고 주장하는 이론이다. 반두라는 사람들의 행동이 외부의 보상이나 처벌이 아니라, 모델링, 관찰 학습을 통해 형성된 다고 하였다. 그는 인간이 다른 사람의 행동을 보고 모방하거나 학습한다는 점을 강조하며, 인지적 요소가 학습에 중요한 역할을 한다고 보았다.

사회학습이론의 주요 개념은 다음과 같다.

첫째, 관찰 학습(Observational Learning)이다. 사람들은 직접적인 경험 없이 타인의 행동을 관찰하고, 그 행동의 결과를 보고 학습한다. 반두라는 이를 모델링이라고 불렀다. 모델은 타인의 행동을 관찰한 후 이를 모방하는 사람을 의미하며, 이때 행동이 보상을 받을 경우, 그 행동을 학습한 사람은 그 행동을 반복할 가능성이 높다.

둘째, 모델링(Modeling)이다. 모델링은 사람들이 다른 사람의 행동을 보고 모방하는 과정을 설명하는 개념이다. 모델이 되는 사람은 주요한 인물(부모, 선생님, 동료 등)일 수 있으며, 그 행동이 긍정적 결과를 가져온다면 관찰자는 그 행동을 따라 하게 된다. 모델링은 강화나 처벌을 통한 학습보다 중요한데, 사람들은 타인의 행동을 보고 그 결과에 따라 어떤 행동을 할지 결정을 내리기 때문이다.

셋째, 자기 효능감(Self-Efficacy)이다. 자기 효능감은 개인이 자신의 능력을 신뢰하고, 특정 과제를 성공적으로 수행할 수 있다는 자신감을 의미한다. 자기 효능감이 높은 사람은 도전적인 과제에 대해 적극적이고 긍정적인 태도를 유지하며, 실패에 대한 두려움 없이 시도한다. 자기 효능감은 행동뿐만 아니라 학습 동기, 문제 해결 능력에도 영향을 미친다.

넷째, 강화(Reinforcement)와 처벌(Punishment)이다. 반두라는 강화와 처벌이 사회적 학습에 중요한 역할을 한다고 보았다. 그러나 그는 행동에 대한 직접적인 보상과 처벌뿐만 아니라, 간접적인 보상과 처벌도 학습에 영향을 미친다고 주장했다. 즉, 타인의 행동을 보고 보상을 받거나 처벌을 받는 과정을 통해서도 학습이 일어난다고 설명했다.

다섯째, 인지적 과정(Cognitive Processes)이다. 반두라는 인간의 학습을 설명할 때, 행동주의적 관점(강화와 처벌)에 의존하는 것이 아니라, 인지적 요소를 중시했다. 학습은 내적 사고와 사고 과정을 통해 이루어지며, 사람들은 타인의 행동을 단순히 모방하는 것이 아니라 의도적 사고와 결과 예측을 통해 행동을 선택한다. 예를 들어, 학생들이 수업 중에 선생님의 행동을 보고 그 행동의 결과를 예상하고, 이를 바탕으로 자신의 행동을 조정하는 과정이 인지적 과정이다.

사회학습이론의 학습 과정은 단계적으로 이루어지며, 학습자는 주의 집중, 기억, 재현, 동기화를 통해 관찰하고 이해하고 행동을 모방한다.

첫째, 주의 집중(Attenticn)이다. 사람들은 모델의 행동을 주의 깊게 관찰해야 한다. 주의가 집중되면, 모델의 행동을 정확하게 이해하고 모방할 수 있으며, 학습자는 모델의 행동이 중요하고 의미 있는 것이라고 인식해야 한다.

둘째, 기억(Memory)이다. 학습자는 모델의 행동을 관찰한 후 기억에 저장해야 한다. 기억 과정에서 학습자는 모델의 행동을 어떻게 수행했는지, 어떤 결과가 있었는지에 대해 내적 이미지를 형성하게 된다.

셋째, 재현(Reproduction)이다. 학습자는 기억한 행동을 실제로 실행해야 한다. 관찰한 행동을 직접 시도하고 모방하며, 이 과정에서 신체적 능력이나 기술적 능력이 중요한 역할을 할 수 있다.

넷째, 동기화(Motivation)이다. 학습자가 모델의 행동을 따라 하도록 동기 부여가 필요하다. 보상이나 처벌이 모델의 행동을 모방할 동기를 부여하며, 학습자는 모델이 행동을 통해 얻은 결과를 고려하여 자신의 행동을 결정한다.

사회학습이론의 교육적 시사점 다음과 같다.

첫째, 긍정적인 모델링이다. 교사는 학생들에게 긍정적인 행동을 보여주는 모델이 되어야 한다. 학생들은 교사의 행동을 관찰하고 이를 모방할 가능성이 높기 때문에, 교사는 모범적인 행동을 통해 학생들에게 적절한 가치관과 행동 방식을 전달해야 한다.

둘째, 자기 효능감 증진이다. 학생들이 자기 효능감을 높일 수 있도록 돕는 것이 중요하다. 학생들이 자신감을 갖고 도전적인 과제에 임할 수 있도록 지원하며, 작은 성공 경험을 제공함으로써 자기 효능감을 강화시킬 수 있다.

셋째, 사회적 상호작용 촉진이다. 학생들은 동료와의 상호작용을 통해 서로에게 모델이 될 수 있다. 협력학습을 통해 학생들이 서로의 행동을 관찰하고 학습할 수 있도록 하여 사회적 학습을 촉진하는 것이 필요하다.

결론적으로 반두라의 사회학습이론은 행동주의와 인지주의를 결합하여, 학습자가 타인의 행동을 관찰하고 이를 모방함으로써 학습이 이루어진다고 하였다. 이 이론은 교육적 환경에서 모델링과 사회적 학습의 중요성을 강조하며, 학습자가 긍정적인 행동을 모방하고 자기 효능감을 높일 수 있도록 돕는 것이 중요하다고 말한다.

나. 쾰러의 통찰설

통찰설(Insight Theory)은 쾰러(W. Köhler)가 주장한 학습이론으로 형태주의 심리학에 근거한 인지주의 학습이론이다. 형태주의 심리학자에 의하면 학습은 시행착오가 아닌 인지현상으로서, 학습자는 문제해결에 대한 모든 요소를 생각해 보고 문제가 해결될 때까지 여러 가지 방법을 생각하게 된다. 이 과정에서 학습자는 문제해결에 대한 통찰력을 얻는다. 학습자는 문제 사태를 이해하고 그것을 분석하여 전체적으로 인지함으로써 주어진 문제 사태를 목표달성을 위한 행동과 결부시켜서 재구성 또는 재구조화하여 결과적으로 인지구조를 변화시키게 된다. 학습과정 속에는 인지의 분화와 통합, 즉 문제 사태의 인지와 재구조화가 진행되며, 동시에 심리적 이해력이 발로되는 것이다. 이러한 심리적 과정을 쾰러는 통찰(Insight)이라 불렀다. 즉 통찰이란 상황을 구성하는 요소 간의 관계를 파악하는 것이며, 따라서 학습이란 학습자의 통찰과정을 통한 인지구조의 변화라고 볼 수 있다.

그는 수년 간 유인원을 대상으로 여러 가지 실험을 하였고 그 결과 통찰설을 주장하였다. 유인원들이 좋아하는 바나나를 천장에 높이 매달아 놓고 그 아래에 막대기나 또는 상자를 놓아두고, 배고픈 유인원들을 들여보낸다. 이와 같은 실험장에서 유인원이 바나나를 따먹는 학습을 관찰하였을 때, 유인원은 그 문제 장면을 두루 살피더니 바나나를 따먹을 수 있을 만큼 상자를 쌓아올리고 막대기를 이용하여 바나나를 따먹었다.

통찰학습의 특징을 살펴보면 첫째, 통찰에서 문제해결은 단순한 과거 경험의 집적이 아니고, 그의 경험적 사실을 재구성하는 구조변화의 과정이다. 즉, 통찰은 문제해결의 열쇠가 되는 중요한 부분들이 배열되어서 그들 간의 관계가 지각되면 쉽게 이루어진다. 둘째, 통찰력은 탐색적인 과정을 통해서 이루어지며, 그 탐색은 단순한 우연만을 위주로 하는 시행착오와는 다르다. 셋째, 통찰은 실험장면에 의해 좌우되는데, 장면 전체가 잘 내다보이면 그 해결이 용이하다. 넷째, 통찰에 의한 학습은 종류에 따라 차이가 있으며, 개체에 따라서도 차이가 있다. 다섯째, 통찰에 의하여 문제가 풀려지면, 그것은 상당시간 유지되고 또한 쉽게 반복 될 수 있다.

쾰러의 통찰설의 교육적 시사점 다음과 같다.

첫째, 창의적 문제 해결 촉진이다. 학생들이 문제를 해결하는 과정에서 직관적 사고와 통찰을 경험할 수 있도록 유도하는 학습 환경을 제공해야 한다. 학생들이 문제의 전체적 구조를 이해하고, 새로운 해결책을 떠올릴 수 있도록 돕는 것이 중요하다.

둘째, 학습의 깊이와 이해 촉진이다. 단순한 반복 학습보다, 학생들이 문제의 본질을 이해하고 창의적으로 해결책을 찾는 과정을 강조해야 한다. 이를 통해 학생들은 지적 성취를 느끼고 더 깊은 이해를 얻을 수 있다.

셋째, 실험과 경험 기반 학습이다. 학생들이 실험적 접근을 통해 문제를 해결하도록 유도해야 한다. 실제적인 상황에서 직접적인 문제 해결 경험을 통해 통찰을 얻을 수 있다.

결론적으로 쾰러의 통찰설은 문제 해결에 대한 직관적이고 창의적인 사고의 중요성을 강조하며, 단계적 학습과 반복적인 시행착오를 넘어서 전체적인 이해와 갑작스러운 깨달음을 통해 문제를 해결하는 과정이 중요한 학습 방식임을 보여준다.

3 정보처리이론

정보처리이론(Information Processing Theory)은 인간의 사고와 학습 과정을 컴퓨터의 정보 처리 시스템에 비유하여 설명하는 이론이다. 이 이론은 외부에서 들어온 정보를 획득, 저장, 처리, 회상하는 과정을 분석하며, 인간의 인지적 능력이 컴퓨터처럼 정보를 처리하고 저장한다고 보면 된다.

정보처리의 구조를 살펴보면 감각기억, 단기기억(작동기억), 장기기억으로 볼 수 있다. 정보처리모형의 흐름은 다음과 같다(김회엽 외, 2019).

그림 8-4 정보처리모형 흐름도

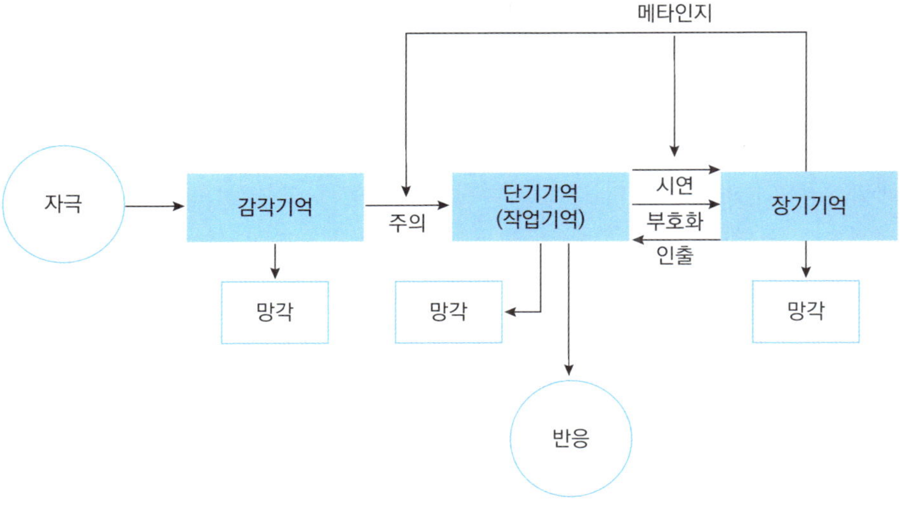

감각기억은 환경으로부터 감각을 통해 들어온 정보를 일시 수용하는 곳이다. 정보는 아주 짧은 시간 저장되며, 즉시 처리되지 않는 정보는 곧 망각된다. 감각기억의 용량은 무제한이지만, 유지시간은 매우 짧다. 지각은 감각기관으로부터 받아들인 정보에 의미를 부여하는 것을 말한다. 주의집중이란 자극 중에서 자신이 처리할 것만 선택하게 되는데 이를 위해 특정의 과제에 대해 주의를 기울이는 것을 말한다. 이것이 학습의 시작이다.

단기기억과 작동기억은 감각기억에서 주의집중을 받아 넘어온 정보가 한꺼번에 5개에서 9개까지 20−30초 정도 지속되는 곳이다. 단기기억은 지금 이 순간 생각하고 있는 것이어서 작동기억이라고도 한다. 부호화란 단기기억 속의 정보를 능동적으로 변화시켜 장기기억으로 이동시키는 과정을 의미한다. 암송은 정보를 내적으로 반복하거나, 소리 내어 반복해서 기억흔적을 단기기억에 유지시켜 주는 역할을 한다. 따라서 단기기억 내에 있는 정보를 많이 암송하면 할수록 장기기억을 더 잘 전이가 된다. 단기기억 향상 방법으로는 첫째, 청킹(Chunking)이다. 정보를 의미 있는 단위로 묶어 저장 용량을 늘리는 것이다. 둘째, 반복(Rehearsal)이다. 정보를 계속 반복하여 단기 기억 유지 시간을 늘리고, 장기기억으로 전이가 가능하다. 셋째, 정교화(Elaboration)이다. 기존 지식과 연결하여

기억을 강화하는 것이다.

장기기억은 정보를 장기간 저장하는 곳이다. 이곳은 일반적으로 일상기억과 의미기억으로 구성되어 있다고 가정된다. 일상기억이란 주로 개인의 경험을 보관하는 곳이다. 일상기억에서의 정보는 주로 이미지로 부호화되며, 정보가 발생한 때와 장소를 기초로 조직된다. 의미기억이란 문제해결전략, 사고기술, 사실, 개념, 규칙 등이 저장된다. 의미기억에 저장되는 정보는 서로 연관을 맺으면서 체계적인 네트워크를 구성한다. 인출은 부호화되어 장기기억에 저장되어 있는 정보를 탐색하여 작동기억 속으로 가져오는 과정이다. 부호화(Encoding)란 정보를 지각하고 그것으로부터 몇 가지 분류상의 특징을 추출해내고 그것에 상응하는 기억흔적을 만드는 과정이다. 부호화 과정은 정보를 능동적으로 변형 또는 변화시키는 과정이라는 것을 시사하고 있다. 저장은 부호화된 정보를 기억 속에 저장하는 것을 말하며, 인출은 필요할 때 정보를 기억 속에서 찾아내는 과정을 말한다(조혜영 외, 2016).

정보처리이론의 교육적 시사점으로는 다음과 같다.

첫째, 학습 전략이다. 반복 학습과 연습을 통해 장기기억에 효과적으로 저장할 수 있다. 정보를 구조화하고 조직화하는 학습 전략을 채택하는 것이 중요하다.

마인드맵이나 개념도와 같은 시각적 도구는 정보를 구조화하고 연관 지을 때 유용하다.

둘째, 주의의 역할이다. 학생들이 주의를 집중할 수 있는 환경을 만들어주어야 한다. 분산된 주의는 정보 처리의 효율성을 떨어뜨릴 수 있기 때문에, 교사는 학생들이 중요한 정보에 집중할 수 있도록 유도해야 한다. 또한, 적절한 학습 시간과 휴식을 제공하여 학생들의 주의를 유지할 수 있도록 돕는 것이 중요하다.

셋째, 단기기억의 한계 극복이다. 단기기억은 용량에 한계가 있기 때문에, 학습자가 정보를 처리하는 데 도움이 되는 기억 전략을 제공해야 한다. 예를 들어, 정보를 그룹화하거나 시각적 방식으로 기억할 수 있도록 돕는 것이 유효하다.

넷째, 문제 해결 능력 향상이다. 문제 해결은 정보 처리의 핵심이다. 교사는 학생들이 정보를 어떻게 처리하고, 문제를 해결할 수 있도록 돕는 인지적 전략을 가르쳐야 한다. 비판적 사고와 창의적 문제 해결을 위한 인지적 연습을 강화하는 것이 유효하다.

다섯째, 피드백 제공이다. 즉각적인 피드백을 제공하여 학습자가 올바른 정보를 학습하고 잘못된 정보를 수정할 수 있도록 돕는다. 피드백은 학습의 정확성을 높이고, 회상과 정보 처리를 용이하게 한다.

결론적으로 정보처리이론은 인간의 사고, 기억, 학습 과정이 어떻게 정보를 입력하고, 처리하며, 저장하고, 회상하는지를 설명하는 중요한 이론이다. 이 이론은 인간의 인지적 처리 방식을 컴퓨터의 정보 처리 시스템에 비유하면서, 정보를 처리하는 데 있어 감각기억, 단기기억, 장기기억 등의 개념을 다루며, 교육적인 측면에서 정보처리이론은 학생들이 보다 효율적인 학습 전략과 문제 해결 능력을 향상시킬 수 있도록 돕는 중요한 기초를 제공한다.

연습문제

1. 행동주의 학습이론에 대한 설명이 아닌 것은?

① 학습은 보상과 처벌을 통해 강화될 수 있다.
② 자극과 반응의 연합을 통해 행동이 형성된다.
③ 학습은 외부 환경에 의해 결정되며, 관찰 가능한 행동이 중요하다.
④ 학습자는 능동적으로 지식을 구성하며, 기존 지식과 새로운 정보를 통합한다.
⑤ 반복과 강화가 학습의 중요한 요소로 작용한다.

2. 다음 중 인지주의 학습이론의 교육적 시사점으로 올바른 것은?

① 학습은 자극과 반응의 연합을 통해 형성되므로 반복적인 강화가 필요하다.
② 학습자는 수동적으로 정보를 받아들이며, 보상이 학습의 주요한 동기 요소이다.
③ 학습은 학습자의 기존 지식과 새로운 정보 간의 의미 있는 연결을 통해 효과적으로 이루어진다.
④ 학습 결과는 관찰 가능한 행동의 변화로만 판단할 수 있다.
⑤ 환경적 자극이 학습의 유일한 결정 요인이며, 내적 사고 과정은 고려할 필요가 없다.

3. 다음 중 정보처리이론에 대한 설명으로 올바르지 않은 것은?

① 인간의 인지 과정을 컴퓨터의 정보 처리 과정에 비유하여 설명한다.
② 학습은 자극과 반응의 반복을 통해 이루어지며, 강화가 중요한 요소이다.
③ 감각 기억, 단기 기억(작동 기억), 장기 기억의 단계로 정보가 처리된다.
④ 주의집중은 감각 기억에서 중요한 정보를 선택하여 단기 기억으로 전달하는 역할을 한다.
⑤ 장기 기억은 정보가 조직적으로 저장되며, 필요할 때 인출될 수 있다.

4. 반두라의 사회학습이론에 대해 설명하시오.

5. 정보처리이론의 교육적 시사점에 대해 설명하시오.

1. ④, 2. ③, 3. ②
4. 반두라의 사회학습이론(Social Learning Theory)은 인간의 학습이 사회적 환경과 상호작용을 통해 이루어진다고 주장하는 이론이다. 앨버트 반두라(Albert Bandura)는 사람들의 행동이 외부의 보상이나 처벌이 아니라, 모델링, 관찰 학습을 통해 형성된다고 하였다. 그는 인간이 다른 사람의 행동을 보고 모방하거나 학습한다는 점을 강조하며, 인지적 요소가 학습에 중요한 역할을 한다고 보았다.
5. 정보처리이론의 교육적 시사점으로는 다음과 같다.
   첫째, 학습 전략이다.
   둘째, 주의의 역할이다.
   셋째, 단기기억의 한계 극복이다.
   넷째, 문제 해결 능력 향상이다.
   다섯째, 피드백 제공이다.

CHAPTER

09

스트레스의 이해

1. 스트레스의 개념
2. 스트레스의 원인
3. 스트레스의 반응
4. 스트레스의 대처 방안

교 육 심 리 학

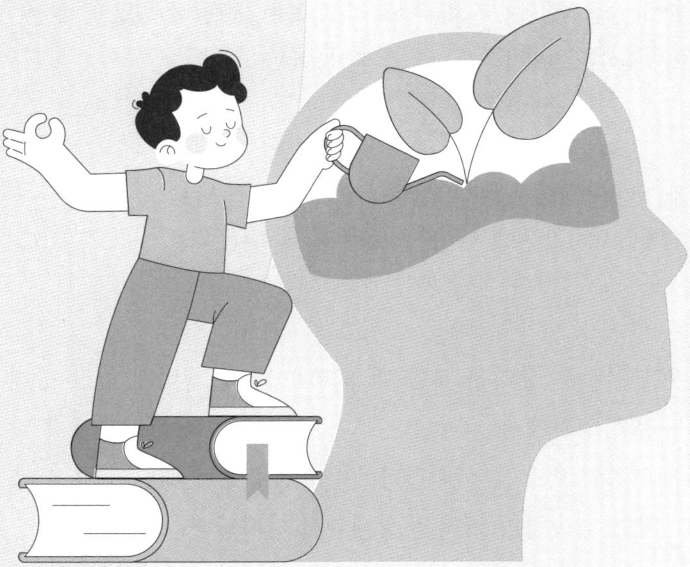

CHAPTER 09

스트레스의 이해

학습목표

가. 스트레스의 개념과 원인을 이해하고 설명할 수 있다.
나. 스트레스의 반응과 방어기제에 대해 설명할 수 있다.
다. 스트레스의 대처방안과 극복방법을 알 수 있다.

"개인의 스트레스 경험이 단순히 외부 자극에 의해 일어나는 것이 아니라 개인이 그 상황을 어떻게 인식하고 평가하느냐에 따라 달라진다."

리처드 라자로스(Richard S. Lazarus)

"스트레스가 유익하고 적응적일 수 있으며(유스트레스), 또는 해로울 수 있으며, 이는 잠재적으로 병리학("스트레스")으로 이어질 수 있다."

한스 샐리(Hans Seyle)

"스트레스와 수면의 질은 밀접한 관련이 있으며 스트레스는 수면에 영향을 미치고, 수면 부족은 스트레스를 악화시킨다."

카일 오스본(Kyle Osborne)

스트레스란 적응하기 어려운 상태에 처할 때 느끼는 심리·생리적 긴장 상태를 말한다. 스트레스는 일상생활에서 개인이나 조직, 사회와의 상호작용에서 발생하는 정신적 혹은 생리적인 반응을 의미한다. 어떤 상황에서 개인이 혹은 조직이 외부 요인에 대처하고 적응하기 어려운 상태에서 나타난다. 스트레스는 긍정적인 측면도 있을 수 있지만 과도하거나 지속적으로 발생할 경우 부정적인 영향을 끼칠 수 있다. 스트레스의 주요 원인은 다양하며, 개인의 특성, 환경적인 요인, 사회적인 압박 등이 서로 복합적으로 작용하여 발생한다.

현대인은 과도한 스트레스에 시달리고 있다. 그래서 요즘 화제가 되고 있는 것이 '힐링'이다. '힐링'이 뜨고 있다는 건 스트레스 받은 마음을 치유 받고 싶어 하는 현대인의 심리가 드러나는 사회적인 현상이라고 볼 수 있다. 스트레스 없이 살면 좋겠지만 관계를 이루며 살아가는 인간에게 스트레스는 피할 수 없는 것이다.

COVID-19 이후 오염이나 질병에 대한 두려움으로 스트레스에 시달리거나 스마트폰 메신저의 발달에 따른 업무시간 외 회사에서 오는 메신저에 대한 스트레스 등 스트레스의 원인은 점점 더 다양해지고 있다. 따라서 스트레스가 생기는 원인, 스트레스가 발생하였을 때 방어기제, 대처방안과 극복방법 등을 정리하고자 한다.

1 스트레스의 개념

스트레스(stress)라는 말의 어원은 라틴어의 'stringer'로 '팽팽하게 되다'라는 뜻에서 유래되었는데 14세기에 이르러 stress라는 용어로 사용되었다. 이때는 곤란, 고통, 역경 등의 의미로 사용되었고 17세기는 신체적 긴장이나 압박의 의미로 쓰였다. 18~19세기에는 주로 격렬한 노력, 긴장, 압박 등으로 사용되다가 19세기 이후 20세기에 이르러 의학계에 소개되면서 이에 대한 반응 양상이 생겨나면서 다양하게 정의되었다.

셀리에(Hans Selye, 1936)는 신체에 대한 각기 다른 종류의 도전들이 특정한 결과들을 초래했다고 결론짓는 동시에 몸이 그러한 공격에 맞서 싸우기 위한 노력에 의해서 일반적인 결과들이 산출된다고 결론지었다. 그는 위험에 대항하는 신체적 반응을 일반적응 증후군(General Adaption Syndrome)으로 명명하고 이러한 반응이 경고, 저항, 소진의 세 단계로 나타난다고 설명했다.

첫째, 경고(alarm)는 격렬한 활동을 위해 몸을 준비하는 교감신경계의 단기간의 높은 각성 상태다.

둘째, 저항(resistance)은 장기적이지만 중간 정도의 흥분 상태를 나타낸다. 저항 단계 동안 부신피질은 몸의 세포들이 높고 안정적인 수준의 활동을 유지하게끔 해주고 상처들을 치유하며 감염에 맞서 투쟁하게 해주는 호르몬들을 분비하게 된다.

셋째, 소진(exhaustion)은 더욱 심한 공격들이 지속되면 몸은 소진 단계에 이르게 되는데 무력감, 피곤, 식욕감퇴와 관심사 결여 등과 같은 특징을 보인다. 위협에 맞선 장기적인 투쟁으로 인해 몸은 다른 것을 할 수 있는 능력을 상실하게 된다. 또 스트레스는 신체에 가해진 요구들에 대한 불특정적 반응을 의미한다. 즉 삶에서의 중요한 변화는 당신이 변화하기를 요구함으로써 스트레스를 주게 된다. 어떤 방향으로 변화하든 간에 유쾌하거나 불쾌하거나 우리에게 스트레스를 주며 다시 돌아가는 것 또한 스트레스를 준다. 이와 같이 스트레스란 유기체가 항상성을 유지하기 위하여 외부의 자극이나 내부의 변화에 대해 긴장이 수반되는 정서적 반응이며 일반적으로 이러한 정서적 반응에는 생리적·생화학적 균형도 무너지게 된다.

스트레스란 전적으로 나쁜 것만은 아니다. 우리 몸에 도움을 주어 더 나은 상태를 유지할 수 있는 좋은 스트레스가 있으며 우리 몸에 혼란을 야기하고 병들게 하는 나쁜 스트레스가 있다. 20세기에 들어서면서 스트레스는 정신신체 의학에 관심이 쏟아지면서 질병이나 정신 질환의 원인으로 간주하기 시작하였다. 일반적으로 사용하는 의미의 스트레스는 우리에게 가해지는 외부적인 영향을 의미하며 스트레스를 세 가지 방식으로 정의할 수 있다.

가. 반응으로서의 스트레스

주로 생물학이나 의학에서 사용되었다. 캐넌(Walter B. Cannon, 2009)은 추위나 산소 결핍 등의 조건에서 항상성 유지에 장애가 왔을 때 경험하는 상태를 스트레스로 정의했으며 셀리에(Selye, 1936)는 새로운 자극 형태가 나타났을 때 이에 대응하려는 신체적인 방어의 틀, 즉 비 특정 반응으로 스트레스를 정의하였다.

나. 자극으로서의 스트레스

외적인 환경조건에서부터 내적인 생리적 현상까지 다양한 자극들을 포함한다. 라자루스(Richard Lazarus, 1977)는 자극으로써의 스트레스를 세 가지 유형으로 나눴다. 첫째는 다수인에게 격변을 일으키거나 영향을 주는 중대한 변화로 천재지변 전쟁과 같은 어느 누구도 통제할 수 없는 사건을 말하며 둘째는 일부 사람에게 영향을 주는 변화로 사랑하는 사람의 죽음, 생명을 위협하는 병이나 무력하게 하는 질병, 직장의 해고, 이혼, 출산 등 해롭거나 위협을 줄 수 있는 부정적인 경험들을 말하며 셋째는 일상의 골칫거리로서 일상생활에서 경험하는 사건들을 말한다. 스트레스를 환경자극으로 파악하려는 대표적인 입장이 생활사건 접근법이다.

다. 관계론적 스트레스

스트레스를 자극이나 반응으로 표현하려는 입장에 대하여 라자루스(1977)와 그의 동료들은 어떤 환경 사건도 개인의 지각이나 평가 과정 없이 스트레스 요인으로 작용할 수 없다는 관계론적인 입장을 보인다. 자극이 스트레스로 작용하는지의 여부와 정도는 자극 혹은 반응 그 자체가 아니고 유기체가 환경 자극을 해석하는 방식과 대처자원을 해석하는 방식에 의해서 영향을 받는다는 것이다. 자극이 어떤 의미를 부여하든지 자극 자체에 대한 평가, 즉 어떤 사건이 바람직한지 아니면 위협적인지를 평가하는 것을 일차적인 평가라고 하며 또 그것에 대해 자신이 어떻게 할 수 있는지에 대한 평가를 이차적인 평가라고 한다.

2 스트레스의 원인

스트레스는 일상생활에서 개인이나 조직, 사회와의 상호작용에서 발생하는 정신적 혹은 생리적인 반응을 의미한다. 이는 어떤 상황에서 개인이나 조직이 외부 요인에 대처하고 적응하기 어려운 상태에서 나타난다. 스트레스는 긍정적인 측면도 있을 수 있지만 과도하거나 지속적으로 발생할 경우 부정적인 영향을 끼칠 수 있다. 스트레스는 여러 가지 요인에 의해 발생하며 개인의 생활 환경과 심리적 상태에 따라 그 원인은 다양하게 나타난다. 외부적 요인, 인간관계, 개인의 성격적 요인, 사회적 요인에 대해 살펴보고자 한다.

가. 외부적 요인

외부적 요인 중에서 가장 대표적인 것은 직장과 가정에서의 압박이다. 특히 직장에서의 업무 과다, 고용 불안정, 동료들과의 갈등 등은 많은 현대인들이 공통적으로 겪는 스트레스 요인이다. 예를 들어 직장에서의 프로젝트 마감일이 다가올수록 그 압박감은 커지며 이러한 상황이 반복될 경우 만성 스트레스로 이어질 수 있다. 또한 가정 내에서 발생하는 경제적 어려움, 부부 간 갈등, 자녀 양육 문제 등도 스트레스의 주요 원인으로 작용한다.

나. 인간관계

인간관계에서 발생하는 갈등 역시 큰 스트레스 요인이다. 친구, 동료, 가족 간의 마찰은 일상적인 일이지만, 그 갈등이 해결되지 않고 지속될 경우 이는 심리적 부담으로 작용하게 된다. 예를 들어 가족 간의 소통 부족이나 상사와의 불화는 개인의 정신적 안정감을 저해하며 스트레스 수준을 높이는 주요 요인 중 하나다. 특히 가족과의 갈등은 개인의 감정적 지지를 받지 못하게 하여 우울증과 같은 정신적 문제를 초래할 가능성이 크다.

다. 개인의 성격적 요인

개인의 성격도 스트레스 발생에 중요한 영향을 미친다. 완벽주의 성향을 가진 사람들은 작은 실패에도 큰 스트레스를 받으며 끊임없이 자신에게 높은 목표를 설정하고 그에 못 미쳤을 때 심리적 압박을 느낀다. 또한 불안하거나 걱정이 많은 사람들도 스트레스에 취약하다. 이들은 미래에 대한 불확실성, 작은 실수에 대한 과도한 자책 등으로 인해 쉽게 스트레스를 경험하게 된다. 반면, 낙관적이고 여유로운 성격의 사람들은 같은 상황에서도 스트레스를 덜 받으며, 문제를 긍정적으로 해결하려는 경향을 보인다.

라. 사회적 요인

현대 사회의 경쟁적 구조도 스트레스의 주요 원인 중 하나다. 사회가 발전하면서 경쟁이 더욱 치열해지고, 사람들은 끊임없이 더 나은 성과를 내야 한다는 압박을 느끼게 된다. 특히 청소년과 젊은 층은 학업 성적, 취업 준비 등에서 과도한 스트레스를 받는 경우가 많다. 또한 SNS 등 디지털 매체의 발전으로 타인과 자신을 비교하는 일이 쉬워지면서, 이는 자존감 저하와 함께 심리적 스트레스를 가중시킨다.

3 스트레스의 반응

스트레스는 단순히 감정적 긴장이나 불편함에 그치지 않고 신체, 정서, 인지, 행동 등 다양한 차원에서 복합적인 반응을 유발한다. 이러한 반응은 자극의 강도나 개인의 성격, 생애 경험, 대처 자원 등에 따라 상이하게 나타나며 때로는 적응을 위한 자연스러운 반응일 수 있으나 장기적으로 지속될 경우 건강에 해로운 영향을 미친다. 여기에서는 스트레스 반응을 신체적, 정서적, 인지적, 행동적 네 가지 영역으로 나누어 살펴보고자 한다.

가. 스트레스 반응 유형

1) 생리적(신체적) 반응

스트레스 상황에 처하면 인체는 위협에 대응하기 위해 즉각적으로 생리적 반응을 일으킨다. 이러한 반응은 자율신경계, 내분비계, 면역계 등 신체의 항상성을 유지하는 생리 시스템 전체가 동원되며 인간의 생존을 위한 기본적 방어기제로 작용한다.

가장 대표적인 반응은 자율신경계의 교감신경 활성화(sympathetic arousal)로, 이 과정에서 심박수 증가, 혈압 상승, 호흡 촉진, 근육 긴장, 동공 확대, 위장 운동 저하 등의 변화가 나타난다.

셀리에(1956)는 스트레스 반응을 생리적 측면에서 최초로 체계화한 학자로, 일반적 적응 증후군(General Adaptation Syndrome)이라는 개념을 통해 스트레스에 대한 인체 반응을 다음 세 단계로 설명하였다.

첫째, 경고단계(Alarm stage)에서는 스트레스 자극이 처음 인지되었을 때, 아드레날린이 분비되고 교감신경계가 급격히 활성화된다. 이에 따라 심박수 증가, 혈압 상승, 호흡 가속화, 동공 확장 등 급성 스트레스 반응이 즉각적으로 나타난다.

둘째, 저항단계(Resistance stage)에서는 스트레스가 지속되면 신체는 자극에 적응하기 위해 부신피질에서 코르티솔을 분비한다. 이를 통해 에너지 동원, 혈당 상승, 면역조절 등 균형 회복을 위한 저항 상태가 유지된다.

셋째, 탈진단계(Exhaustion stage)에서는 스트레스가 장기화되면 신체 자원이 고갈되어 탈진 상태에 이르게 된다. 이 단계에서는 면역력 저하, 위장 장애, 심혈관 질환, 만성 피로 등 신체적 손상 및 질병 발생 위험이 증가한다.

셀리에(1956)는 이 이론을 통해 스트레스가 단순한 심리적 불편감이 아닌 신체 질병과 밀접하게 연결된 생리적 과정임을 강조하였다.

2) 정서적 반응

스트레스는 다양한 부정적 정서 상태를 유발하며 이는 개인의 감정 조절 능력 및 평가 방식에 따라 다르게 표현된다. 정서적 반응은 단기적으로는 생존과 적응을 위한 정서적 신호로 기능하지만 장기화될 경우 정신건강에 부정적인 영향을 미칠 수 있다.

첫째, 불안은 스트레스 상황에 대한 예측 불가능성과 통제 상실감에서 비롯하며, 미래에 대한 걱정, 긴장, 두려움을 포함한다. 불안은 특히 시험, 발표, 평가 등 위협적 상황에서 자주 발생하며 인지적 긴장과 생리적 항진 반응(심박수 증가, 땀, 불면증 등)으로 나타날 수 있다.

둘째, 분노는 타인 혹은 상황으로부터의 위협이나 좌절에 대한 방어적 정서 반응으로 나타난다. 억제된 분노는 내재화되어 우울로 전환될 수 있고 반대로 외현화될 경우 공격성, 언어적 폭력, 파괴적 행동 등 사회적 갈등을 유발할 수 있다.

셋째, 우울은 스트레스가 장기화되며 자기효능감 저하, 삶의 통제력 상실을 인지하게 될 때 나타나는 감정이다. 우울 반응은 무기력감, 흥미 상실, 수면 및 식욕 장애와 같은 신체 증상과 함께, 자존감 저하, 부정적 자동사고의 반복을 동반한다(Beck, 1976).

넷째, 죄책감과 수치심은 주로 대인관계 갈등, 사회적 실패, 도덕적 기준 위반 등의 맥락에서 발생하며, 이는 자신에 대한 부정적 정서로 이어지고 자기비난과 사회적 위축을 초래한다.

3) 인지적 반응

스트레스는 인간의 인지 체계에 영향을 미치며, 개인이 스트레스 상황을 어떻게 지각하고 해석하느냐에 따라 그 반응의 양상과 강도는 달라진다. 스트레스 상황에서 나타나는 인지적 반응은 일반적으로 주의력 감소, 집중력 저하, 기억력 손상, 판단력 약화 등으로 표현되며 장기적으로는 인지적 왜곡을 고착화시켜 정서적·행동적 문제를 심화시킨다. 라자루스와 포크먼(Richard Lazarus, Richard

& Susan Folkman, 1964)은 스트레스 반응을 결정하는 핵심 요인으로 인지적 평가(cognitive appraisal)를 강조하였다.

1차 평가(Primary Appraisal)는 현재 상황을 위협, 손실, 도전 등으로 판단하는 초기 해석 단계이다. 예를 들어, 같은 시험을 앞두고 한 학생은 이를 도전으로 받아들이는 반면 또 다른 학생은 위협으로 평가할 수 있다.

2차 평가(Secondary Appraisal)는 위협에 대한 대처 가능성과 자원의 충분성에 대한 평가이다. 자신에게 필요한 자원(시간, 에너지, 사회적 지지 등)이 충분하다고 판단되면 스트레스 반응은 낮아지며 그렇지 않으면 부정적 반응이 강화된다.

이러한 인지적 평가에서 비합리적 사고나 정보처리 편향이 개입될 경우 현실을 왜곡하거나 과도하게 부정적으로 해석하는 경향이 나타난다. 예를 들어, 실패 경험을 '나는 아무것도 못 해'라는 인지적 오류로 일반화하는 경우가 이에 해당한다.

벡(Aaron Temkin Beck, 1976)은 이러한 인지 왜곡이 우울증의 핵심 기제라고 주장하며 자동적 사고, 핵심 신념, 인지적 스키마 사이의 상호작용을 통해 심리적 고통이 심화된다고 보았으며 이는 상담적 개입의 주요 대상이 된다.

4) 행동적 반응

스트레스는 개인의 행동 양상에 뚜렷한 변화를 유발하며, 이는 적응적 행동(adaptive behavior)과 비적응적 행동(maladaptive behavior)으로 구분된다. 스트레스를 받는 개인은 초기에는 이를 해소하거나 해결하려는 방향으로 행동을 조직하지만, 자원이 부족하거나 스트레스가 장기화될 경우 부적응 행동으로 이어지기 쉽다.

첫째, 적응적 스트레스 반응은 스트레스 요인에 효과적으로 대응하고 회복을 도모하는 건강한 행동으로 구성된다. 예를 들어 규칙적인 운동, 명상, 일정 조절, 상담 요청, 사회적 지지 탐색, 학습 전략 수정 등이 이에 해당한다. 이러한 행동은 문제 해결과 자율성 향상에 기여하며, 심리적 회복탄력성(resilience)을 높이는 요인으로 작용한다.

둘째, 스트레스가 강하거나 대처 능력이 부족할 경우, 스트레스 해소를 위해 즉각적이고 피상적인 방법을 사용하는 경향이 강해진다. 대표적인 비적응 행동에는 회피행동, 충동적 행동, 중독행동, 공격적 행동과 같은 것들이 포함된다. 이러한 행동은 단기적으로 스트레스 해소에 일시적인 효과가 있을 수 있으나, 장기적으로는 적응력 저하, 자기 효능감 약화, 사회적 관계 손상 등의 결과를 초래한다.

나. 스트레스 반응의 상호작용

스트레스 반응은 신체, 정서, 인지, 행동이라는 네 가지 영역에서 각각 나타나지만 이들 반응은 독립적이지 않고 유기적으로 상호작용하며 순환적인 구조를 형성한다. 즉, 한 가지 차원의 반응은 다른 차원의 반응을 유발하거나 강화하며 이로 인해 스트레스의 악순환 고리가 형성되기도 한다.

> 예를 들어, 한 학생이 시험 성적 하락이라는 스트레스 요인에 직면했을 때, "나는 아무리 해도 안 될 거야"라는 부정적 자동사고(인지적 반응)가 나타나고, 이는 불안과 우울(정서적 반응)을 유발한다. 이러한 정서적 고통은 수면장애나 소화기 문제(신체적 반응)로 이어지며, 결국 학업 회피나 스마트폰 과의존, 무단결석 등의 부정적 행동(행동적 반응)으로 연결될 수 있다.

이처럼 스트레스 반응은 선형적인 흐름이 아니라 상호 강화되는 순환적 체계를 통해 악화되거나 회복될 수 있으므로, 스트레스 반응 간의 상호작용을 이해하는 것은 교육 및 상담 장면에서 매우 중요하다.

4 스트레스의 대처 방안

사람들은 다양한 방식으로 삶의 스트레스 요인에 대처한다. 여러 요인이 우리의 삶에서 스트레스를 줄이기 위한 효과적인 매개 역할을 해왔다(Margaret Jordan Halter, 권영란 외 편역, 2013). 스트레스 관리를 위한 여러 가지 요법들을 살펴보고자 한다.

가. 이완요법을 통한 스트레스 관리

이완요법은 대상자의 스트레스 수준을 줄이는 데 도움을 줄 수 있고, 스트레스 요인에 대한 자신의 반응을 관리하는 데 도움이 된다. 이러한 요법은 삼박동

수와 호흡수, 혈압 감소, 주요 근육으로의 산소공급 강화, 근육긴장 완화 등에 효과가 있다.

나. 바이오피드백

바이오피드백(biofeedback)은 민감한 도구를 사용하여 근육 활동, 뇌파, 체온, 심박동 수, 혈압 및 기타 신체기능에 대한 즉각적이고 정확한 정보를 제공한다. 민감한 기록장치가 특정한 생리적 과정의 지표를 감지하고 증폭시킨다. 개인은 신체활동의 증가나 감소를 청각 또는 시각 신호를 통해 즉시 알아차림으로써, 불수의적이라고 간주하는 현상에 대해 수의적 통제력이 더 커질 수 있다. 스트레스가 면역기능장애를 포함한 다양한 의학질환에 미치는 영향에 대한 인식이 높아짐에 따라 바이오피드백은 스트레스 관리를 위한 효과적인 전략으로 부상했다. 과거에 바이오피드백은 추가 교육을 받은 임상의만 활용할 수 있도록 제한되었지만, 최근 기술의 발전으로 인해, 많은 사람이 스스로 활용할 수 있게 되었다. 스마트워치와 같은 제품으로 수면 양상과 심박동수를 추적할 수 있고, 명상을 돕는 앱도 활용할 수 있으며, 피부의 전기 자극을 활용해 스트레스를 측정하고 진정 기술을 제안하는 앱도 상용화되고 있다.

다. 심호흡

가장 흔하고 신속한 이완요법은 심호흡(deep breathing)이다. 심지어 불안이 증가하기 시작한 경우에 이 기술은 간단하고 기억하기 쉬워서 사용하기 쉽다. 특히 불안과 불안장애에 대처하는 많은 사람에게 도움이 되는 호흡은 크게 두 부분으로 나눌 수 있다. 첫 번째 부분은 복식호흡에 초점을 두는 반면, 두 번째 부분은 지속되는 생각을 중단시켜 정신적 소음을 감소시킨다. 호흡기술이 향상되면 스트레스와 불안 반응을 유발하는 인지 과정을 감소시키는 도구가 된다.

라. 지시적 심상요법

우리가 말을 하기 훨씬 전에 우리의 경험은 정신적 심상에 기초하고 있다는 점을 감안해야 한다. 지시적 심상요법(guided imagery)을 하는 사람들은 부정적이거나 스트레스가 많았던 감정을 기분 좋은 이미지로 대체하는 것을 집중해서 배운다. 어떤 사람이 역기능적 이미지를 가지고 있다면, 그는 우울감이나 불안감을 유발하는 이미지를 대체할 더 효과적이고 기능적인 이미지를 만들도록 도움을 받을 수 있다. 지시적 심상요법은 대상자가 주도적으로 스스로에게 적용하거나, 온라인으로 접근하거나, 치료자가 주도할 수 있다. 특정 시나리오는 불안이나 불면증을 다룰 수도 있고, 어린이, 수감자, 또는 난민과 같은 다양한 집단에 유용하게 적용할 수 있다. 지시적 심상요법은 의학적 상태 관리에도 유용하다.

마. 점진적 이완요법

제이콥슨(Edmund Jacobson)은 점진적 이완요법(progressive relaxation)이라고 하는 이완반응을 이끌어내는 아주 간단한 방법을 개발하였다. 이는 측정이나 피드백 없이도 수행할 수 있으며, 누구나 어디서나 실시할 수 있다. 점진적 이완요법의 전제는 불안이 근육긴장을 초래하기 때문에 불안을 줄이는 한 가지 방법은 근육긴장을 없애는 것이다. 이 요법은 약 8초 동안 가능한 한 단단히 근육을 긴장시킨 후(발에서 시작하여 얼굴까지, 또는 그 반대로) 서서히 긴장을 풀어주는 것이다. 많은 연구에서 긴장성 두통과 정신장애(특히 불안 장애)와 같은 여러 질환에서 점진적 이완요법을 적용하는 것이 도움이 된다고 하였다. 또한 주요 우울장애와 외상후 스트레스장애가 있는 사람들에게도 점진적 이완요법이 도움이 되는 것으로 밝혀졌다.

바. 명상

명상(meditation)은 평온을 누리기 위해 마음을 수련한 다음 그 평온함 속에서 자신에 대한 통찰을 할 수 있는 훈련이다. 치유를 위하여 자신의 깊은 내면의 자원을 이용하고, 마음을 진정시키도록 도우며, 세상에서 효율적으로 작용할 수 있도록 돕는다. 또한 명상은 스트레스에 대한 전략을 개발하도록 도움을 주고, 스트레스 상황에서 합리적인 선택을 하며, 삶에 조금 더 몰입하도록 도와준다. 명상은 교감신경계를 이완할 수 있도록 한다. 이러한 상황에 집중할 수 있도록 시각적 물체나 소리, 호흡 등을 사용하기도 한다. 명상은 어디서나 쉽게 할 수 있다.

사. 기타 긴장완화 방법

1) 신체 운동

신체 운동은 스트레스의 유해한 영향으로부터 신체 및 정신상태를 보호할 수 있다. 연구자들은 특히 우울장애에 대한 운동효과에 관심이 있는데 우울장애에 유전적 취약성이 높은 대상자들에게 신체활동은 발생률 감소와 관련이 있는 것으로 밝혀졌다. 운동의 종류는 중요하지 않으며, 일주일에 3시간 이상 걷기, 달리기, 자전거 타기와 같은 활동에 참여하면 우울장애의 위험이 감소하였고 30분의 운동을 추가하면, 위험도가 17% 감소하는 결과를 나타냈다. 요가는 자세, 호흡, 이완을 사용하여 명상의 원리를 통합하는 운동으로 요가의 신경생물학적 효과에 대한 증거가 늘어나고 있다.

2) 인지 재구성

인지 재구성(cognitive reframing)은 상황을 재평가하고 비합리적 신념을 보다 긍정적 자기진술로 전환함으로써 개인의 스트레스에 대한 인식을 변화시키는 것이다. 우리는 대부분의 상황에서 다음과 같이 우리 자신에게 질문함으로써 배울 수 있다.

- 이 상황이나 경험에서 어떤 긍정적인 것을 경험했는가?
- 이 상황에서 나는 무엇을 배웠는가?
- 나는 다른 방식으로 무엇을 할 것인가?

바람직한 결과는 힘든 사건과 경험을 덜 힘든 것으로 재구성하고 대상자에게 상황에 대한 통제감을 주는 것이다. 방해되는 사건에 대한 인식이 바뀌면 교감신경계에 자극이 적어지고 이는 면역체계의 균형을 깨뜨리는 코티솔과 카테콜아민의 분비를 감소시킨다.

3) 일기쓰기

일기쓰기(journaling)는 스트레스 요인을 식별하는 매우 유용하며 간단한 방법이다. 일기 쓰기는 걱정과 강박관념을 완화하고 희망과 두려움을 확인하도록 하며 에너지와 자신감을 향상시키고 슬픔을 감소시킨다. 형식에 얽매이지 않고 일기를 쓰는 것은 매일의 스트레스에 대한 놀라운 정보를 제공한다. 어떤 활동이

에너지와 시간에 부담을 주고, 분노나 불안을 유발하며, 부정적인 신체 경험을 하게 하는지 간단히 기록하는 것이 스트레스를 감소시키는 중요한 첫 단계이다. 생각과 감정을 글로 쓰는 것은 스트레스와 스트레스 사전을 다루는 데 도움이 될 뿐만 아니라 신적, 정서적 치유에도 도움이 된다.

4) 유머

인지적 접근 방법으로 유머(humor)를 사용하는 것은 스트레스가 많은 상황을 '거꾸로 뒤집을 수 있는' 좋은 예이다. 스트레스가 많은 생각, 또는 상황에서는 이런 생각이나 상황이 우스꽝스럽거나 우스워 보일 때 스트레스가 분산될 수 있다. (Margaret Jordan Halter, 권영란 외 편역, 2013)

연습문제

1. 스트레스의 개념에 정의하시오.

2. 스트레스의 원인과 관계 없는 것을 고르시오.

① 외부적 요인 ② 감정적 요인 ③ 인간관계
④ 개인의 성격적 요인 ⑤ 사회적 요인

3. 스트레스의 반응 유형이 아닌 것을 고르시오.

① 외부적 요인 ② 생리적 반응 ③ 정서적 반응
④ 인지적 반응 ⑤ 행동적 반응

4. 스트레스의 적응 기제로서 도피 기제에 해당하지 않은 것을 고르시오.

① 억압 ② 퇴행 ③ 공격
④ 백일몽 ⑤ 고착

5. 스트레스 관리를 위한 방안으로 다음 설명과 가장 가까운 것은?

> 불안이 근육긴장을 초래하기 때문에 불안을 줄이는 한 가지 방법은 근육긴장을 없애는 것이다. 이 요법은 약 8초 동안 가능한 한 단단히 근육을 긴장시킨 후(발에서 시작하여 얼굴까지, 또는 그 반대로) 서서히 긴장을 풀어주는 것이다.

① 명상　② 인지 재구성　③ 바이오피드백
④ 점진적 이완요법　⑤ 지시적 심상요법

1. 유기체가 항상성을 유지하기 위하여 외부의 자극이나 내부의 변화에 대해 긴장이 수반되는 정서적 반응이며 일반적으로 이러한 정서적 반응에는 생리적, 심리적 균형도 무너지게 된다.
2. ②, 3. ①, 4. ③, 5. ④

CHAPTER

10

정신건강의 이해

1. 정신장애의 개념
2. 교육심리학의 성격
3. 정신건강의 개념
4. 정신건강의 요인
5. 정신건강 증진 방안

교 육 심 리 학

CHAPTER 10

정신건강의 이해

학습목표

가. 정신장애의 개념을 설명할 수 있다.

나. 정신장애의 원인을 세 가지 관점으로 나누어 설명할 수 있다.

다. 정신건강의 개념을 예를 들어 설명할 수 있다.

라. 정신건강의 요인을 네 가지로 열거, 설명할 수 있다.

마. 정신건강의 증진 방안을 두 가지 이상 열거할 수 있다.

정신적인 저항력을 말하는 것으로 신체적, 정신적, 사회적 안정상태를 말한다.

세계보건기구

다른 사람과 조화되는 신체적, 지적, 정신적 측면에서 최적으로 발달된 상태이다.
즉, 정신건강은 정신뿐만 아니라 신체적, 지적 측면까지도 포함하고 있다.

IPC(International Preparatory Commission)

건전한 성격에 대한 전인으로서의 만족을 얻을 수 있고 개인 가치뿐만 아니라 사회, 문화적 가치에 의해 여러 행동을 통제하도록 잘 구성된 성격 구조를 지적하고 있다.

Cattell(1956)

사람은 누구나 행복하게 살기를 원한다. 우리는 생활하면서 정신적·사회적·신체적·경제적으로 건강할 때 행복을 느낀다. 정신건강은 정신면에서 건강을 의미한다. 정신건강은 인간의 기본적인 권리이며, 사회 공동체의 유지, 발전에 기여한다. 여기에서는 정신장애의 개념, 원인, 정신건강의 개념, 요인, 증진 방안에 대하여 살펴보고자 한다.

1 정신장애의 개념

정신장애의 개념을 두 가지 측면에서 살펴 보고자 한다. 먼저 대한신경정신의학회는 사고, 감정, 행동을 통해서 정신의 불편감을 표현하는 것으로 자신의 성격, 능력, 성취도에 대한 불만족, 비효과적이며 만족감을 주지 못하는 대인관계, 세상에서 자신의 위치에 대한 불만족, 개인적인 성장 부족 뿐 아니라 자신의 삶에 대한 비효과적인 대처 및 적응이 나타나는 것으로 정의하고 있다. 또 세계보건기구에 의한 정신건강의 정의는 정신장애뿐만 아니라 자신의 잠재력을 실현하고 공동체에 유익하도록 기여할 수 있는 것이라고 하였다. 미국정신의학협회에서는 정신장애를 개인에게 발생되고 있는 임상적으로 중요한 행동적, 심리적 증후군이나 양상으로서 현재의 고통(고통스러운 증상)이나 무능력(한 가지 이상의 중요한 기능 영역의 손상)을 동반하는 것으로 정의하고 있다. 그러나 여기서 행동장애, 정신적 질병, 정서장애, 이상행동, 정신질환 등의 정신장애에 대한 용어와는 구분되는 개념이다.

2 교육심리학의 성격

현대과학의 발달과 더불어 장애의 유발 원인을 밝히고 이를 예방하려는 노력이 증가함에 따라 과거에 비해 장애를 유발하는 많은 요인이 밝혀지고 있고 일부는 예방이 가능하게 되었다. 그러나 아직까지 많은 부분은 확인되지 못하고 있으며 과거에 비해 다양한 원인이 복합적으로 작용하는 경우가 많기 때문에 어떤 요인이 정신지체를 유발하는지에 대해 정확하게 밝히기 어려운 면도 있다.

또한 환경의 변화에 따라 새롭게 나타날 수 있는 원인도 있다는 점을 염두에 두어야 한다. 즉 환경의 오염이나 약물오남용의 문제는 정신지체뿐 아니라 다른 장애를 유발할 수 있는 가능성을 높이고 있다.

정신은 겉으로 드러나는 육체와는 달리 인간의 내면적인 것으로서 사고하는 작용과 정서적 작용뿐만 아니라 대인관계에서 나타나는 모든 자질을 통틀어 말하며 이러한 정신을 건강하게 유지하고 증진시키고자 하는 것이 정신건강이라고 말할 수 있다. 다만 행동, 사고, 의식 면에서 볼 때 쉽게 눈에 띄지 않는 인간행동의 장애에서부터 인간의 전체적인 반응 양상에 이르기까지 다양한 현상학적 개념의 비정상적인 인격 기능이 나타날 수 있는데 이를 정신병리라 칭한다.

정신병리는 정신질환에서 나타나는 비정상적인 의식, 행동, 자각, 사고, 언어, 기억 등으로 나타나는 증상을 의미한다. 정신건강은 뇌 기능, 인지와 사고에 밀접한 관련이 있으며 건강은 사회문화적 측면에서 정의되어야 하는데 특정한 소인을 가진 사람에게는 삶의 과정 중에 감당하기 어려운 생물학적·심리적·사회적 스트레스, 즉 유발인자가 왔을 때 장애가 올 수 있다. 정신장애의 원인을 알아보고 3가지의 정신장애를 예로 들어 질병과 원인의 인과관계를 서술하고자 한다.

가. 생물학적 관점

1) 유전과 신체의 영향

인간의 다양한 신체적 형태나 기능 그리고 정신기능 등이 유전에 의해 상당히 영향을 받는다. 정신기능 중 대표적으로 유전이 영향을 미친다고 알려진 것 중의 하나가 지능인데 그 영향은 상당히 크다고 알려져 있다. 배들리(Baddely)의 연구에 의하면 지능은 50~70%가 유전에 의해서 결정된다고 한다. 간질도 부분적으로 유전적인 요소가 내포되어 있으며 그 외 근육위축, 신경위축가 같은 장애는 모두 단일의 유전적 요인에 결정되며, 단일 유전자는 지능이나 감정의 장애보다 감각과 운동기능의 장애와 밀접한 관계가 있다. 비만, 만성 신체질환과 같은 신체적 요인이 개인의 정신건강에 영향을 미칠 수 있다.

비만이 열등감이나 우울증을 일으키게 되는 원인은 인간이 저마다 만드는 신체상(body image)과 관련된다. 신체상은 자신의 신체를 마음속으로 떠올려 자아개념을 이루는 중요요소가 된다. 자신의 신체에 만족할수록 자신을 존중하며 신체에 불만족할수록 자신감을 잃고 자신을 비하하게 된다. 현대는 특히 외모의 매력이 인간관계에 중요한 영향을 미치기 때문이다.

외모가 다른 사람에 비해 뒤쳐진다고 생각되면 신체 불만족으로 연결되어 부정적인 자기평가에 영향을 미쳐 열등감과 우울로 나타날 수 있다. 대중매체들은 이상적 신체상을 극도로 마른 체형으로 묘사하기도 한다. 따라서 정상적인 기능을 하는 표준체형이라도 이상적 신체상과의 비교로 왜곡된 신체상을 갖게 하여 거식증을 비롯한 여러 가지 섭식장애 등의 부작용을 가져오게 된다.

그러나 하나의 유전자가 모든 사람에게 똑같은 문제를 일으키지 않으며 특정의 유전자가 어떤 사람에게는 결정적으로 작용하나 다른 사람에게는 그렇지 않을 수 있다. 따라서 정신건강의 문제에 유전적 요인이 관여하긴 하나 어떠한 유전자가 결정적으로 작용하는지는 명확히 설명하기 어렵다.

2) 뇌의 영향

뇌는 인간 행동에 관한 기초를 제공하며 인간의 행동과 뇌 기능은 밀접히 관련되어 있는데 대뇌 중 좌반구 손상으로 인한 대표적 정신장애 행동으로 실어증과 전두엽 손상이 있다.

3) 호르몬의 영향

인간의 정신과 신체를 연결해 주는 다른 경로 내분비선 계통에서 방출하는 호르몬은 신체 여러 기관에 영향을 미친다.

나. 심리학적 관점

최근 성격과 건강이 밀접하게 관련된다는 연구 결과들이 발표되면서 성격은 단순한 흥밋거리를 넘어 건강한 삶을 결정하는 중요한 요인으로 대두되었다. 자기 자신에 대한 신념체계로서 개인의 행동을 이해하는 데 중요한 요인의 하나인 자아개념에 대한 관심은 인간의 본질을 규명하고자 하는 탐구가 시작되면서 함께 발전되어 왔는데 이러한 자아개념은 개인의 정신건강에 영향을 미치며 나아가서는 가치관을 형성한다.

또한 정신건강을 목표로 하는 정신건강 실천에 있어 개인의 문제를 이해하고 해결함에 있어서 '불안'과 같은 감정의 개념을 매우 중요하게 다루고 있다. 정상적인 불안은 자신이 인식하고 있으며 인생의 각 발달 시기에 어느 정도 극복되고 성격 형성에 영향을 미친다. 반면 병적인 불안은 쉽게 극복되지 않고 부정적인 의미가 계속 누적되는 특징을 가진다. 인간의 정신 기능에 미치는 병리적인 불안은 주로 정신역동이론, 대상관계이론, 행동주의 이론 등으로 설명되고 있다.

다. 사회환경적 관점

인간은 출생과 동시에 한 가족의 구성원으로 생활하며 그가 속한 사회의 제도, 경제, 법, 문화 등으로부터 일정한 행동양식을 강제 받게 된다. 일정한 사회적 규범을 정해놓고 이에 맞지 않게 행동하는 사람들을 '비행을 행하는 것'으로 봄으로써 사회는 그들을 정신과적으로 문제가 있는 사람들이라고 낙인찍는다.

낙인이론에 의하면, 개인이 어떤 지역이나 집단의 규범을 어기는 방식으로 행동하게 되면 정신적으로 아프다는 낙인이 찍히게 되고, 그 개인은 아픈 사람의 역할처럼 기대된 역할을 지속하게 된다. 개인의 사회적 관계에 있어서 부적응적인 정신건강의 문제에 대응하는 재조정과 예방을 정신건강의 실천적 과정으로 보았다. 환경적 요인으로는 가족, 학교와 직장, 사이버환경과 종교 등 다양한 요인이 있다.

라. 정신장애와 생물학·심리·환경적 요인의 인과관계

1) 조현병

조현병(Schizophrenia)은 망상, 환각, 와해된 사고(언어), 행동적 증상, 음성증상을 보이는데 뇌의 신경생리적, 신경생화학적 이상에서부터 성격, 성장 과정, 가족 및 사회환경과도 밀접한 관계가 있다. 결정적으로 이것이 원인이다라는 요인은 밝혀진 바는 없지만 조현병의 유전율은 73~90%로 추정되며 도파민의 과다분비 혹은 도파민 수용체의 증가로 인해 도파민 과잉활동상태 조현병이 발생된다는 전체 원인 가설 중 가장 지배적이다.

또한 자아의 심한 결함으로 인해 타인과의 사이에서 갈등과 좌절을 겪을 때 정신내적갈등을 적절히 방어하지 못해 유발될 수 있으며 유아기 시절의 트라우마 등 가족 혹은 사회환경적 요인으로 인해 발병될 수 있다(김성완, 2018).

2) 우울장애

남성보다 여성에게 흔하게 나타나는 우울장애(Depressive Disorders)는 전반적으로 슬프고, 공허한 느낌, 과민한 기분 등의 감정적 문제가 주된 장애이며 신체적 변화와 인지적 변화가 두드러지고 사회적 활동이나 기능에도 심각한 문제가 나타나게 된다. 생물학적 요인으로는 신경전달물질이나 호르몬 등 뇌의 화학적

물질의 불균형이 있으며 일부 사람들은 유전적인 요인에 의해 발병될 수 있다.

대인관계 속에서 쌓인 분노나 공격 감정을 직접 발산하지 못하고 자신을 비하하고 처벌하는 등 자신을 향해 발산하는 사람, 어릴 적 자신의 이미지를 부정적으로 가지며 성장한 사람, 대인관계나 일에 있어 지나치게 완벽한 사람, 현실에 대한 기대가 높은데 좌절감이나 무기력감을 느끼는 사람처럼 심리적인 요인도 우울증을 발생시킬 수 있으며 사랑하는 사람의 죽음, 난치성 질병, 실연 등 생활사건과 약물, 알코올 같은 특정 약물의 부작용으로 발생하기도 한다.

3) 양극성장애

양극성 장애(Bipolar and Related Disorders)는 과거 조울 정신병 또는 조울증이라 일컬으며 조증이나 우울증이 주기적으로 교대로 나타나는 만성정신장애이다. 양극성 장애의 경우 다른 장애에 비해 비교적 유전되는 경향이 강하다고 알려져 있으며 제1형양극성장애의 경우 가족력이 높다. 또한 우울장애와 함께 노르에피네프린, 세르토닌, 도파민 등의 물질이 중요한 신경전달물질이 양극성 장애를 유발할 수 있다.

정신분석이론에 의하면 양극성장애의 조증상태는 상실감이나 손상된 자존감을 방어하기 위한 기제로 설명하고 있어 심리적 요인으로도 일어날 수 있다고 볼 수 있다. 다만 다른 정신장애와 마찬가지로 명확하게 밝혀진 발병 원인은 없다.

4) 불안장애

불안장애(Anxiety Disorder)에는 극도의 공포, 불안 및 관련된 행동장애를 지니는 질환으로 최근 사회에서 많이 알려진 공황장애가 불안장애에 속하며 그 외에도 광장공포증과 같은 특정 공포증과 사회공포증(사회불안장애), 강박성 장애가 있다. 공황장애의 경우 평균 발병 연령은 20~24세이며 드물지만 아동기에 종종 나타나기도 한다.

특히 아동기 성적, 신체적 학대 경험은 공황발작의 원인으로 보고되고 있다. 또한 사회공포증은 유전적 영향이 강하나, 자신이 주목받고 평가받는 사회적 관계나 상황을 회피하거나, 두려워하거나, 불안하게 여기는 점, 학교 중퇴, 낮은 사회적 안녕과 취업률, 낮은 직업 생산성 등 사회경제적 지위와 삶의 질과 관련이 있다는 점에 성격과 환경적 요인에서도 큰 영향을 받는다고 볼 수 있다.

강박적 사고와 강박적 행동으로 구분되는 강박성 장애의 경우 문화권에 걸쳐 일관된 형태를 가지며 한 개인이 한 차원 이상의 증상을 자주 보일 수 있다. 보통 성인기 초기에 발병하며 남성이 여성에 비해 이른 나이에 발병한다. 높은 부정적 감정과 아동기 행동 억제 등은 강박성장애의 기질적 위험요소이며 아동기 신체·성적학대 및 스트레스, 외상적 사건들도 영향을 준다.

5) 성격장애

성격특성 자체가 사회문화적 기대로부터 심하게 벗어나는 부적응적 양상을 보이는 성격장애(Personality Disorders)의 경우 DSM-5에서 성격장애를 10개의 특징적인 유형으로 분류되었다. 그 중 편집성성격장애는 타인이 악의에 찬 동기를 가지고 있다고 근거 없이 의심하고 불신하는 태도, 편집증, 자기중심성, 비난이 특징이며 원인은 부모의 극단적인 분노의 대상, 타인 특히 동성의 타인에 의해 창피를 당해 부족감이나 취약감을 느낄 때로 보고 있다.

사회적 관계에 대한 무관심, 성적 욕구의 부족, 단독행동 선호, 단조롭고 제한된 감정표현으로 떨어져 고립된 것이 특징인 조현성성격장애는 어린 시절 어머니에 대한 애착을 형성하지 못했고 초기 구강기 부적당하거나 냉담 또는 방임하는 양육에서 기인되며, 이차적으로 사회적 철회가 초래된다. 조현형성격장애는 이와 유전적 연관성을 보인다. 반사회적 성격장애는 사회적 규범을 따르지 않는 것이 특징이며 남성이 여성보다 3배 정도 많다.

불안정한 자기상, 불안정한 대인관계, 무모한 충동적 행동, 강렬하고 불안정한 대인관계, 조정, 의존성 및 자기부정 등의 특징을 갖는 경계성 성격 장애의 경우 방어기제를 지속적으로 사용해 자신의 주체성이 모호하게 된 것을 원인으로 보는데 어린 시절 방치나 유기되었던 경험 또는 신체·성적 학대 등의 상처가 많은 것도 원인으로 보고 있다. 주변의 관심을 끌기 위해 행동, 외모, 정동 등의 표현이 과도한 연극성 성격 장애의 경우 신체장애, 알콜사용장애와 연관되며 3~5세 시기의 오디푸스콤플렉스와 관련해서 설명할 수도 있다. 또한 남근기의 고착 형상과도 관련된다는 주장도 있다. 자기애성 성격장애는 어린 시절 부모가 적절한 공감적 경험을 제공하지 못하거나 실망적인 현실에 적절히 노출시키지 못했을 때 나타난다.

3 정신건강의 개념

정신건강의 개념은 단순히 정신질환이 없는 상태를 의미하는 것이 아니라, 개인이 자신의 삶을 의미 있고 만족스럽게 살아갈 수 있는 전반적인 심리적, 정서적, 사회적 안녕(well-being)의 상태를 말한다.

정신건강은 여러 학자들이 자신의 이론적 배경을 바탕으로 각기 다른 관점을 제시하였으며, 대표적인 학자들의 정신건강 개념을 정리하면 다음과 같다.

첫째, 정신분석학적 관점에서 지그문트 프로이트(Sigmund Freud)는 정신건강이란 본능적 욕구(이드)와 사회적 규범(초자아), 자아 간의 균형이 잘 이루어진 상태라고 하였다. 내면의 갈등을 잘 해결하고, 불안을 적절히 통제할 수 있는 상태가 정신적으로 건강하다고 보았다.

둘째, 인간주의적 관점에서 에리히 프롬(Erich Fromm)은 정신건강이란 자신의 본질에 충실하고 타인과 의미 있는 관계를 맺으며 살아가는 능력이라 하였다. 자유, 창의성, 사랑을 실현하는 삶을 사는 것이 건강한 정신의 표지라고 보았다.

셋째, 인본주의 심리학 관점에서 칼 로저스(Carl Rogers)는 정신건강은 자기실현(self-actualization)을 향한 지속적인 성장과 변화의 과정이라 하였다. 진정한 자아와 이상적 자아의 간극이 적을수록 정신적으로 건강하다고 보았다.

다양한 학자들은 정신건강을 바라보는 각기 다른 관점을 제시하지만, 궁극적으로는 개인이 행복하고 건강하게 삶을 영위하는 것을 목표로 한다는 공통점을 가지고 있다.

세계보건기구(WHO)에서는 정신건강을 다음과 같이 정의한다. 개인이 자신의 잠재력을 인식하고, 일상적인 스트레스에 대처하며, 생산적이고 기여하는 방식으로 일할 수 있으며, 자신의 공동체에 기여할 수 있는 안녕의 상태를 말하고 있다.

정신건강은 단순히 '아프지 않은 상태'가 아니라, 긍정적인 심리적 상태이자 사회적인 기능까지 포함하는 넓은 개념이라 할 수 있다. 즉 우리는 자신의 능력을 발휘하고, 어려움을 이겨내며, 주변 사람들과 건강한 관계를 맺고, 사회의 일원으로서 의미 있는 역할을 할 때 정신적으로 건강하다고 말할 수 있다.

정신건강의 주요 구성 요소로는 다음과 같다.

첫째, 자기 인식 및 자존감이다. 자신의 감정과 생각을 이해하고, 자신에 대한 긍정적인 인식을 갖는 것이다.

둘째, 감정 조절 능력이다. 스트레스, 불안, 분노 등의 감정을 적절히 인식하고 조절하는 능력이다.

셋째, 사회적 기능이다. 가족, 친구, 동료 등과 건강한 관계를 맺고, 사회적 역할을 잘 수행할 수 있는 능력이다.

넷째, 적응력이다. 환경 변화나 어려움에 유연하게 대처하고 회복할 수 있는 능력이다.

다섯째, 삶의 만족감이다. 일상생활에서 의미와 만족을 느끼며 살아가는 상태를 말한다.

정리하면, 정신건강은 단순히 정신질환이 없는 상태를 넘어, 개인이 자신의 잠재력을 최대한 발휘하고, 일상생활의 스트레스에 잘 대처하며, 생산적이고 사회에 기여할 수 있는 신체적, 정신적, 사회적인 안녕 상태를 의미한다.

4 정신건강의 요인

인간이 건강하다는 것은 어떤 의미일까? 세계보건기구(WHO)는 '건강(health)은 단순히 질병이나 장애가 없는 상태뿐만 아니라 신체적으로, 정신적으로, 사회적으로 양호(well-being)한 상태'라 정의하고 있다. 1998년에는 세계보건기구 집행이사회가 '육체적, 정신적, 사회적 안녕'이라는 건강의 정의에 '영적 안녕'이라는 개념을 추가하자고 제안하기까지도 했다. 여기서는 '영적 안녕'을 재외하고 인간의 정신건강에 영향을 미치는 중대한 요인으로 신체적 요인, 심리적 요인, 가족적 요인, 사회환경적 요인 등으로 나누어 살펴보고자 한다(천희명 2020).

가. 신체적 요인

정신건강과 신체 건강의 연결성은 매우 높다. 정신건강과 신체 건강은 오랫동안 별개의 영역으로 간주가 되었다. 그러나 최근 연구들은 이 두 영역이 서로 깊이 연결되어 있으며, 상호 영향을 미친다는 사실을 분명히 보여주고 있다.

인간의 뇌와 신체 연결은 다양한 생리학적 메커니즘을 통해 이루어진다. 신경

내분비계는 스트레스 반응을 조절하는 시상하부 – 뇌하수체 – 부신(HPA) 축을 포함하며, 만성 스트레스는 코르티솔 분비 패턴의 변화를 가져 와 면역 기능 저하, 염증 증가, 인슐린 저항성 등의 신체적 변화를 초래한다.

또한 자율신경계는 교감신경과 부교감신경을 통해 심박수, 혈압, 소화, 호흡 등 다양한 신체 기능을 조절하며, 심리적 상태에 따라 이러한 기능이 영향을 받는다.

면역계와 정신건강 사이에도 쌍방향적 관계가 있다. 면역 세포는 뇌에 영향을 미치는 사이토카인을 생성하며, 만성 염증은 우울증, 불안, 인지 기능 저하와 연관되어 있다. 이는 '사이토카인 이론'으로 설명되며, 염증성 사이토카인의 증가가 신경전달물질 대사에 영향을 미쳐 기분 장애를 유발할 수 있다.

결국 정신건강 상태는 다양한 신체질환의 발생과 진행에 영향을 미친다. 우울증과 불안은 심혈관 질환 위험을 20~40% 증가시킨다. 또한 심장 발작 후 우울증이 있는 환자는 회복이 더디고, 재발의 위험도도 높아진다. 또한 당뇨병 환자의 우울증은 혈당 조절을 어렵게 만들고, 합병증 위험을 증가시킨다. 만성 통증과 정신건강 사이에도 강한 연관성이 있다. 우울증과 불안은 통증 인식을 증가시키고, 만성화 위험을 높인다.

나. 심리적 요인

심리적 요인은 각 개인이 갖고 있는 성격적인 요인을 말한다. 정신건강과 성격적인 요인의 연결성은 높다. 예를 들면 특정 성격을 가진 사람들은 어떠한 심각한 정신적 외상이 있음에도 자연스럽게 역경을 잘 극복할 수 있다. 이러한 사람들은 감정 또는 충동 통제력이 강하고, 긍정적인 사고방식을 지녔다는 특징이 있다. 이러한 성격의 개인은 선천적인 요인들과 타인들과 환경을 통해 형성된 특정한 행동양식이 형성되었음을 의미한다.

또한 심리적 요인에 있어 자기개념은 특히 정신건강에 영향을 미친다. 심리적 요인은 개인이 가지고 있는 기본적인 본성에 해당이 되며, 전형적 행동에 대한 어떠한 신념들의 집합체를 뜻한다. 타인과의 관계 속에서 주로 영향을 주고, 반대로 영향을 받는다. 이러한 자기개념은 4가지 범주로 구분될 수 있다. 신체적 자기, 정서적 자기, 지적 자기가 그것이다. 만일 실제적인 자기와 이상적인 자기가 불일치한다면, 낙담과 우울증이 발생할 수 있고, 자신의 정신건강에 심대한 영향을 미친다.

성격은 개인이 갖고 있는 선천적인 요인과 타인이나 환경과의 상호작용을 통해 한 개인이 형성하는 독특하고도 일관성 있게 나타나는 행동양식이다. 성격 유형에는 특성이론(유형론, 특질론)과 과정이론(프로이트 '정신분석 이론', 융의 '분석 심리 이론', 아들러의 '개인 심리 이론', 설리반의 '대인 이론')으로 구분된다. 특성이론은 현재 어떤 종류의 성격유형들이 있는지에 관심을 둔다. 반면 과정이론은 그러한 성격이 어떻게 형성되고 형성된 성격은 어떤 의미를 갖는지가 연구의 초점이 된다.

다. 가족적 요인

가족적 요인 역시 정신건강에 영향을 미칠 수 있다. 가족 문제는 부모와 자식, 부부간의 갈등, 가족의 질병 및 사망, 가족의 학대 및 이혼 등을 포함한다. 이러한 가족 간의 관계와 분위기는 개인의 정신건강에 직접적인 영향을 미칠 수 있고, 우울과 불안, 강박, 신체적 장애, 적대감 등에 영향을 미친다.

부모의 과보호, 거부적, 통제적 양육 태도는 스마트폰 중독을 높이고, 부모의 긍정적 양육 태도는 중독 경향을 줄인다. 초등학생의 스마트폰 중독, 과다 사용에 영향을 미치는 요인의 연구는 다음과 같이 정신건강이 가족의 양육 태도와 연관이 있다는 사실을 밝혀주고 있다.

첫째, 부모의 스마트폰 중독과 부부 갈등이 자녀의 스마트폰 과다 사용에 직접적인 영향이 있다.

둘째, 가족 응집력과 가족 여가 활동이 많을수록 스마트폰 중독 경향이 낮아진다.

셋째, 부모와의 대화시간이 많을수록 스마트폰 의존도가 낮아진다.

출처: https://blog.naver.com/qqkjspp/223509674508
초등학생의 스마트폰 중독, 과다 사용에 영향을 미치는 요인

라. 사회환경적 요인

사회적 요인으로 직장이나 학교 등은 실제로 개인의 정신건강에 심대한 영향을 미친다. 예를 들어 또래 친구와의 관계, 직장 동료와 상사와의 관계, 이성 친구와의 관계 등이 그것이다.

사회적 환경에서 만일 문제가 발생하면 개인의 정신건강에 곧바로 영향을 줄 수 있다. 사회적 환경에서 문제가 발생하면 개인은 적응장애와 대인기피증, 우울증, 정신분열증 등을 겪을 수 있다. 그밖에 종교적 환경이나 사이버 환경 등도 개인의 정신건강에 중대한 영향을 미친다. 특히 현대 사회에서는 사이버 환경과 게임중독 등이 개인의 정신건강에 직접적인 영향을 미친다는 연구 결과가 있다.

우리나라에서 코로나 팬더믹 시기에 우울증 환자가 폭증한 시기가 있었다. 특히 '사회적 거리 두기'가 특히 강조되었던 시기에 우울증 환자가 급증했다. 이러한 사실은 개인의 정신건강과 사회환경적 요인과의 관계가 밀접하다는 사실을 입증해 주었다.

5 정신건강 증진 방안

과거 정신보건에 대한 접근은 정신질환의 치료와 재활 중심으로 이루어져 왔다. 정신과적 문제를 가지고 있는 사람을 대상으로 원조하는 선택적 서비스가 정신보건 분야의 주류를 이루어져 왔다. 그러나 현대인들이 빠르게 변화하는 사회에 적응하는 과정에서 정서·심리적으로 겪는 어려움이 증가되면서 정신보건의 방향은 일반 시민의 정신질환을 예방하고, 더 나아가 정신건강을 증진 시키는 방향으로 전환되고 있다.

'정신질환의 치료 및 재활'에서 '정신질환의 예방 및 정신건강 증진'으로의 패러다임의 전환은 국가의 정신보건정책의 변화와 더불어 실천 대상의 변화, 실천 전문가의 다양화, 실천 분야의 다양화를 가져올 수밖에 없다. 기존의 정신질환에 대한 접근을 주도하던 정신의학, 간호, 사회복지, 심리 영역뿐만 아니라 보육, 교육, 고용, 교정, 군 사업장 등이 정신건강 증진을 위한 중요한 대상 및 실천 영역으로 포함되고 있다(최송식 외, 2022). 따라서 정신건강의 다양한 실천 영역 및 방안에 대해 살펴보기로 한다.

가. 정신건강 실천의 최근 동향

정신건강 실천의 패러다임은 정신건강 증진에서 정신질환의 재활 및 치료에 이르기까지의 스펙트럼을 형성한다. 우리나라에서는 전 국민의 건강 계획인 'Health Plan 2020'을 수립하면서 정신보건의 영역도 포함하였다. 계획에서는 전 국민의 정신건강을 증진하기 위하여, 정신건강 및 정신질환에 대한 국민 인식 개선, 정신질환에 대한 조기 개입을 통한 정신건강 증진, 중증 정신질환자의 사회 통합 촉진과 삶의 질 향상, 자살 위험이 없는 안전한 사회 구현, 알코올 중독 문제의 적극적 관리 등 5개의 정책 목표와 이를 위한 25개의 실천 목표를 설정하고 있다(최송식 외, 2022).

나. 새로운 실천 영역

1) 산업현장

산업현장에서 근로자들의 정신건강을 지원하는 서비스의 기원은 20세기 초 미국의 '직장 알코올 중독 프로그램(Occupational Alcoholism Program: OAP)에서 출발한다.

우리나라에서는 1990년대에 들어서면서 산업현장에 근무하는 근로자들의 정신건강에 대한 관심이 높아짐에 따라 기업 내에 사내 상담실을 설치하기 시작하였다.

2) 교정 분야

교정시설은 물적 시설을 구비함과 동시에 인적 구성요건을 갖추고 범죄인을 수용·교육하는 국가시설로서 국가 또는 공공단체 등의 행정 주체에 의하여 공적 목적에 병용되는 인적·물적 설비의 총합체이다. 교정시설에서 범법 행위로 수용·감호를 받고 있는 범죄자는 분노 조절의 어려움, 충동성, 죄의식의 결여 등 생리적인 정신과적 문제뿐만 아니라 교정시설의 보호를 받고 있다는 것으로 인한 자존감의 저하, 우울증, 자살 충동, 사회 적응의 불안감 등의 정신건강 문제(배다현, 2008)를 보여주고 있다. 이와 같이 증가하는 교정기관에서의 재소자들의 정신건강에 대한 문제에 대처하기 위하여 교정기관에서의 정신건강서비스에 대한 욕구가 증가하고 있다.

3) 기타

최근 급증하는 현대인의 정신건강 문제를 지원하기 위해 다양한 영역에서 정신건강 관련 서비스가 제공되고 있다. 가정법원에서의 정신건강 상담 서비스가 활성화되고 있다. 재판 과정을 통하여 이혼하려는 부부와 협의 과정을 통하여 이혼하려는 부부를 대상으로 이혼을 다시 한번 재고해 보고 정말 이혼하려고 한다면 서로에게 상처가 되지 않는 과정을 안내하고, 자녀양육에서의 각자의 역할을 숙고하는 원조를 제공하기 위하여 가정법원에서는 가사조사관 및 가사상담위원을 통한 서비스를 제공하고 있다.

또한 최근에는 상담, 심리, 교육, 사회복지 등에서 정신건강을 전공한 전문가들 중심으로 개인 개업 실천을 통한 정신건강 서비스를 제공하고 있다. 아동상담센터, 가족 치료 연구소, 놀이치료센터 등의 형태로 개업을 한 이후에 국가가 시행하는 사회서비스와 연계하여 정신건강 문제와 연관된 서비스를 필요로 하는 사람들에게 제공하고 있다.

다. 정신건강의 실현 모습

질병이나 통증 혹은 심리적 고통과 같은 부정적 상태는 당사자나 전문가가 쉽게 인식할 수 있고 당사자에게 급하게 다가온다. 이에 반해 적극적인 관점에 해당하는 이상적인 정신건강 상태는 모호하고 인식하기가 어렵다. 여기에서는 적극적 관점에서 바라보는 정신건강의 상태를 규정하고 이를 점검하고 계발하기 위한 방법을 모색해 본다(김교현 외, 2011).

1) 활기차고 상쾌한 삶

신체적 수준과 기분(mood) 수준에서의 이상적인 정신건강 상태는 활기차고 상쾌한 삶의 모습으로 드러난다. 신체 기관들의 기능이 원활하고, 에너지가 넘치며, 감각 경험의 즐거움을 충분히 누리고 있는 상태를 의미한다. 활기차고 유쾌한 삶을 위해서는 적절한 섭식, 수면, 운동, 여가 즐기기, 명상, 향유(savoring) 등의 활동이 도움이 될 것이다.

2) 즐거운 삶

즐거운 삶은 정서적 측면이 중심이 되는 안녕 상태라고 할 수 있다. 즐거움은 추구하던 목표의 달성이나 기대의 충족, 뜻밖의 체험이나 창의적인 성과 등에서 유래하는 긍정적 정서를 뜻한다. 셀리그만(Seligman, 2002/2006)은 즐거운 삶이 과거, 현재, 미래에 대해 긍정적인 감정을 느끼며 살아가는 것이라고 주장한다. 과거의 삶에 대해서는 수용과 감사를 통해서 만족감을 느끼고, 현재의 삶 속에서는 지금 이순간체험에 대한 적극적인 참여와 몰입을 통해 즐거움을 경험하며, 미래의 삶에 대해서는 도전과 낙관적 기대를 통해서 희망을 느끼며 살아가는 삶이다.

3) 적극적인 삶

심리적이고 사회적 수준에서 이상적인 정신건강은 일상의 활동에 열정적으로 참여하여 자신의 강점과 잠재력을 최대한 발휘하고 실현해 나가는 것이다. Jung을 비롯해서 Allport, Erikson, Maslow, Rogers 등의 여러학자들이 저마다 그 의미는 얼마간 다르지만 인간의 선한 잠재력을 실현하는 과정과 그 성과를 정신건강의 이상적인 모습으로 묘사하고 있다.

적극적인 삶을 위해서는 개인이 강점과 잠재력을 찾아내고 이를 계발해야한다. 즐거운 삶과 적극적인 삶은 상호 중첩되는 부분이 많다. 두 가지 모두 심리적 수준의 핵심이 된다. 즐거운 삶이 상대적으로 단기적인 시간적 관점을 갖는다면, 적극적인 삶은 보다 장기적인 시간적 관점을 갖는다.

4) 의미 있는 삶

의미 있는 삶은 사회나 영적 수준에서 바라보는 정신건강의 이상적 모습이다. 의미 있는 삶은 자신만을 위한 방식이 아니라 자신보다 더 커다란 어떤 것을 위하여 공헌하고 있다는 인식에서 유래하며 가족, 직장, 지역사회, 국가 또는 신을 위해 봉사하고 공헌함으로써 자신의 존재가치를 느낄 수 있을 때 가능하다(권석만, 2008).

의미 있는 삶의 또 다른 대상은 사회를 넘어서는 영적인 영역과의 관계다. 이는 인생의 의미와 목적이라고 할 수 있다. 인생의 의미와 목적은 개인의 삶에 구조와 질서를 제공한다. 즉 개인에게 무엇을 위해 자신의 삶을 살아야 할지를 안내해 준다. 자기 인생에서 일관성 있게 목적의식을 지니고 살아간다는 인식인 의미감은 정신건강과 행복의 중요한 요소다.

5) 전인적 정신건강의 위한 생활양식

정신장애를 예방하고 정신건강을 촉진 시키기 위한 일반적인 삶의 태도나 전략을 일상생활에서 실천한다(운동, 일 배움, 여가, 종교활동, 일기 쓰기, 감사 등).

연습문제

1. 다음 정신건강 요인의 설명이 가장 바르게 연결된 것은?

① 신체적 요인: 코로나 팬더믹 시기에 우울증 환자가 급증했다.
② 심리적 요인: 부모와 대화시간이 많을수록 스마트폰 중독 경향이 낮아진다.
③ 가족적 요인: 자기개념은 특히 정신건강에 영향을 미칠 수 있다.
④ 사회적 요인: 직장이나 학교 등의 관계는 개인의 정신건강에 영향을 미친다.
⑤ 환경적 요인: 심각한 정신적 외상이 있음에도 역경을 잘 극복할 수 있다.

2. 다음 중 정신건강의 개념에 대한 설명으로 옳지 <u>않은</u> 것은?

① 정신건강은 자기실현을 향한 지속적인 성장과 변화의 과정이다.
② 정신건강은 본능적 욕구와 사회적 규범, 자아 간의 균형이 잘 이루어진 상태이다.
③ 정신건강은 긍정적인 심리적 상태이자 사회적인 기능까지 포함하는 넓은 개념이라 할 수 있다.
④ 정신건강은 정신질환이 없는 상태를 의미한다.
⑤ 정신건강은 자신의 본질에 충실하고 타인과 의미 있는 관계를 맺으며 살아가는 능력이다.

3. 다음 빈칸 (가)에 알맞은 말을 5글자로 쓰시오.

우리나라에서 코로나 팬더믹 시기에 우울증 환자가 폭증한 시기가 있었다. 특히'사회적 거리두기'가 강조되었던 시기에 우울증 환자가 급증했다. 이러한 사실은 개인의 정신건강과 (가) 요인과의 관계가 밀접하다는 사실을 입증해 주었다.

4. 정신건강을 실현하는 삶에서 다음 설명과 가장 가까운 것은?

> 사회나 영적 수준에서 바라보는 정신건강의 이상적 모습이다. 자신만을 위한 방식이 아니라 자신보다 더 커다란 어떤 것을 위하여 공헌하고 있다는 인식에서 유래하며 가족, 직장, 지역사회, 국가 또는 신을 위해 봉사하고 공헌함으로써 자신의 존재가치를 느낄 수 있을 때 가능하다

① 활기찬 삶　② 즐거운 삶　③ 의미 있는 삶　④ 적극적인 삶　⑤ 전인적 정신건강

1. ④, 2. ④
3. 사회환경적
4. ③

참/고/문/헌

※ 참고문헌은 QR코드를 통해 확인하실 수 있습니다.

색/인

ㄱ

ㄴ

ㄷ

ㄹ

ㅅ

ㅇ

ㅈ

ㅊ

ㅋ

ㅌ

ㅍ

ㅎ

기타

저자 약력

조창영(趙昌榮)

조선대학교 대학원 영어교육학 문학박사

현) 더나눔학술·문화재단 이사장

전) 순천동산중학교, 광양백운고등학교 교장

저서) 교육학개론(공저, 박영사, 2025) 외 7권

정수애(丁秀愛)

순천대학교 대학원 교육학(평생교육)전공 박사과정 수료

현) 여수시청 공무원, 여수 한영대학교 외래 교수, 더나눔학술·문화재단 홍보팀장

저서) 교육학개론(공저, 박영사, 2025) 외 11권

조남미(趙南美)

순천대학교 대학원 교육학(교육철학)전공 박사과정 수료

현) (사)행복가교 이사장, 더나눔학술·문화재단 부이사장

저서) 교육학개론(공저, 박영사, 2025) 외 8권

조혜영(曺惠永)

국립순천대학교 대학원 교육학(상담심리)전공 박사과정 수료

현) 부산교육대학교 수석상담관, 더나눔학술·문화재단 학술팀장

저서) 교육학 개론(공저, 박영사, 2025) 외 17권

서동기(徐東基)

국립경상대학교 대학원 교육학(교육방법)전공 교육학 박사

현) 순천대학교, 광주교육대학교 외래 교수, 더나눔학술·문화재단 기획팀장

저서) 교육학 개론(공저, 박영사, 2025) 외 17권

김회엽(金會葉)

순천대학교 대학원 교육학(상담심리)전공 박사과정 수료

현) 전라남도고흥교육지원청, 더나눔학술·문화재단 부이사장

저서) 교육학 개론(공저, 박영사, 2025) 외 17권

전상준(田尙準)

국립순천대학교 대학원 교육학(교육과정)전공 박사과정 수료

현) 청암대학교 외래교수, 더나눔학술·문화재단 사무국장

저서) 교육학 개론(공저, 박영사, 2025) 외 17권

정두배(鄭斗培)

세한대학교 대학원 경영학 박사, 광신대학교 대학원 철학 박사

현) 세한대학교 스포츠융합합부 디지털경영학과 학과장, 더나눔학술·문화재단 부이사장

저서) 교육학개론(공저, 정민사, 2021) 외 7권

서경란(徐京蘭)

조선대학교 대학원 미술심리치료 박사과정 수료

현) 여수교육지원청 Wee센터 전문상담사

저서) 상담의 이론과 실제(공저, 박영사, 2025)

교육심리학

초판발행 2025년 7월 31일

지은이 조창영·정수애·조남미·조혜영·서동기
김회엽·전상준·정두배·서경란

펴낸이 노 현

편 집 조영은
기획/마케팅 조정빈
표지디자인 BEN STORY
제 작 고철민·김원표

펴낸곳 ㈜ 피와이메이트
서울특별시 금천구 가산디지털2로 53, 210호(가산동, 한라시그마밸리)
등록 2014. 2. 12. 제2018-000080호
전 화 02)733-6771
f a x 02)736-4818
e-mail pys@pybook.co.kr
homepage www.pybook.co.kr
ISBN 979-11-7279-134-6 93370

정 가 19,000원